교육개혁은 왜 매번 실패하는가

희망제작소 프로젝트
우리 시대 희망 찾기
03

교육개혁은 왜 매번 실패하는가

| 정병호·김찬호·이수광·이민경 지음 |

창비

발간사

'현장의 목소리'에서 희망을 찾다

　민간 싱크탱크 희망제작소의 '우리시대 희망찾기' 연구 프로젝트는 민주화 이후 한국사회 현실을 심층적으로 진단하고, 이를 바탕으로 새로운 사회개혁의 전망을 모색하고자 하는 하나의 시도이다. 이 프로젝트가 같은 문제를 고민하는 다른 노력들과 구별되는 점이 있다면, 일상세계로 들어가 '현장의 목소리'를 듣고, 그 목소리가 들려주는 '아래로부터의' 경험과 지혜를 체계화하여 우리사회의 문제와 애로가 형성된 역사적·문화적·제도적 조건을 해명하고, 그러한 구체적이고 풍부한 이해 속에서 희망의 단서를 찾고자 한다는 것이다. '현장의 목소리'에서 출발해 사회 현실을 그려보고자 하는 '우리시대 희망찾기'의 문제의식은 이 연구 프로젝트의 연구방법론이자 사회 현실을 이해하는 태도이기도 하다.
　이 연구 프로젝트를 기획한 것은 우리 두 사람이지만, 이 기획을 현실화시킨 것은 우리의 문제의식에 공감해 재능과 열정을 모아준 연구자들이다. 2006년 1월 희망제작소 내에 꾸려진 연구위원회는 집중 토론을 통해 모두 14개의 주제 영역을 설정하였고, 이후 주제별로 관련 '현장'에서의 활동 및 연구경험을 가진 전문가들로 연구팀을 구성했다. 각 연구팀은 독자적인 방식으로 연구를 수행하면서, 필요할 때는 연구팀 사이의 공통의 문제의식을 확인하고 토론했다. 연구의 전 과정에서 연구자들은 섣부른 주장보다는 현장 속에 유형무형으로 녹아 있는 다양한 목소리를 그려내고, 어렴풋하게나마 형성되고 있는 새로운 실천의 지향과 가능성을 드러내고자 노력했다.

주제별 연구자들에 대한 소개와 연구과정은 순차적으로 발간될 책에서 하기로 하고, 전체 프로젝트 진행에 참여하였던 분들을 간단히 소개한다. '우리시대 희망찾기' 첫권의 저자이기도 한 유시주 희망제작소 객원연구위원은 작가 특유의 지적 감수성과 깨어 있는 시민으로서의 사회의식을 바탕으로 '우리시대 희망찾기' 씨리즈의 주요 편집인으로서 연구내용을 감수했을 뿐 아니라 프로젝트 전체를 실질적으로 이끌었다. 이희영은 연구기획 이외에 연구방법론 전공자로서 모든 주제 연구가 '현장의 목소리'에 기초하여 재구성될 수 있도록 전체 연구내용을 감수하고 자문했다. 강현선 연구원은 섭외, 조직, 예산집행을 포함한 연구진행 실무를 책임졌다. 또 삼성은 '우리시대 희망찾기'의 연구가 실현될 수 있도록 연구기금의 지원을 아끼지 않았고, 창비는 경제적 효과를 기대하기 힘든 연구보고서의 출판을 기꺼이 맡아주었다.

생활세계의 구체성과 풍부함에 주목하고자 하는 우리의 문제의식이 기존의 연구방법에 대한 아쉬움에서 말미암은 게 사실이지만, 그렇다고 해서 이 연구가 지금까지의 다양한 이론적·경험적 연구결과들과 무관한 것은 아니다. 오히려 기존의 다양한 연구성과들은 현장의 목소리를 재구성하기 위한 분석과 해석 과정에서 중요한 자원이 되었음을 밝힌다.

'우리시대 희망찾기'의 연구결과에 대한 평가는 독자들의 몫이다. 우리는 독자들과의 다면적인 소통을 통해 연구결과가 평가되고 재해석되는 과정이야말로 이 연구의 마무리라고 생각한다. 독자들의 날카로운 질책과 비판을 기대한다. 마지막으로, 낯선 연구자들에게 마음을 열고 '나의 이야기'를 들려준 구술자들이야말로 이 프로젝트의 기본 동력이었음을 밝히며, 귀한 시간을 내어 경험과 지혜를 나누어주신 그분들께 진심으로 감사드린다.

2008년 7월

박원순(희망제작소 상임이사)

이희영(대구대학교 교수·사회학)

차례

| 발간사 | '현장의 목소리'에서 희망을 찾다　004
일러두기　008

머리말 – 교육, 환상과 두려움을 넘어서　009
1장 우리시대 교육열 읽기 – 욕망과 불안의 이중주 · 이민경　019
2장 서열경쟁과 교육게임 · 정병호　065
3장 제도교육의 그늘과 희망의 조건 · 이수광　125
4장 학교를 넘어서 찾아가는 공부의 길 · 김찬호　181
맺음말 – 배움의 기쁨을 향하여　233

주　239
구술자 소개　246
연구자 소개　249

일러두기

1. 독자의 이해를 돕기 위해 당시의 구술자 인적사항을 본문 뒤 '구술자 소개'에 밝혔다.
2. 구술자 인용은 녹취록을 따르는 것을 원칙으로 하되, 가독성을 지나치게 해치는 부분만 일부 빼거나 다듬었다. 인용문에서 중략은 (…) 표시를 했으며, 설명이 필요할 때는 [ ] 안에 넣었다.

머리말

교육, 환상과 두려움을 넘어서

1. 연구의 출발점 — '교육'과 '문화'

교육은 누구나 문제라고 생각한다. 관심있는 이라면 누구나 한번쯤 교육부장관이 되어 이 문제를 통쾌하게 해결하고 싶은 충동을 느꼈을 것이다. 실제로 그동안 무수한 장관과 대통령 들이 교육정책, 특히 학교교육과 입시제도를 바꾸어보았지만 그때마다 문제는 더 커지고 더 깊어졌다. 쉽게 치유하지 못한다는 점에서 교육문제는 어떤 처방도 잘 듣지 않는 불치병이자 섣부르게 건드리는 바람에 장기적으로 악화돼온 고질병임에 틀림없다.

이 연구는 오늘날 한국사회가 겪고 있는 교육문제를 일종의 문화적 질병으로 진단했다. 생활환경과 습성의 변화로 널리 확산된 '문화병', 즉 고혈압과 당뇨와 유사하다고 본 것이다. 대개의 현대석 문화병은 그 치료와 예방이 의외로 적게 먹고 많이 운동하기 같은 생활방식의 변화에서 시작된다고 한다. 결국 절제하고, 소박한 생활로 돌아가야 한다는 것이다. 이렇게 근본적으로 삶의 방식, 즉 '문화'를 바꿔야 재발과 확산을 막을 수 있다고 하지만 그토록 자명한 일을 개개인이 실천하기 어렵다는 점에서 '문화병'이기도 하다.

한 세대 전까지만 해도 교육은 근대적인 문화변화를 선도하는 계몽의 역할을 수행했다. 교육기회는 아무나 누릴 수 없는 제한된 것으로, 어떤 학교에 들어간다는 것 자체가 이미 특권이었고 그 특권은 한평생 사회적·집단적으로 뒷받침되었다. 그러한 시대를 살아온 기성세대는 교육을 통해 성공한 사람이건, 교육 때문에 기회를 놓친 사람이건, 모두가 교육에 무척 집착한다. 문제는 이들이 한둘밖에 없는 자녀들에게 과거와는 비교할 수 없는 엄청난 물질과 시간을 집중투자하면서 교육과잉 현상을 만연케 한 것이다. 즉 결핍의 시대에 문화변화를 선도해온 교육이 이제 풍요의 시대에 비정상적으로 과잉소비되면서 다양한 병리적 증상을 일으키고 있는 것이다.

오늘날 교육은 문화지체의 상징이 되었다. 과거의 관성 때문에 강박적 경쟁을 끊임없이 확대하고 심화하고 있기 때문이다. 새로운 '삶의 방식'을 합리적으로 실험하고 모색하기보다 구태의연한 지식경쟁에 발목이 잡혀 있다. 이 상황에서 교육은 모두가 문제라고 생각하면서도 해결할 수 없는 일, 병적이라고 느끼면서도 고치지 못하는 일이 되었다. 다들 교육경쟁에서 밀려날지 모른다는 '두려움'과 이 경쟁에서 이기기만 하면 성공할 것이라는 '환상'에 휘둘리며 갈팡질팡하고 있는 것이다.

오늘날 한국의 교육문제는 교육만의 변화로는 해결할 수 없다. 그동안 무수한 교육공학적 해법이 정책적으로 시도되었지만 실패한 이유는 교육영역 밖의 사회적·심리적·문화적 압력이 작동했기 때문이다. 어떤 좋은 약과 음식도 과잉 섭취하려는 충동을 만나면 독이 되는 것과 마찬가지이다. 교육문제를 해결하기 위해서는 이를 병적으로 악화시키는 '문화'에 대한 이해와 이에 대한 처방이 필요하다. 이 연구는 우선 교육 과잉을 경쟁적으로 증폭시키는 교육에 대한 '환상'과 '두려움'의 실체를 밝히고자 노력하였다. 그리고 이러한 심리적 경향을 더욱 강화하고 확산시키는 사회적·경제적·문화적 기제를 분석하고, 이를 견제하는 방안도 찾아보았다.

이 연구는 우리시대 교육의 희망이 의외로 소박한 교육현장에서 발견할 수 있으리라는 기대에서 출발했다. 다른 현대적 문화병들의 치료법과 비슷한 원리이다. 즉 경쟁적이고 과잉된 교육문화에 휩쓸리지 않는 것이 무엇보다 중요하다고 본 것이다. 그래서 소박하고 건강한 교육을 꾸준히 실천해온 대안교육현장에서 치유방법을 찾아보기로 했다. 희망의 씨앗은, 경쟁에 대한 두려움을 넘어설 수 있는 용기와 시대적 환상에서 깨어난 상식적인 교육실천 속에 있다고 믿었기 때문이다.

2. 글의 구성 — 욕망, 경쟁, 갈등, 희망

오늘날 우리 교육이 이렇게 비정상적 상황에 놓인 까닭은, 경쟁에 대한 두려움으로 촉발된 기성세대의 공포가 한국사회의 독특한 집단 환경 속에서 증폭되면서 일종의 공황 상태를 만들었기 때문이라고 할 수 있다. 이러한 상황을 벗어나기 위해서는 집단적 공황 상태가 빚어내는 비극의 실상을 서로 느끼고 알아야 한다. 실제로 문제의 규모나 상황을 모를수록 공포는 더 커지고, 주변에서 허둥댈수록 피해망상이 되기 쉽다. 이때 필요한 일은 이성을 되찾아 질서를 회복하는 것이다. 이 책을 통해 우리 모두 교육에 대한 최소한의 양식을 되찾는 각성의 계기를 마련했으면 한다.

　이 책은 먼저 학부모들의 교육을 둘러싼 욕망과 환상, 두려움을 있는 그대로 알아보려 했다. 그들이 왜 학교를 믿지 않고, 학벌의 효용에 대한 나름의 현실적 계산으로 자신의 일과 삶, 그리고 모든 경제적 자원까지 동원해서 사교육을 통한 성적경쟁에 몰입하는지 그들 자신의 목소리로 담아냈다. 1장 '우리시대의 교육열 읽기'(이민경)는 부모들의 이러한 태도가 계량화·수치화된 성적이 지배하는 신자유주의 시대의 현실에서 더욱 강화되었고, 이런 심리를 간파한 자본과 시장이 이를 교묘하게 이용하고 있음을 밝히고 있다.
　한편 부모와 학교의 뜨거운 교육열 속에서 어릴 때부터 비자발적인 공부에 시달려온 아이들은 그 나름의 상처와 억압을 내면화하기도 한다. 특히 어린 나이에 부모의 사랑을 얻기 위해 무리한 노력을 기울여온 아이일수록 도구적 사랑에 대한 배신감과 좌절감이 강하다. 심지어 교육경쟁에 승리하여 살아남았다고 여겨지는 이른바 일류대학 학생들 중에서도 상당수가 자포자기나 목표 상실 같은 심리적 어려움을 겪고 있고, 무기력과 무관심이 젊은 세대의 특성처럼 되어가고 있다. 다른 사람들에 대한 배려나 돌봄의 경험이 없고 가장 기본적인 생활 체험조차 결핍된, 나이만 성인이 된 젊은이들이 늘어가고 있는 것이다.
　그러나 더욱 심각한 문제는 우리 교육이 오늘을 즐겁고 행복하게 사는 경험을 해보지 못하는 아이들, 내일을 위한 준비와 불안 속에서 사는 불행한 젊은이들을 키우고 있다는 점이다. 이들이 고통을 줄이고 두려움을 떨칠 수 있도록 건전한 상식의 복원이 필요하다. 이는 바로 교육현장에서부터, 사람과 사람이 자연스럽게 어우러져 살아가는 정상적인 삶의 회복을 꿈꾸고 모색하는 일에서 시작된다.

한국사회의 교육문제는 경쟁에 대한 두려움과 공포 같은 수동적이고 방어적인 요인들 때문만은 아니다. 경쟁에서 이기고자 하는 욕망과 승리에 대한 환상, 그리고 드라마틱한 경쟁과정에 포함된 재미와 긴장 그리고 희열 같은 능동적이고 공격적인 게임요소가 있어서 온 사회구성원들이 적극적으로 참여하고 열광하는 것이다. 2장 '서열경쟁과 교육게임'(정병호)은 국가가 관리하는 수능시험장에서 앞날의 사회적 지위와 운명을 걸고 비장하게 한판 승부를 겨루는 아이들, 이를 지켜보며 손에 땀을 쥐고 응원하는 가족과 선후배, 그리고 그 과정을 생중계하며 온 사회를 흥분시키는 미디어의 행태를 분석하며 오늘날의 교육경쟁, 특히 입시경쟁이 국민적 경기가 된 현실을 그려 보이고 있다.

교육게임의 경쟁논리는 끝없이 확대되어 교육과 관련된 거의 모든 일이 '경쟁을 위한 경쟁'의 대상이 되었다. 최근에는 영어라는 상징종목으로 경쟁이 수렴되면서 국사나 국어 과목도 영어로 수업할 수 있어야 한다고 하는가 하면, 영어경쟁에 쏠린 시대적 강박증은 조기교육의 문제점 같은 가장 기본적인 사실조차 확인해볼 겨를 없이 모두를 새로운 인기종목의 경쟁으로 몰아간다.

자본주의 사회의 다른 인기 스포츠나 게임과 마찬가지로 한국의 교육게임도 많은 이익을 창출하는 산업으로 번창하고 있다. 학원, 과외, 학습지 시장과 출판, 광고 등 파생산업까지 합치면 매년 수십조원 규모의 거대산업이 되었다. 한국교육에 게임요소가 없었다면 결코 모일 수 없는 자본과 인력이 결집되었다. 그만큼 이 게임을 키워야 하는 이해 당사자들도 많아졌다. 이들 모두가 함께 조장하는 과열된 교육게임은 어린 선수들을 더 길게 혹사시키고 부모들을 좀더 맹목적인 후원자가 되도록 부추긴다. '교육'이란 긍정적 가치를 지닌 명분과 간판 아래에서 사실상 비상식적이고 사행적인 행위가 폭넓게 벌어지고 있는 것이다. 이처럼 게임화된 교육경쟁의 상업적 속성에 대한 인식을 토대로 오늘날 우리 교육의 현실을 이해하고 변화의 가능성을 모색해야 할 것이다.

한국교육의 문제는 제도교육 현장에서조차 한 사회구성원으로서의 가치관과 규범, 그리고 최소한의 공동체 의식을 함양할 수 있는 공공성이 결핍된 왜곡된 교육을 하고 있다는 점이다. 그럼에도 불구하고 국가가 독점하고 있는 공교육 교육과정 안에서는 신자유주의식 무한경쟁 논리가 오히려 강화되고 있다. 지식경쟁과 교육과잉 문제는 극복되지 않았고, 생활체험 교육은 결핍되었으며, 공동체적 연대를 경험할 수 있는 학습과정은 의도적으로 생략되기도 하였다. 3장 '제도교육의 그늘과 희망의 조건'(이수광)은 국가주도 교육개혁정책의 한계와 표준 교과과정의 문제를 비판적으로 검토하면서 교사와 지역주민이 주체가 되어 학교현장을 중심으로 새로운 희망을 만들어갈 가능성과 방법을 소개한다.

학교교육의 희망은 입시경쟁과 교과서 중심 수업을 넘어, 학생들의 생활과 상황을 중심으로 새로운 지식정보와 경험을 창조적으로 통합하는 실험적 교육실천을 통해 화석화된 학교현장을 재활성화하는 일에서 피어날 것이다. 그러나 국가 기획의 표준화 교육과정과 단일 척도의 획일적 시험평가가 강제되는 상황에서 학교현장의 인간관계를 갈등관계에서 상생관계로 바꾸기는 어렵다.

또한 이러한 변화를 추동하는 주체가 되어야 할 교사들도 교직의 꿈을 품고 학교에 들어가지만 몇해 지나지 않아 관료주의와 소외 속에서 정체성의 위기를 느낀다고 한다. 사교육에 지친 학생들과의 소원한 관계와 겉도는 수업으로 교육 자체에서도 보람을 느끼기 어려운 상황이다. 교사들 스스로 공동체문화와 주체적 실험정신을 회복하기 위해서는 통제 중심의 교원정책이나 관료적 학교운영체제의 덫에서 교사들을 풀어주는 일이 선행되어야 한다. 학교교육의 희망은 무엇보다 교사-학생-학부모의 호혜적 관계를 되살리는 노력 속에서 자라나기 때문이다. 이는 모든 학교에 새로운 표준 교육과정을 강제하는 국가적 기획이 아니라 개별 학교가 자율적 교육과정을 실천할 수 있는 여유공간을 마련하는 일에서 시작된다.

교육이 안고 있는 질곡을 풀어헤치는 해법은 여러 방향에서 동시에 다차원적으로 모색해야 할 것이다. 거기에서 빼놓을 수 없는 것은 배움을 학교와 입시라는 제한된 영역에서 해방하는 일이다. 4장 '학교를 넘어서 찾아가는 공부의 길'(김찬호)에서는 기존 학교교육의 바깥에서 이뤄지는 교육과 교육과제를 살펴보았다. 여러가지 이유로 학교를 그만둔 십대들이 사회의 다양한 어른들을 만나면서 배움의 길을 열어가는 대안교육, 최근 급격히 늘어나는 이주민들이 한국사회에 원활하게 섞일 수 있도록 문화적 의식과 감수성을 도모하는 다문화교육, 그리고 지역사회를 기반으로 시민들의 협동과 연대 속에서 지속적인 배움과 성장을 추구하는 평생학습의 현장들을 찾아간 것이다.

이제 학교만이 아니라 사회 자체가 청소년들의 성장공간이 되어야 한다. 지금까지 교육의 과업을 학교가 모두 떠맡던 시대에서, 이제는 시민사회의 여러 주체들이 나서서 책임을 분담하는 시대로 넘어가고 있다. 학교교육에 제약받고 입시경쟁에 저당잡힌 청소년들의 성장은 평생학습의 패러다임에서 리모델링되어야 한다. 그래서 청소년기의 학습이 시간적으로는 대학입시라는 목표 이상으로 확대되고, 공간적으로는 학교라는 제도적 울타리를 넘어 시민사회로 나아가도록 해야 한다. 지배문화의 압박 속에서도 건강한 공동체적 교육을 모색해온 많지 않은 대안교육

현장의 사례는 그래서 귀중하다.

　오늘날 교육현실은 공교육과 사교육, 부모와 교사, 가족과 국가, 기업과 지방자치단체 어느 쪽을 살펴봐도 절망적인 상황임에 틀림없다. 특히 최대의 피해자인 아이들의 고통은 이제 묵과해서는 안될 인권유린의 상황에 이르렀다. 그러나 역설적으로 우리 교육이 더는 참을 수 없는 한계상황임을 모두 느끼고 절실하게 변화를 바라는 지금이야말로 근본적으로 새로운 교육의 희망을 일구어나갈 수 있는 적기일지도 모른다. 이제 더는 머뭇거릴 수 없다. 기성세대의 환상과 두려움으로부터 아이들을 해방시켜야 할 때다.

3. 연구과정과 방법 ─ '우리 교육 희망찾기' 연구 프로젝트

　처음 희망제작소의 박원순 상임이사로부터 "우리 교육에서 희망을 찾는" 연구를 부탁받았을 때 사실 난감했다. 그동안 우리 교육은 늘 문제였고 절망일 뿐이었다. 산적한 교육문제의 틈새에서 희망을 찾는 연구란 막막한 일일 수밖에 없다. 질리도록 익숙한 무수한 교육문제 진단과 정책적 해법 논의를 넘어서는 발상의 전환이 필요했다. 따라서 다른 문화를 연구하는 문화인류학의 방법론으로 교육이란 익숙한 문화현상을 낯설게 보기로 했다. 너무 익숙해서 잘 보이지 않는 자기 문화의 특징이나 근본적 문제를 직관적으로 이해하고, 또다른 가능성을 찾는 데 도움이 되기 때문이다.

　교육이란 문화현상의 다양한 측면을 총체적으로 이해하기 위해서는 여러 분야 연구자들의 협동연구가 필요했다. 문화인류학과 교육학의 여러 연구자들과 더불어 언론학, 종교학 연구자와 초중등 교사 및 출판 전문가까지 참여한 총 21명의 공동연구진(책 뒷부분 참조)이 구성되었다. 2006년 6월부터 10월까지 몇차례의 사전 연구기획 모임을 통해 '교육에 대한 환상과 두려움'을 우리 교육의 핵심문제로 파악했고, 이 문제의 극복방안 모색을 교육 분야 연구의 주요과제로 설정했다.

각 교육현장의 역동적 교육과정과 실천적 경험을 이해하기 위해 다양한 분야의 전문가들을 관련 주제에 익숙한 공동연구자 두세명이 찾아가 전문가 좌담 형식으로 인터뷰하는 방식의 연구를 진행했다. 교육현장에서 다양하게 대안적 해법을 모색하고 실험하는 사람들을 찾아가 이들이 현장에서 겪는 어려움과 직관적 깨달음을 기록하고 전달하려 했다. 이렇게 선정된 면접자들(책 뒷부분 참조)에 대한 인터뷰와 좌담을 2006년 10월부터 2007년 1월까지 진행했다. 인터뷰 전체 과정을 녹음하고 녹취했으며 동시에 영상으로도 기록하여 자료로 활용할 수 있게 했다. 한편 교육현장 전문가들의 인터뷰 외에 학부모들과 학생들의 이야기를 담아 교육현실을 더 입체적으로 드러내려는 목적으로 2007년 7월에 추가 연구를 수행했다.

팀별로 진행한 인터뷰 결과를 공유하면서, 교육문화의 총체적인 문제를 파악하고 해법을 강구하기 위해 2007년 1월과 2월에 전체 연구진이 참여하는 워크숍을 두차례 실시했다. 또한 연구결과의 정책적 함의를 논의하기 위해 2007년 11월 29일 국가인권위원회의 배움터에서 '교육문화, 환상과 두려움을 넘어서'라는 공개 씸포지움을 개최했다. 이 자리에서 14개 주제에 대한 공동연구진들의 발표와 정책제언을 듣고 패널토론을 진행했다. 이 공동연구의 전체 연구결과와 패널토론의 주요내용은 2008년 4월, 희망제작소가 발간한 같은 제목의 연구보고서를 통해 소개했다.

이 책은 이 모든 분들의 헌신과 노력으로 이루어진 '우리 교육 희망찾기 프로젝트'의 연구결과를 토대로 네 사람의 공동연구자(정병호, 김찬호, 이수광, 이민경)가 단행본 형태로 집필한 결과물이다. 우리 교육의 절망스런 현실을 극복하고 희망을 일구기 위하여 자원해서 연구에 참여해주신 모든 공동연구원들과 인터뷰에 응해주신 모든 분들, 그리고 연구의 실무를 이끌어온 이수정 박사와 전연구과정을 성실하게 뒷받침해준 희망제작소 강현선 연구원, 한양대학교 문화인류학과 조현상 군에게 감사드린다.

2008년 7월

연구진을 대표해서

정병호

우리시대 희망찾기

1장

우리시대 교육열 읽기 - 욕망과 불안의 이중주

| 이민경 |

1. 희망과 기대 사이

근대교육의 폐해를 날카롭게 지적하며 "학교 없는 사회"를 주창한 이반 일리히(Ivan Illich)는 "근대인의 역사는 판도라 신화의 타락에서 시작하여 스스로 뚜껑을 닫는 조그만 상자에서 끝나"는 것이고 그것은 "희망이 쇠퇴하고 기대가 증대해가는 역사"라고 이야기한다.[1] 희망과 기대는 언뜻 미세한 뉘앙스 차이만 존재하는 동의어처럼 들리지만 그가 말하는 희망과 기대는 거의 반의어에 가깝다. 그는 희망이 자연의 선(善)을 신뢰하는 것인 반면 기대는 인간이 계획하고 통제한 결과에 따르는 것으로 설명한다. 따라서 희망이 인류가 잃어버린, 그리하여 회복해야 할 그 무엇이라면 기대는 지금 인간의 삶에 수많은 폐해를 낳은 문제적인 그 무엇이다.

인류의 생존은 희망을 사회적 힘으로 재발견할 수 있느냐에 달렸다는 그의 말이 오늘날 우리네 교육의 풍경 위에 우울하게 오버랩된다. 희망 대신 기대와 욕망으로 점철된 한국사회의 교육현실은 익숙한 일상이 되어버린 지 오래고,[2] 우리 모두는 분주히 앞만 보고 질주할 뿐, 왜, 무엇을 위해 그 길을 달려가는지는 더이상 묻지 않는다. 이 숨가쁜 경주의 레일 위에는 오직 '남들만큼' 혹은 '남들보다 조금 더'라는 절대적이고 막강한 기준 푯말이 있을 뿐이다.[3]

최근 학력위조 사건은 학벌사회의 추레하고 부끄러운 뒷모습을 적나라하게 보여주며, 무수한 학원을 전전해야만 하는 자기 삶을 비관하다 자살한 초등학생 이야기를 담은 '2007, 대한민국에서 초딩으로 산다는 것'이라는 동영상은 '사교육 광풍과 폐해'라는 화두를 우리사회에 다시금 던져주었다. 아이들은 배우려는 열정으로 자기 꿈을 꽃피우기도 전에 눈 앞에 짜인 스케줄대로 학원과 과외를 전전하며 살아간다. 당연히 미래도, 꿈도 이미 부모가 정해준 터라 정작 본인들은 무엇을 원하는지 생각할 필요도, 그럴 겨를도 없다. 부모가 하라는 대로 그저 앞만 보고 가면 된다.

이러한 교육환경에서 학부모들은 학교를 신뢰할 수 없고, 교사들은 교실에서 존재감을 확보하기 힘들며, 아이들은 학교에서 대충 시간을 때우거나 딴짓하며 무기력하게 지낸다. 교육만큼 극명하게 희망 없음과 기대 팽배를 동시에 보여주는 예도 없을 듯하다. 지금 한국의 교육열은 이반 일리히 식으로 표현하면 '기대'에 의해서 지탱되는 최적점일 것이다. 한국사회에서 교육이라는 게임의 판은 너무나 정교하게 짜여 있어 누구도 쉬이 그 지형을 읽어내어 해결책을 찾아내기가 버거워 보인다. 더구나 짜인 그물망을 넘어서는 다른 게임의 판과 규칙을 상상하기란 더더욱 난감한 일일지도 모른다.

이 글은 우리사회의 이런 촘촘한 교육의 판과 게임에 참여하고 있는 사람들 사이, 그 그물망 안으로 들어가 그들의 이야기를 날것으로 생생히 담아보려는 시도이다. 더 정확히 이야기하면 교육을 둘러싼 욕망과 환상, 두려움을 '교육열'의 적극적 담지자이자 행위자인 학부모들의 목소리를 통해 담아보고자 한다.

'자녀교육 이야기'를 들려줄 학부모들은 계층, 개인의 이력 혹은 사회·경제적 지위 따위의 특별한 기준을 두고 선별하지는 않았다. '자녀교육'은 이 땅의 모든 학부모에게 가장 강력한 관심사이므로, 되도록 다양한 입장과 위치에 있는 사람들의 목소리를 드러내려는 의도가 면접자 선정에 작용했다. 그러나 이는 계층이나 사회적 지위 등을 가급적 다양하게 구성했다는 의미이지, 모든 계층을 망라한, 따라서 모두에게 해당되는 보편적 이야기라는 뜻은 아니다.

세상과 사물에 대한 어떤 생각이나 전망, 의견도 자신의 처지와 무관하게 '순수'할 수는 없다는 인식이 이 글을 관통하는 전제다. 현실적 지위와 위치는 개인의 행동 방향을 결정하는 주요 변수일 뿐만 아니라 자기 행동과 일상생활의 의미성을 구성하고 해석하는 데 의식적·무의식적으로 많은 영향을 미친다. 이는 현대 사회과학에서 인간 행동을 해석하는 합의된 전제다. 따라서 어느 위치와 입장에 서 있든 어떤 가치와 세계관으로 살아가든, 면접자들의 이야기는 한국 교육현실의 다양한 반영이다. '대치동 엄마'는 자신의 사회적·경제적·문화적 조건에 기반한 생각과 태도, 행동방식을 보여주고, 강북 엄마가 전하는 자녀교육 이야기는 소위 강남 엄마와는 또다른 지형과 울림을 지닐 수밖에 없다. 이처럼 사회적 역학과 관계망에 따라 각자의 세계관이 달라질 수 있듯이, 일상에서 체감하고 실행하는 취업주부와 전업주부의 교육이야기 역시 또다른 의미를 드러낼 것이다.

아버지들의 이야기도 마찬가지이다. 우리사회에서 어머니들이 자녀교육의 중심에 있다는 것은 분명한 현실이지만 아버지들의 역할도 주목할 만하다. 오히려 아버지가 어머니보다 훨씬 적극적이고 기획력을 과시하는 사례도 드물지 않다. 이런 변화 속에서 어머니들은 아버지들의 전략과 기획을 수행하는 기능적 역할만을 담당하는 경우도 적지 않다. IMF라는 생존 위기를 겪으면서 불안한 사회적 지위와 냉정한 현실에 대한 경험이 자녀교육의 강화로 이어졌으리라 추측해볼 수 있다. 실증적 해석은 유보하더라도 이처럼 아버지들이 직간접적으로 자녀교육에 개입하는 정도가 이전 세대와 비교하면 두드러지는데, 이는 자명한 변화임에 틀림없다.

학부모 면접자 접촉은 연구자의 개인적 친분에 의해 연구목적에 부합하는 이들을 소개받는 방식으로 이루어졌다. 인터뷰는 2007년 7월 한달 동안 했고 장소는 사정에 따라 면접자의 집이나 음식점, 까페에서 실시했다. 면접 진행방식은 최대한 자유롭게 면접자의 의견과 생각을 말하도록 배려하여 자녀교육에 대한 다양한 스펙트럼을 드러낼 수 있게 하였다.[4] 이 글에는 자신의 교육경험에 대한 대학생들의 성찰의 기록도 함께 엮인다. 부모의 기획과 관리에 의해 입시 관문을 성공적으로 혹은 힘겹게 통과한 대학생들의 목소리에서는 각자의 입장과 위치에 따른 지극히 주관적인 감정과 생각도 드러나지만, 우리의 교육 풍경을 상호 연관시켜 읽게 해줄 것이다.

한편 대학생들의 이야기는 수도권 대학에 다니는 자신들의 교육경험을 적은 기록에서 발췌한 것이므로 인터뷰 자료와는 성격이 다르다는 것을 밝힌다. 학부모들이 풀어놓은 이야기는 면접자와 얼굴을 마주보고 자유롭게 이야기하는 방식이고, 대학생들의 이야기는 자신의 생각과 정서를 정리된 언어로 풀어낸 성찰적 기록이라는 면에서 두 텍스트는 다른 맥락으로 존재한다. 전자의 경우, 즉자적 생각과 정서를 상대적으로 자유롭게 표현한 것이기 때문에 인터뷰 당시의 상황과 면접자와의 관계 등 상황적 맥락이 많은 영향을 미칠 수밖에 없다. 반면 대학생들의 글은 사유과정을 거쳐 정리된 글쓰기다. 따라서 자기 의도에 따라 선택되고 걸러진 경향이 전자에 비해 훨씬 강하다. 이러한 양자의 차이는 이들의 언설에 대한 해석과 분석에서도 다른 사고 지평을 요구한다. 그럼에도 이 글은 정교한 학문적 방법론의 엄격성을 넘어서서 좀더 자유롭게 틀을 열어두는 글쓰기라는 점을 감안해 함께 엮었다.

이들이 내는 목소리 또한 자신들의 위치와 상황에 따라 다른 색깔을 지닌다. 입시교육이라는 틀 안에서 부모와 학교의 기대 혹은 소외를 겪으며 성장한 아이들의 경험은 우리사회의 억압적이고 경쟁적인 교육 풍경을 고스란히 증언해주고 있다. 또한 입시라는 힘겨운 시기를 통과하고 '대학'에 성공적으로 진입했지만, 자신들이 도달한 지점이 경쟁과 억압, 불안의 끝이 아니라 또다른 단계의 시작일 뿐이었다는 현실에 직면한 아이들의 당혹감과 배신감을 생생히 드러낸다. 특히 일류대 입학을 지상목표로 하는 지금의 교육환경에서, 소위 명문대에 입학한 학생들의 승리 후 이야기는 역으로 우리사회의 교육 열정이 무엇을 지향하는지 진지한 물음을 던지고 있다.

대학 도서관은 늘 학생들로 북적이지만 이들이 연출해내는 풍경은 앎에 대한 호기심 혹은 배움의 즐거움과는 아무런 상관도 없다. 21세기는 지식기반 사회이며 창조적 인간이 성공하는 시대로 패러다임이 변하고 있다는 구호는 난무하지만, 배움을 향한 지성인들의 열정적인 공간이어야 할 대학 도서관은 취업 준비생의 독서실이 된 지 오래다. 대학생들은 입시를 위해 자신들의 삶을 유예했듯이 다시 '이태백(이십대 태반이 백수)'의 대열에 합류할지도 모른다는 두려움으로 영어책과 각종 취업서적을 안고 불안하게 오늘을 산다.

'취업 후에는 비로소 자신의 삶을 살 수 있을까'에 대한 답도 낙관하기 어렵다. 아마도 취업 후에는 회사에서 잘리지 않고 살아남기 위해, 승진하기 위해 그리고 안정적인 노후준비를 위해, 현재의 행복을 유예하며 살아가리라. 오늘을 즐겁고 행복하게 사는 대신 내일을 위한 준비와 불안으로 온생을 채워야 하는, 비정상이 정상이 되어버린 이상한 시대를 우리는 살고 있다.

공동체적이고 안정적인 존재기반의 급격한 붕괴, 그로 인한 불안과 무력감으로 적지 않은 수의 대학생들이 우울증을 앓고 있다는 보고도 있다. 오늘날 청소년들의 태도를 읽는 열쇳말도 무기력이다.[5] 전국민의 교육열망은 사그라들 줄을 모르는데 정작 교육과 학습 당사자들이 무기력하다는 건 아이러니가 아닐 수 없다.

누구나 자신들이 살아가는 시대를 위기의 시대로 정의한다지만 외부적으로는 고실업, 고용불안, 내부적으로는 불신과 성찰 없음, 소통 불능이 화두인 요즈음 우리 모두가 어느 시인의 말처럼 "시대의 우울"을 앓고 있는 것만은 확실해 보인다. 요즈음 창궐한 20대의 무기력이 개인적 차원의 문제가 아니라 현재의 사회경제적 구조와 밀접하게 관련있다는 연구도 있다. 『88만원 세대』는 구조적 취업난에 시달리는 20대의 암울한 현실과 세대간 불균형 문제를 집중 조명하면서, 입시지옥을 거쳐 대학을 다니면서도 가장 열심히 공부하고도 불안한 상황에 처한 20대의 비애를 설명해내고 있다.[6] 이 책이 제시하는 것처럼 시대를 바로 읽어내고 상상력과 창의력으로 무언가 다른 삶을 기획하기에는 20대가 현재의 삶에 너무 지쳐 있는 듯하다.

사교육, 학교붕괴, 교육열을 둘러싼 학부모들과 대학생들의 이야기를 풀어쓰면서 때론 공감하고, 때론 비판적인 거리를 유지하면서 분석과 해석을 해보았다. 연구자 또한 학부모들이 펼쳐놓은 자녀교육 이야기에 도사린 환상과 두려움에서 자유롭지 못하다. 따라서 획일적 잣대로 그들을 판단하거나 권위적 언설로 교육문제의 대안이나 전망을 제시하지 않았다. 동시대를 살아가는, 그리고 우리의 교육문제를 고민하는 한 연구자가 현장에서 만난 사람들의 이야기를 통해 그들의 생각과 감정을 찬찬히 짚어내면서 지금 우리의 문제를 새롭게 보고, 그곳에서부터 희망을 찾기 위한 성찰과 공감, 그리고 안타까움의 기록이다.

꿈꾸는 자가 행복한 까닭은, 내일에 대한 희망이 있고 그래서 그 내일을 위해 오늘을 살아갈 이유가 가득하기 때문이다. 한국사회를 성찰한 한 인류학자는 교육을 "한국인들의 꿈"이라 했지만 그 꿈을 꾸는 자 누구도 행복하지 않다면 '꿈'은 더이상 희망이라는 옷을 입을 수 없을 것이다. '욕망' 혹은 '환상'이라는 이름으로 바꿔 불러야 할지도 모르겠다. 이 글은 희망과 기대 사이에 있는, 욕망과 불안 혹은 두려움에 대한 우리시대 교육현장의 이야기다.

2. 욕망. 환상. 두려움

교육열, 사적 욕망의 그 무한질주

먼저 프랑스 이야기로 시작한다. 앞서 언급한 이반 일리히가 이야기한 희망을 만들어내는 데 필요한 사회적 힘을 이야기하고 싶어서다. 지난 2006년 3월 프랑스 시민들의 최초고용계약(CPE)[7] 반대 시위와 그 결과로 얻어낸 승리는 세대와 개별적 입장을 넘어서서 사회적 연대와 힘으로 함께 희망을 만들어낸 이야기다. 2006년 1월 16일 도미니끄 드빌(D. de Ville) 총리의 최초고용계약의 입법 계획 발표로 시작된 전국적 반대 시위는 대학들의 대거 휴교, 고등학생들의 적극적 시위 참여와 프랑스 시민들의 폭넓은 지지를 이끌어내며 제2의 68혁명이라고까지 불린 역사적 사건이었다.

4월 10일 당시 드빌 프랑스 총리가 사실상 이 법안을 철회하는 대국민 수습책을 발표하기까지는 노동계 등 관련 기관뿐만 아니라 부모세대들의 적극적인 동참으로 사회적 분위기가 뜨겁게 달아오른 것과 무관하지 않다. 세계 청년실업 1위라는, 현재의 젊은 세대들이 직면한 힘겨운 현실 이면에는 자신들이 만들어놓은 사회적 판이 있다는 인식과 이로 인한 연대의식이 결합한 결과로 해석된다.

이와 대조적인 한국인, 한국사회에 대한 연구보고서 하나를 보자. 강준만[8]은 한국사회를 읽어내는 핵심어로 냉소주의를 들었다. 그에 의하면 "냉소주의는 최악을 준비하는 삶의 자세"라고 할 수 있는데 늘 불안해하며 일상을 전시체제처럼 살아가는 한국인들의 성향은 공적 영역에 대한 냉소가 바탕을 이루는 "6·25멘털리티(mentality)"라고 규정하였다. 공적 영역에는 불신을 보내되 사적 영역은 믿을 만한 연고를 키우며 자녀교육에 목숨을 거는 것도 이런 맥락에서 이해할 수 있다는 설명이다. 자녀교육열의 성격뿐 아니라 구체적인 지원 방향과 양상에도 교육의 공적 영역이라고 할 수 있는 학교에 대한 불신이 강하게 작동하고 있다. 학원과 과외에 전적으로 의존하는 한국 학부모들의 교육열 표출은 이를 여실히 보여준다.

> 대치동은 거의 다 수준이 비슷해서인지 이상한 분위기는 없어서 애들 교육시키기가 괜찮은 건 사실이에요. 그래서 다들 대치동 이야기를 많이 할 거예요. 너무 특수한 상황이라면 상황인 거고. 어찌되었건 동네가 교육의 질을 결정하는 평준화라는 현실이 그런 거죠. 특히 이 동네는 부모의 교육수준이 높고, 교육수준이 높으면 경제적 수준도 높다는 이야기잖아요. 그리고 대개 아이는 하나나 둘밖에 없고. 그러니 교육열도 있을 수밖에 없죠. 그렇게 비슷비슷

한 사람들이 자연스럽게 모이니 특별히 문제가 있는 아이들이 없어서 학교생활에서도 별 문제가 없어요. 학교가 공부를 잘 안 가르친다는 것 빼고는. 어차피 학교에 그런 기대도 갖고 있지 않고요. (고지혜)

고지혜씨는 한국에서 대학원을 졸업하고 외국 유학까지 마친 소위 고학력 엘리뜨 여성이다. 프랑스 전문 고등교육 기관에서 실내장식을 배운 뒤 한국에서 가게를 차려 인테리어 일을 하다가 딸아이가 중학교 3학년이 되자 본격적으로 입시공부를 지원하기 위해 자신의 일을 잠시 접은 상태다. 딸이 대학에 입학하기까지 4년을 자기 삶의 유예기간으로 삼기로 했다고 한다. 자신이 사는 한국의 사교육 일번지 강남구 대치동에 대한 사회의 여러 시선이 불편하지만 이해할 수는 있다는 입장을 보였다. 자신이 한국사회에서 유리한 위치를 차지하고 있다는 계층의식도 있었다.

"동네가 교육의 질을 결정"하는 '평준화'라는 현실 속에서 고지혜씨에게 대치동에 산다는 것은 비슷한 수준의 사람들이 모여 살고 있어서 아이를 안심하고 학교에 보낼 수 있는 지역에 살고 있다는 의미이다. 딸의 "일류대학 보내기" 프로젝트를 시작한 그는 아이 성적과 관련하여 학교와 교사에 거는 기대는 없다고 단호하게 이야기한다. 그가 믿는 것은 아이의 성적을 '철저하고 합리적으로' 관리해주는 사교육, 즉 학원이다. 아이 진로 관련 상담은 당연히 학원이나 전문과외 선생님이 맡을 수밖에 없다. 학교의 기능은 아이가 현실적인 불이익을 당하지 않게 제도적으로 거쳐야 하는 단계라는 의미가 있을 뿐이다. 시댁이 건실한 중소기업을 운영하고 있고 남편도 자회사를 운영하고 있는데, 딸아이가 시댁의 장손녀이기 때문에 집안의 기대가 커서 부담도 크다고 한다. 딸아이의 학교가 파하는 오후 4시부터 12시까지가 '본격적인 입시공부'에 그가 총력을 기울이는 시간인데, 주로 이때 과목별 과외와 학원을 이용하지만, 잠깐 비는 시간에도 아이가 공부에 집중할 수 있는 학습 분위기를 만들려고 최선을 다하고 있다.

이처럼 자녀교육에 목숨을 거는 학부모들에게 '질 좋은' 교육이란 일류대를 보내는 데 보탬이 되는 교육이고, 그 목표는 세상을 살아가는 데 유리한 고지를 점하기 위한 학벌이라는 사회적·상징적 자본을 얻는 것이다. 따라서 이 자본을 얻도록 경제적·정서적 지원을 아끼지 않는 것이 이 시대 부모의 역할이자 '부모 됨'의 당연한 도리가 된다. 이러한 시대적 환경은 자녀들을 지원할 경제 능력이 없는 부모들에게 상대적 박탈감과 죄책감을 느끼게 하는 것은 어쩌면 당연하다.

> 그냥 애들에게 다 미안해요. 공부하라는 말만 하고 부모로서 제대로 해준 건 아무것도 없어요. 우리 딸이 어릴 때부터 예술 분야에 재능이 많았어요. 근데 제가 제대로 뒷받침을 못해준 거죠. 부모가 능력 있었으면 저도 지금 이렇게 힘들지 않았을 텐데 (눈물) 너무 성적이 오르지 않아서 저도 애가 타고 부모로서 뭔가를 해야 할 것 같아 주소를 옮겨서 강남으로 고등학교를 보냈어요. 더 좋은 환경에서 하면 좀 달라지지 않을까 싶어서요. 근데 심리적으로만 더 힘들어하는 것 같아요. 지금 고2인데 너무 예민해 있어서 어떻게 건드리지도 못해요. (김성희)

강북에 사는 주부 김성희씨는 남편이 중소기업을 다니는 평범한 직장인이고 자신도 아이들 학원비에 보태기 위해 1년 전부터 집에서 초등학생들을 대상으로 공부방을 운영하고 있다. 혹 아이들의 학교생활에 도움이 될까 싶어 학교에서 하는 모든 행사에도 적극 참여하고, 아이들을 위하는 적극적인 엄마의 모습을 보여주고 싶어 어떤 일도 마다하지 않는다고 한다. 아이들과 학교에 대한 온갖 정보가 오가는 학부모 모임에도 꼭 참석하는 열성적인 엄마이다. 이것이 다른 부모들에 비해 '경제적 능력이 없는' 자신이 자식을 위해 할 수 있는 최소한의 역할이라고 생각하고 있다. 강남과 멀지 않은 강북에 살고 있어서 큰딸을 옆 동네 강남에 있는 고등학교에 보낸 것도 비싼 과외를 시키기에는 경제적 부담이 너무 커서 차선책으로 궁리해낸 방법이다. 아이들 공부 뒷바라지에 최선을 다하기 위해 이렇게 동분서주하지만 다른 부모들에 비해 해준 것이 없는 것 같아 늘 "미안"하다. 아이들 이야기를 하면서 김성희씨가 내비친 눈물은 지금 우리사회의 교육열이 경제적 여건에 따라 부모들에게 새로운 형태의 죄의식을 만들어내기도 한다는 사실을 보여준다. 대치동으로 대표되는 강남 엄마들에 대한 상대적 박탈감도 만만치 않다고 한다.

한편, 김성희씨의 경우처럼 부모로서 죄책감을 가지고 있거나 고지혜씨처럼 자신의 사회적 자본을 의식하면서 자기 일을 미루고 아이들 공부에 매달리는 까닭은 "학벌"에 대한 확고한 현실적 판단을 하고 있기 때문이다.

> 솔직히 그렇잖아요. 자식들에게 빌딩을 물려줄 능력이 있는 것도 아니고 학벌이라도 갖게 해야죠. 아무리 공부가 이제 다가 아니고 학벌이 별로 안 중요해진다고 말들은 많이 하지만 일류대 나오면 일단 다른 사람들보다 사회에서 출발선이라는 게 다르잖아요. 성공할 가능성이 더 많다는 거죠. (양선옥)

> 인성교육이니 하는 이런 것들이 중요하다는 것을 알지만 당장 눈에 보이는 성적이 현실적으로 그 아이의 모든 것을 말해주기 때문에 뭐든지 학교 성적 위주로 갈 수밖에 없죠. 아이에게 공부하라고 자극을 주고 싶을 때 아이들에게 가장 상처가 되는 말부터 하게 돼요. 이렇게까지 해야 하나 자책감이 들기

도 하고 미안한 마음도 들지만, 그래야 효과가 있으니까요. '아이를 학교에 믿고 맡기라'는 말이나, '사교육이 효과 없다'라는 전문가들의 이야기는 하나도 귀에 안 들어와요. 그거 누가 믿어요? 아무도 안 믿어요. 우리가 보는 현실이 있는데. (김현숙)

인용한 두 사람은 모두 전업주부이다. 이들이 체감하는 학벌은 한국사회에서 대우받고 살아가기 위한 가장 중요하고 기본적인 사회적 밑천이다. 편안하게 평생 먹고살 "빌딩을 물려줄 능력"이 부모에게 없다면 자식이 학벌이라도 갖게 해주어야 사회에서 기죽지 않고 살 수 있을 것이라는 양선옥의 말은 적나라하지만 그만큼 학벌사회를 살아가는 부모들의 가장 솔직한 이야기일 것이다. 따라서 "학벌이 별로 중요하지 않게 되었다"는 얘기나 "인성교육의 중요성" 같은 지극히 당위적 말이나, 학벌은 더이상 중요하지 않다는 식의 새 시대의 도래를 떠드는 이야기들은 비현실적 그 무엇일 뿐, 학부모들의 행동방식과 태도를 결정하거나 수정하는 데 영향을 미치지 못한다. 몸으로 느끼는 현실이 도덕적·당위적 수사에 앞설 수밖에 없다. 당장 학벌이 강력한 사회적·상징적 자본의 역할을 하고 있는, 눈에 보이는 현실이 훨씬 절박하기 때문이다.

자극을 주려고 아이에게 상처 주는 말부터 해야 한다는 김현숙씨의 말은, 우리시대의 자녀교육에 대한 열정이 한 아이를 인격적으로 훌륭하게 키워내는 고전적 의미의 교육과는 무관한 것임을 보여준다. 그것은 교육전쟁을 훌륭하게 치러낼 전사를 기르는 일이라는 데 우리시대의 비극이 있다.

모든 것을 계량화, 수치화하는 신자유주의 시대에 성적은 눈에 보이는 성과이자 삶을 평가하는 선명한 잣대로 군림하고 있는 상황과도 부모들의 이러한 태도는 연관이 있다. 상품으로서의 교육을 평가하는 잣대는 시험 결과에 따른 성적이 지배하는 현실의 반영이기도 하다. 자본과 시장은 이런 심리를 너무도 잘 간파하고 있으며 사교육시장이 교묘히 이를 이용하는 현실이 바로 우리사회의 교육 풍경이다.

지금 한국의 교육현실에서 전업주부는 의도하지 않았을지라도 사회구조와 체제의 충실한 파수꾼이다. 이는 가족주의가 강한 한국사회에서 자녀의 성공은 어머니들에게 가족의 사회적 지위 재생산을 위한 가장 가능성이 높은 통로로 인식된다는 사실과 무관하지 않다. 어머니들의 자녀 교육열을 이해하기 위해서는 이러한 배경을 고려해 어머니들에게 가족과 자녀가 어떤 의미를 지니는지를 규명해내야 할 것이다. 이는 한국의 가족주의가 어떻게 어머니들의 자녀교육 지원과 연결되는가를 보여주는 것이기도 하다. 취업주부도 예외는 아니다. 아이들을 관리하고 기획하는 시간적 여유와 정보망에서 전업주부와 게임이 되지 않는 취업주부들은 자녀들의 관리를 유명학원과 과외에 맡기며 "시간 없음"으로 인해 자신이 하지 못하는 아이들 교육은 돈으로 때울 수밖에 없다고 한다.

아이를 놀리려고 해도 학원에 보내지 않으면 친구도 없어요. 아이를 혼자 있게 놔둘 수는 없고. 내가 일한다고 아이를 버려두었다는 말은 들으면 안되니까. 우리 친정에서는 나에게 일하지 말고 아이들 교육이나 신경 쓰라고, 쓸데없이 갑자기 무슨 일이냐고 굉장히 걱정해요. (…) 학원에 안 보낼 수가 없는 게 내가 아이들 공부를 봐줄 시간이 없으니까 돈이라도 투자해서 뒤처지게는 하지 말자 이렇게 가는 거죠. 그거 아세요? 일하는 엄마들은 학교 엄마들 모임에서도 왕따예요. 정보나 그룹과외에서도 안 끼워줘요. 그러니 그냥 있을 수가 없어요. 지난주에는 내가 아이들을 데리고 오후 5시쯤 수영장에 갔는데 또래는 아무도 없는 거예요. 다른 엄마들이 우리아이들을 쳐다보는 분위기

가, 쟤는 왜 학원 안 가고 여기 있나 하는 느낌이었어요. (이미정)

둘째를 낳고 직장생활을 접었다가 최근 중학교 기간제 교사로 다시 직장생활을 시작한 이미정씨는 전업주부로 지냈을 때에는 자신이 직접 아이들의 학습을 관리했던 소위 '엄마 가정교사'였다. 학과공부는 물론이고 책읽기 지도와 박물관, 미술관, 역사기행까지 자신이 다 기획해서 아이들을 관리해왔다. 그러나 직장생활로 자신의 역할을 더는 할 수 없게 되고 큰아이가 중학생이 되면서 주로 "공부와 성적" 중심으로 시간을 짤 수밖에 없어 아이들 관리를 거의 학원과 과외로 대체했다. 일하는 엄마를 둔 아이들은 학교성적이 좋지 않다는 가족과 주변의 우려를 불식하기 위해서라도, '다른 엄마들의 정보와 역할'을 전문학원으로 대체하여 최소한 아이가 뒤처지게 해서는 안된다는 절박감이 이미정씨의 이야기에 짙게 묻어난다. 신자유주의 시대의 학습 먹이사슬은 그냥 손을 놓고 있다가는 기본도 안된다는 공포를 끊임없이 만들어내고 있고, 부모들은 내 자식들만은 교육경쟁에서 낙오자가 되지 않게 하려고 고군분투하고 있다.

연대와 경쟁의 이중주

아이들 교육에 관한 정보는 엄마들 말도 듣고 신문도 보지요. 근데 실은 유익한 정보보다 스트레스 받는 것이 더 많아요. 엄마들 이야기를 듣고 있다보면 혹 내가 너무 내 아일 과대평가하고 너무 애를 믿고 있지 않나 생각도 들어요. 어떤 것이 원인인지 모르겠지만 지금 사교육이 너무 힘들어요. 부담도 되고. 매스컴에서 요즈음 아이들이 학원을 몇개 다니고 하는 이야기를 들으면 오히려 불안스럽죠. 우리아이만 너무 방치되고 있는 건 아닌가 그런 생각도

들고. (황진숙)

저도 아이들에게 무엇이 좋은 건지 생각해보면 이건 아니지 않나 싶어요. 근데 학원을 안 다니면 우리아이만 고립돼요. 다들 하는데 안한다는 건 웬만한 배짱 가지고 안돼요. 믿을 만한 확실한 뭔가가 있는 것도 아니고. 괜히 이러고 잘난 척하고 있다가 무능력한 엄마가 되면 어떡하나 그런 생각도 들고. 다른 엄마들 이야기 들어보면 다 옳은 것 같아요. 그만큼 모르는 것도 없는 전문가들이고요. 만나면 우리아이에 대한 불안만 쌓여서 스트레스를 많이 받기도 하는데 무시할 수도 없는 거 있어요. 아이들을 망치면 안되니까. (강신영)

강남에 사는 친구들 공부 시키는 이야기를 듣는 것이 여러가지로 도움이 돼요. 강남은 확실히 다르더라고요. 우리아이 공부하는 것만 보다가 그냥 이 정도면 괜찮지 않나 싶다가 친구네 집에 가서 그쪽 아이들 공부하는 교재를 보면 뒤통수를 맞는 느낌…… 영어 에세이를 줄줄이 쓰는 정도니까. 감히 생각도 못했던 것들을 거기서는 앞서서 잘하더라고요. 굉장히 수준 차이가 느껴져요. 이쪽이 유치원 수준이라면 거기는 중학교 수준, 그 정도의 차이가 나는 것 같아요. 양도 양이지만 교재 같은 질적 수준도 차이가 나요. 그런데 여기에선 하고 싶어도 선생님 찾기도 힘들고. 아무리 많은 돈을 줘도요. 강남에 있는 친구 집 아이 이야기를 들어보면 내신은 별로지만 영·수를 따로 학원이나 과외를 한 아이를 못 따라간다고 그러더라고요. 저희 집은 그래도 이 동네에서는 여유가 없는 편은 아니거든요. 근데, 또 딴 데랑 비교를 해보면 역시 질적인 차이가 나요. 저도 그만큼 못해줘서 아쉬움이 남고. 더 못하는 아이들 생각하면 이 정도도 좋은데 그런 생각도 들고. (정수진)

황진숙씨의 고백은 주변에서 목격하는 사교육 지원과 사교육을 둘러싼 매스컴의 보도가 그 의도와 상관없이 어머니들에게 자신의 자녀교육 지원 정도를 가늠하는 잣대가 되기도 한다는 사실을 알려준다. 어머니들에게 자녀교육에 관련된 현실감각은 주변 사람들과의 비교가 자신의 지원 정도를 평가하는 강력한 기준이 되기 때문인 듯하다. 황진숙씨는 여기저기서 듣는 정보가 도움이 된다기보다 늘 '스트레스'를 주지만 귀를 닫고 살면 불안하고 워낙 일상적인 일이라 거리를 두기도 불가능하다고 한다.

강신영씨의 사례는 자녀들을 중심으로 맺어진 어머니들의 관계가 서로에게 교육 관련 정보를 얻을 수 있는 정보원이자 사교육을 함께 조직하는 공동체로서, '연대'의 대상인 동시에 자신의 행동방식을 결정하는 강력한 기준으로 작동하기 때문에 경쟁관계를 형성하기도 한다는 사실을 알려준다. 따라서 지금의 교육열 판에서는 자녀교육 지원 방식에서 동질적인 관계 안으로 들어가지 못하면 남들처럼 못한다는 점에 불안해할 수밖에 없는 메커니즘이 존재한다. '웬만한 배짱'이 없으면 주위의 돌아가는 판에 초연할 수가 없는 것이다.

정수진씨는 자녀교육 지원에서 '비교 마인드'의 전형을 보여준다. 강북에서 안정적으로 여유롭게 살며 전교 석차 1,2위를 다투는 공부 잘하는 아이들이지만 강남에 사는 친구들 이야기를 들으면 수준 차이가 실감이 나서 뭔가를 더 해야 할 것만 같다고 한다. 실제로 강남으로 이사할까도 심각하게 고민해보았다는 정수진씨는 자신이 지나치게 욕심을 내는 건 아닐까라는 반성도 해보지만 실제 상황에서는 조급증만 일어난다고 한다. '이 정도도 좋은데' 싶다가도 더 잘하는 아이들 이야기를 들으면 불안해지는 '무한경쟁'의 틀에서 계속 흔들린다고 한다.

아이들의 학습에 실제로 도움이 되는가에 대한 판단과는 별개로 상대적 불안 때문에 사교육을 하는, 그 열풍의 이면에 '남들' 다 보내는 학원을 보내지 않으면 불안해지는 집단 심리가 존재한다. 그러나 남들이 하니까 어쩔 수 없이 따라간다고 말하지만 자녀교육 지원과 투자를 둘러싼 우리사회의 교육문화가 실은 교육열을 서로 상승시키는 동인이 된다는 것을 황진숙씨의 이야기가 증언해주고 있다. 사실 자녀교육을 둘러싼 학부모들의 연대가 상당히 끈끈하다는 것을 주변에서 목격할 수 있는데, 이는 서로가 힘이 되어주고 자신의 역량을 나누는 것이라기보다는 경쟁에 기초한, 따라서 필요에 의한, 다시 말하면 "나의 승리를 위해 네가 필요한" 이기심에 기반한 조건부 연대라는 것을 암시한다.

나의 욕망, 타자의 욕망

실력을 쌓는 일이면 남편도 절대 돈을 아끼지 않아요. 자기 아들이 최고가 되어야 한다는 게 절실한 거죠. 그래서 내가 아이들을 교육시키는 방법에 무척 협조적이에요. 나름 애들도 챙기려고 노력하고 (…) 사회생활 하면서 학벌 때문에 불이익을 받지 않아야 한다는 것을 남편도 잘 알기 때문이겠죠. 어제 뉴스에서 우리나라 사람들의 70퍼센트가 학벌 때문에 불이익을 받는다고 생각한대요. 그러니 안 그럴 수 없는 거죠. (정수진)

너무 괴로운 건 남편과 나는 아이들에 대한 생각이 진짜 다르다는 거지요. 난 애들이 자기가 좋아하는 일 하면서 나름대로 행복하게 살면 된다고 생각해요. 일류대 나오면 다 행복한가? 난 그렇게 생각 안해요. 빵 기술 배워서 제과점 하면 안되나, 글쎄…… 난 내가 일류대 나와서 그게 내 삶의 행복을 결정지었다고 생각하지 않아요. 우리 남편이 우리나라 전형적인 엘리트인데 날마다 일과 사람들에 치여 힘들어해요. 직장 안에서 경쟁에서 밀리지 않으려고. 내가 보기에도 안쓰러울 정도지요. 주말에도 논문 쓰느라고 도서관에 가요. 이 사회의 주류에 편입하는 순간 삶이 더 곽곽해졌어요. 왜 그렇게 사나 전 이해가 안돼요. 그 내부경쟁이라는 것도 다 서로를 속박하는 것 아닌가? 근데 애들 교육 때문에 엄청 나한테 스트레스를 줘요. 그래서 어느날 너무 화가 나서 내가 그랬지. 당신같이 날마다 경쟁 속에서 불행해하면서 애들이 살지 못할까봐 그러냐고. 그렇게 그게 중요하면 당신이 애들을 관리하라고. 그렇게 싸우고 나면 내 마음도 지옥인 거죠. 남편은 철저하게 애들 교육은 엄마 몫이라는 생각을 가지고 있거든요. 근데 어떡해? 나는 애들을 그렇게 키우고 싶은 생각이 전혀 없는데. (장미선)

정수진씨와 장미선씨는 아이들 교육을 둘러싼 남편과의 관계에서 대조적인 모습을 보여준다. 전업주부 정수진씨는 고액의 사교육을 아이들에게 제공하려면 남편의 동의가 필요한데 남편은 여기에 적극 협조하고 이를 은근히 바란다. 사회생활을 하는 남편이 학벌의 파워를 자신보다 훨씬 잘 알기 때문이라는 것이다. 반면 장미선씨는 자신은 아이들을 일류대에 보내야 한다는 생각을 전혀 하지 않는데, 남편과의 관계에서 불편해지지 않기 위해 뭔가 하는 척이라도 해야 한다고 고통을 토로한다. 자신의 자녀교육관은 남편과 싸울 때나 내비칠 뿐 다른 가족들 앞에서는 입 밖에 내지 못한다. 자신을 이기적이거나 이상한 엄마로만 보는 시선을 의식하지 않을 수 없기 때문이다.

장미선씨는 일류대학과 대학원을 나왔고 지금은 대학에서 강의도 하고, 프리랜써로 인테리어 디자인 일도 하지만, 행복한 삶과 학벌이라는 도구적 수단은 무관하다는 신념이 확고하다. 그래서 아이들 성적이 주요 화제인 대학 동창생들 모임에도 얼마전부터 발길을 뚝 끊었다. 반면 부유한 가정에서 자라 전형적인 엘리뜨 코스를 밟아 지금은 대기업 연구소에서 근무하는 남편과는 아이들 교육에 대한 기대가 너무 달라 힘들다고 한다. 남편은 성적이 좋지 않은 큰아이를 어디 가서 말하기 창피하다고, 집안 망신이라고 한다는 것이다. 회사에서 늘 동료들과의 경쟁으로 삶에 지치고 불행해하면서 자식들에게도 같은 삶을 물려주려는 남편을 장미선씨는 이해할 수 없다고 한다. 다른 삶을 꿈꾸고 아이들도 사회적 잣대에서 자유롭게 자기 삶을 살아가기를 바란다는 장미선씨는, 집안의 장손인 큰아이의 성적에 대한 남편을 포함한 시댁 식구들의 기대가 가장 버거운 짐이라고 토로한다.

일반적으로 우리사회에서 자녀교육의 세세한 부분은 어머니가 맡고 아버지는 직접 관여하지 않으면서 '평가' 혹은 '결과에 대한 요구'를 주로 맡는다. 전면으로 나서지 않을 뿐, 실은 아버지들의 강한 기대와 적극적 태도는 어머니들의 행동양식과 태도를 설명하는 데 유의미하다. 최근에 방영된 텔레비전 드라마 「강남 엄마 따라잡기」에서 보여준 것처럼, 우리사회 교육열이 어머니들의 관리와 기획, 환상, 욕망과 깊이 연관되어 있음은 분명하지만 여기에는 타자의 욕망, 즉 남편과 다른 관계에서 오는 기대를 충족시키고자 하는 욕망과 긴밀히 연결되어 있다고 할 수 있다. 자신의 욕망에 타자의 욕망이 겹쳐 복잡성을 더하는 것이다. 한국교육을 이야기하면서 환상과 욕망의 함수관계를 설명하는 한 교육학자의 말을 정리하여 일부 인용해본다.

> 환상 속에서 실현하고자 하는 욕망은 주체 자신의 욕망뿐 아니라 타자의 욕망이 이미 들어가 자리잡고 있기 때문에 그것은 이미 상호주체적일 수 있다. 내가 무엇을 원하는가와 같은 것을 묻는 그런 단순한 심리를 넘어 타자들이 나한테서 무엇을 원하는가와 같은 것을 물어보려는 것이 욕망이 정말로 원하는 것이다.[9]

자녀교육을 둘러싼 이러한 욕망의 상호작용은 아버지들의 목소리에서도 잘 드러난다.

우리 은행 지점장이 고등학교 다니는 아이가 둘인데 애들한테 들어가는 돈이 한달에 400이야. 그러면 월급에서 남는 건 거의 없다고 보면 돼요. 그게 현실이에요. 입시 씨즌에는 누구네 아들이 서울대 합격했으면 그거 축하하는 술자리가 이어지기도 해요. 공부 못해서 재수한다거나 지방대 가는 아이를 둔 상관한테는 괜히 눈치가 보이고, 지금은 우리아이가 어려서 아직은 잘 체감하지 못하지만 일상에서 보는 것들이 이런 분위기인 이상 자식 성적에 연연 안할 수 없는 거죠. 모르지, 혹 사회가 분위기가 확 바뀌어서 학벌과 상관없이 살 수 있다면. 근데 그게 가능한 이야기인지는 잘 모르겠고. (이윤성)

솔직히 우리아이가 성적이 안 좋으면 기분이 나쁘데요. 나는 학교 다닐 때 공부 잘했는데 우리애가 못한다는 것이 잘 용납이 안되더라고요. (웃음) 머리로는, 공부가 다가 아니고 아직 시간도 있으니 앞으로 열심히 하면 잘하겠지라는 생각으로 한참 후에 정리가 되긴 하는데. 즉각적인 감정으로는 잘 안되데요. 막 화나요. 솔직히 이야기하면 마누라도 똑같이 일해서 바쁜 거 아는데 괜히 마누라한테도 짜증나고, 신경 좀 쓰면 그렇지 않을 텐데 그런 생각도 들고. (김준성)

요즘 사는 데 가장 기쁜 소식은 집사람이 회사에 전화해서 우리애가 받아쓰기 100점 맞았다고 하는 거예요. 진짜 기분이 좋지, 다른 애는 30,40점인데 우리애만 100점이면 당연히 더 기분 좋고. 아이들 성적이 좋은 날은 집안 분위기도 좋고. 친구들이 자기집 애 공부 잘한다고 자랑하면 좀 솔직히 그렇죠. 열 받고. 요즈음 친구 녀석들을 만나면 애들 공부 이야기가 안 빠지거든요. (박진수)

위에 인용한 아버지들의 말은 자녀교육이 엄마들의 정체성과 능력을 결정하는 지표이듯, 아버지들에게도 마찬가지 의미를 지닌다는 것을 보여준다. 회사에서 자식이 어느 대학을 다니느냐에 따라 동료들과의 관계에서 입지가 달라지고 자식들 사교육 비용이 화제가 된다는 이윤성씨의 이야기는 자녀들의 성적과 성공적인 교육이 더이상 어머니들만의 영역이 아님을 보여준다.

자신은 예전에 잘했는데 자기 자녀는 공부를 못한다는 것을 받아들이기 힘들다거나(김준성) 친구들의 자녀 성적 자랑에 열받는 것(박진수) 역시, 아이의 성적이 자신의 공식적인 경쟁의 연장선에서 만만치 않은 의미를 갖고 있음을 암시한다. 이처럼 동창들을 만나도, 회사에서도 아이들 공부와 성적 이야기는 요즈음 40,50대 남성들의 주요 화제라고 한다. 이런 사회 분위기에서 자녀의 성적이 자신의 사회적 '체면과 위신'에 영향을 미칠 수 있다는 것은 쉽게 짐작되는 일이기도 하다. 따라서 자녀가 성적이 좋지 않으면 마누라에게 화가 난다는 김준성씨나 마누라에게 걸려오는 전화 중 가장 기쁜 내용은 아이들이 받아쓰기에서 100점 맞은 소식이라는 박진수씨의 이야기는 자녀교육이 부부관계에도 영향을 미치고 있음을 짐작케 한다.

이러한 자녀교육 성공을 둘러싼 사회 분위기는 교육 관련 책 마케팅에서도 쉽게 감지된다. 엄마들이 자녀의 성장에 결정적인 영향을 미치므로 단순한 엄마 역할 대신 가정의 CEO가 되라는 압박은 책 광고와, 드라마에서 넘치고 넘쳐난다. 그리고 이 땅의 아버지들에게 아내를 위해 이 책을 사주라고 권한다. '자녀교육 성공' 여부가 어머니의 능력 평가 기준이 되고 아버지들의 명예와 체면이 되는 현실은, 자녀교육에 관한 끊임없는 불안과 강박증을 만들어내는 이유일 것이다.

공식적 거리와 사적 집착

한편 부모들은 실제로 자녀들에게 많은 투자를 하고 있음에도 "특별하게 하는 것이 없다"라거나 "다른 사람들과 비교하면 자신은 거의 하지 않는 편"이라고 표현함으로써 일반적으로 회자되는 교육열과 거리를 두고 싶어했다. 이러한 부모들의 태도를 프랑스 사회학자 쌩글리(François de Singly)는 '공식적 무관심'이라고 했는데, 부모들이 자녀교육 지원을 부인하는 것은 아이들의 성취가 자신들의 투자에 의해서가 아니라 타고난 자질 때문이라는 것을 강조하려는 욕구이고, 이러한 심리 뒤에는 '문화적'인 것을 '자연적'인 것으로 해석하려는 의도가 숨겨져 있으며, 자녀의 능력에 대한 일종의 환상과 기대가 결합된 결과라는 해석을 내놓는다. 이러한 태도를 한국의 사회문화적 맥락에서 해석한다면 교육열 과잉에 대한 부정적 시선을 의식한 심리적 방어기제와도 연관될 것이다.[10]

> 난 우리애가 서울대 가기를 바라는 건 아녜요. 그래도 평균은 해야 한다고 생각해요. 그래서 기본적인 판을 깔아주고 싶은 건 있어요. 다른 엄마들 하는 것 보면 말도 못해요. 진짜 대단해요. 우리 큰애는 아직 공부가 학교에서 뒤처지는 것은 아니에요. 좀 게을러서 그렇지. 다른 것은 대부분 자기가 알아서 하더라고요. 외고를 보내려고 해서 영어 과외만 따로 받고 있어요. 학원은 수학, 과학 단과만 보내고요. 방학 때 너무 책을 안 읽고 노니까 논술학원을 보냈어요. 혼자서 읽는다고는 하는데 애가 게을러서 잘 안되는 건지. 거기는 학과 공부가 아니라 책읽기 훈련과 글쓰기 훈련을 시켜주니까 놀이 삼아 가면 되고. 어떻게 생각하면 공부 잘하고 못하는 것은 다 제 팔자라는 생각도 들어요. 부모가 해줄 수 있는 건 한계가 있죠. 아무리 부모가 끌어줘도 아이들이 능력이 안되면 어쩔 수 없는 것 같아요. (김선영)

김선영씨는 서울에 있는 대학에서 외국 학생들에게 한국어를 가르치는 일을 하고 있다. 자신도, 남편도 서울대를 나왔지만 아이들에게도 자신들처럼 서울대 가라고 부담을 줄 생각은 없다고 말한다. 그래도 기본은 해야 되고, 따라서 최소한의 부모 노릇을 하기 위해 사교육을 시킨다고 강조하면서 다른 학부모들의 지나친 교육열에서 자신을 분리하고 싶어했다. 이처럼 사교육에 대한 실제 지원은 다르지 않음에도 대부분의 학부모들은 자신들의 행위를 설명할 때는 모호한 "다른 부모들"의 이야기를 근거로 그 열성을 축소하려는 모습을 보여준다. 김선영씨는 "다른 엄마들이 하는 것"에 비하면 자신이 아이들에게 기대하고 요구하는 수준은 "거의 아무것도 아닌" 것이라고 한다. 필요한 과목을 골라 학원도 보내고 필요한 경우 과외도 시키고 있지만 자신의 사교육 지원은 최소한인 것이다.

지난해 EBS에서 어린이 행복 주간을 맞아 방영한 다큐멘터리에서 초등학교 5학년 아이의 엄마는 학원 네군데, 학습지 세가지를 시키고 있지만 다른 아이들에 비해 많은 것이 아니라고 말한다. 자녀교육 지원에 대한 김선영씨의 이러한 태도 역시 우리사회 부모들의 일반화된 태도와 맥락이 닿아 있다고 할 수 있다. 주말까지 쉴 새 없이 아이들을 학원에 보내고, 각종 개별 과외를 시키면서도 어느 학부모도 우리아이가 다른 아이들보다 더 많이 한다고 생각하지 않는다. '요새는 다 그렇다'는, 주변 사람과 익명의 다수와 매스컴의 영향에 기반한 상식적 평균과 기준이 있을 뿐이다. 다음에 인용하는 아버지들의 이야기도 '다른 사람들'을 준거로 하는 '평균에 대한 환상'을 보여준다.

> 희선 엄마는 우리애가 가장 뛰어나야 한다고 생각해서인지 더 열성인 것도 있어요. 요즘 기본 서너개 과외는 하니까. 남들 하는 만큼은 해야 하잖아요.

저도 욕심이 있어서 잘하고 싶어하고, 딸이 굉장히 잘하니까 더 투자하는 것도 있고. 그 정도 안하는 사람도 실은 없겠죠. 우리는 강남이 아니라도 그 정도인데 강남처럼 더한 곳은 훨씬 많겠죠. (박민)

요즈음 다 그래요. 우리집은 마누라랑 나랑 맞벌이하니까 누군가 한 사람 집에 들어올 시간까지는 무조건 아이들을 과외나 학원으로 돌리게 돼요. 그 시간을 어떻게든 다 채워야 되고 어차피 공부도 해야 되는 거고. 애들이 하기 싫다고 떼를 쓰기도 하지만 그렇게 할 수밖에 없어요. 그냥 아무것도 안하고 둘 수는 없는 거니까. 얼마전에 아이들이 하도 과외를 하지 않겠다고 해서 일주일에 수요일 하루를 과외 없는 날로 정했는데 애들이 너무 좋아하긴 하더군요. 그날은 친구랑도 놀고 텔레비전도 보고. 일기에도 제일 기쁜 날이라고 적었어요. 그런 거 보면 좀 그렇긴 하지만 모두 다 그러니까. 우리 애들만 안 시킬 수는 없죠. (정재철)

공사(公社)에 근무하는 박민씨는 전업주부인 아내가 열성적으로 딸의 공부를 뒷바라지하는 것에 만족해하고 공부 잘하는 딸을 자랑스러워한다. 그렇다고 딸이 특별히 다른 아이들에 비해 더 많은 사교육을 받는다고는 생각하지 않는다. 아내가 아이들 공부에 관심이 많아 꼼꼼히 챙겨주고 아이들도 잘 따라주는 것이 대견하다고 한다. 아이들이 다니는 학원은 다른 사람들이 하는 수준에서 벗어나지 않는다는 것이 그의 생각이다. 강남은 당연히 이보다 더할 것이고 강북에 살고 있기 때문에 별로 안하고 있다고 생각한다. 물론 이러한 믿음에 특별한 기준이 있는 것은 아니다.

공무원 아내와 맞벌이를 하는 정재철씨도 퇴근할 때까지 아이들의 시간을 학원과 과외로 채운다. 부모가 함께할 수 없는 시간을 사교육이 대신 채워줄 수밖에 없는 현실에서 비롯된 것이기도 하지만, 그 정도 공부는 기본이라고 생각하기 때문이기도 하다. 정재철씨의 경우, 아이들의 사교육 올인에는 방과후 아이들을 돌보게 하는 차원의 단순한 보육개념을 넘어 '모두 다 그러니까 우리 애들만 안 시킬 수는 없는' 현실감각이 더 강력하게 작동하고 있다. "공부를 시키지 않을 수 없으니까"라는 말은 거칠게 말하면 "밥을 먹어야 살 수 있으니까"처럼 절대적인 삶의 명제로 우리사회에 통용되고 있는 것이다.

앞서 소개한 EBS 다큐멘터리[11]는 자녀들 성적을 상위 20퍼센트로 만들기 위해 아이와의 싸움을 멈출 수 없는 엄마 이야기를 담고 있는데, 우리사회의 교육과 관련하여 많은 성찰을 제공하고 있어 흥미롭다. 화면 속 아이는 늘 엄하게 공부만 시키려는 엄마가 무서워 밤마다 악몽을 꾸지만 엄마의 말을 거부할 수도 없다. 엄마는 세상에서 가장 사랑하는 존재이자 가장 두려운 존재이기 때문이다. 아이가 3년 전에 내뱉은 "죽어버릴 거야, 자살할 거야"라는 말에 충격을 받아 모든 과외를 끊고 정신과 상담도 받게 했던 엄마는 아이가 초등학교 5학년이 되면서 다시 아이를 학원에 보낸다. 아이가 학원과 공부 때문에 스트레스를 받는 것은 알고 있지만 "상위 20퍼센트에 들기 위해서는 공부를 하지 않을 수 없기 때문"이라는 것이다. 엄마의 학습 강요로 심리적 억압과 상처를 받는 초등학교 5학년 아이의 고통은, 상위 20퍼센트에 들기 위해서는 공부를 열심히 해서 경쟁력을 갖추어야 한다는 당위 앞에서는 고려사항이 되지 못하는 현실을 적나라하게 보여준다.

이처럼 모든 부모들이 자기 자식만은 상위 등수를 차지할 수 있다는 믿음 위에서 전개되는 우리시대 학부모들의 교육열은 어디에서 기원하는 것일까? 교육학자 김경근에 의하면 한국의 교육열은 "주관적 합리성"을 바탕으로 움직인다고 한다. 그가 말하는 주관적 합리성은 자기 노력여하에 따라 목표는 충분히 달성될 수 있으며, 그렇게 되면 소요 비용을 훨씬 능가하는 보상을 받을 수 있을 것이라는 자기중심적 계산법을 가리킨다. 다시 말하면 자신이 알고 있는 성공사례를 염두에 두고 자신도 그것을 재현하고자 애쓴다는 사실이다. 이처럼 교육에서도 마치 로또복권을 사는 사람들이 주관적 합리성에 의거하여 인생역전을 노리는 것과 유사한 심리가 발견된다는 사실을 날카롭게 지적하고 있다.[12] 근대화 역사가 짧아 계층의식이 거의 없다고 할 수 있는 한국인들에게 중산층의 자녀교육 지원은 자신들을 모델로 삼아 자식을 상위 20퍼센트에 올려놓기 위해 욕망의 질주를 멈추지 않는 사례일 것이다. 20대 80의 시대를 지나 미래에는 5대 95의 시대가 될 것이라는 우울한 전망이 퍼질수록 5퍼센트에 들기 위한 치열한 경쟁은 계속될 것이다.

IMF 10년: 비정상적인 것의 정상화

한국사회의 교육열을 크리슈나의 수레(Juggernaut)에 비유한 한 연구는 우리사회의 교육열의 핵심을 잘 드러내고 있어 주목된다. 크리슈나의 수레란 "존재론적 안전감과 실존적 불안이 공존하는 것으로, 희망이라는 안전한 질주 수단으로서의 차량과 공포라는 난폭한 질주 수단으로서의 차량이라는 근대의 이중적 성격"[13]을 드러내는 비유이다. 이러한 교육열이 지니는 희망과 공포의 이중성은 상대적으로 생존 기반이 무너진 IMF 이후에 우리사회의 교육열이 더 심화된 것과 무관하지 않을 것이다.

> IMF를 겪으면서 중산층 이하는 살기 힘들어지면서 교육에 더 매달리는 것 같아요. 신분상승까지는 안 가더라도 나도 살 만큼은 살아야겠다는 욕구들이 이렇게 되는 것 같아요. 경제가 힘들어지니까. 살길은 오직 이것뿐이다. 그렇게 모두 미쳐서 돌아가는 거죠. 물려줄 게 없는 사람들은 네〔자녀들〕가 공

부라도 해서 먹고살아야 한다는 그런 욕구들이 있는 거라고 생각해요. 중산층 이하 부모들은 그런 마음에서 정신없이 좇아가는 거죠. 조금만 여유있게 생각하면 그러지 않을 텐데. 그렇게 한다고 다 일류대학 갈 수 있는 건 아니잖아요. 그런 생각을 못하는 거지. 정상이 아니에요. (신수정)

한국인에게 IMF 10년은 단순히 '외환위기와 극복'이라는 사건을 겪은 세월만을 의미하지 않는다. 대대적 구조조정으로 명예퇴직 등 고실업의 불안한 고용시대가 열리면서 삶의 기반 자체가 뒤흔들린 전환기였다. 이 경제적 기반은 사람들에게 자기 자리에 대한 불안과 내일을 알 수 없다는 위기감을 고조시켰다. 신수정씨는 이러한 경험이 이 험한 세상에서 살길은 공부해서 출세하는 것밖에 없다는 믿음으로 치달았다고 생각한다. "한번 더 생각해보면" 이런 판단과 행동이 뭔가 비정상이라는 생각이 들 수도 있지만 날마다 쏟아지는 "지금 하지 않으면 경쟁에서 계속 밀리고 도태될 것"이라는 협박성 학원광고와 각종 풍문에서 자유롭기란 쉽지 않다.

두 아이의 엄마이면서 중학교 교사인 신수정씨는 아이를 자유롭고 행복하게 키우고 싶어도 주위환경이 워낙 험하고 경쟁적이다보니 만만치 않은 일이라고 한다. 입시지옥에서 벗어나 하고 싶은 것을 하며 놀게 해주고 싶어 딸아이를 강남의 한 예술학교에 보냈는데, 아이는 친구들과 비교하면서 부모가 자신을 경제적으로 뒷받침해주지 않는다며 불만이 많다고 한다. 엄마 아빠가 늘 강조하는, 돈과 지위 없이도 행복한 삶을 살 수 있다는 가치관은 무능한 부모의 변명이라는 딸아이의 당당한(!) 논리 앞에서 할말을 잃는다고 한다. 세상이 생존경쟁 속에서 돌아가고 부모도 경제적·사회적 능력에 따라 자식에게 재평가받아야 하는 현실이 씁쓸할 뿐이라는 그의 말은 효율성의 시대에 던져진 만만치 않은 화두이다.

성적 중심의 '교육형 가족 모델'은 자식의 성공이 부모의 정체성과 체면 문제와 연결되듯이, 자녀 또한 부모의 헌신과 투자를 자신들이 마땅히 누려야 할 권리로 받아들이는 현상은 가족관계의 극단적 도구화를 보여준다. 경제학적 시각에서 한국의 교육열을 분석한 한 연구는 교육의 도구적 성격을 중시하는 한국사회에서 교육에 대한 지출은 투자 성격이 강하다고 주장한다. 즉 자녀교육에 투자하는 것은 자녀에게 노후를 의탁하는 가족의 교환체계에 의한 것이고, 최근에는 노후의 경제적 지원 대신 정서적 만족을 추구하는 것으로 바뀌었을 뿐, 세대간 강력한 연계에 의한 부모의 지원 양상은 크게 변하지 않았다고 본다.[14]

이처럼 모든 것이 바뀌어버린 '생존경쟁'과 '불안'의 시대를 살아가면서 사람들은 정신적 황무지를 경험했고 이는 지금도 여전하다. 삶에 대한 희망도, 에너지도, 미래의 전망도 부재한 정신적 빈곤 상태에서 개인의 안위만이 삶의 절대적 명제가 되는 건 아마 당연한 귀결이다. 한치 앞을 내다볼 수 없는, 따라서 내일의 삶이 보장되기 어려운 사람들에게 안정은 가장 중요한 삶의 목표가 될 수밖에 없다. 교육열과 삶의 안전망이 결코 분리될 수 없는 이유다.

3. 입시 성공 그 전과 후: 억압. 불안. 혼돈

상처와 억압의 시간들

다음은 부모들의 적극적 기획에 힘입어 대학입시 관문을 통과한 대학생들의 기록이다. 자기 경험을 되새기면서 풀어내는 대학생들의 이야기는 부모의 자녀교육열과 입시위주의 경쟁적 학교교육 씨스템이 아이들에게 무슨 의미였고 삶에 어떤 흔적을 남겼는지를 보여준다.

그것〔도시의 명문학교〕이 내 인생에 뭐 도움이 됐을까? 하나도 없다. 공부 잘 하는 아이만 예뻐하는 계산적이고 못된 선생님들과 그저 성적 하나로 친구 또래가 형성되는 그곳에서 한동안은 시골 학교를 무척 그리워했다. (김현정)

고등학교 때에는 반 아이들 혹은 학년 전체가 보이지 않는 적과 싸우는 느낌 이었다. (하채린)

내가 살던 지역은 8학군에 속해 있었고 어렸을 때부터 어머니들의 치맛바람 에 몸서리치며 자라왔다. 친구를 만나면 그 아이가 어느 정도 살며 공부를 잘 하는지가 가장 중요했다. 학교에서 공부하는 아이들은 손에 꼽을 수 있었다. 모두들 학원에 가서 공부하고 학교에서는 놀기 바빴다. 또 선생님들도 그러 한 사정 때문인지 수업시간에 학원에서 배웠지?라고 말할 정도였다. 학원에 다니지 않던 나는 교육에서 버림받았다. 수업이 나가는 속도에 따라갈 수 없 었다. 결국 내가 택한 것은 포기였다. 내가 중학교 때 스파르타식 학원을 다 니며 얻은 것이라곤 입학 통지서와 인간 불신뿐이었다. (박민정)

위에 인용한 세명의 여학생은 서울의 한 사립대학교 지방 캠퍼스에 다니는 대학생들이다. 고등학교 과정까지 이들의 경험은 다양한 스펙트 럼을 보여준다. 학창시절 공부를 잘하는 편이었지만 부모나 자신의 기대 에는 미치지 못한 경험이 다양한 기억들로 남아 있다. 좀더 좋은 환경에 서 교육시키려는 부모의 손에 이끌려 인근 대도시로 전학한 경험이 있는 김현정씨는 도시의 명문학교가 자신의 인생에 아무런 도움이 되지 않았 다고 잘라 말한다. 잘 놀고 공부도 신나게 하며 지냈던 시골 학교생활과 비교하면 대도시 학교 경험, 그리고 성적 위주로 형성되는 선생님과 친구가 관계는 불편하고 스산한 기억으로 남았다. 하채린씨가 전해주는 입시 위주의 교실 풍경처럼, 반 아이들이 모두 전투태세로 공부를 해야 하고 옆 친구가 적이 되는 살벌함은, 우리사회의 교육을 이야기할 때 더이상 낯선 혹은 새로운 이야기도 아니다.

강남 8학군에 위치한 학교를 다니면서 성적과 입시 위주의 경쟁식 교육에 커다란 심리적 외상을 입은 박민정씨는 자신은 "교육에서 버림받았다"고 고백하고 있다. 그는 모두들 학원에 가기 바쁘고 학교에서는 놀기 바쁜 파행적 교육 모습과 몸서리쳐지는 치맛바람을 어렸을 때부터 알아버렸다. 모든 학생들이 학원에서 선행학습을 하고 있다는 전제에서 진행되는 학교 수업은 그를 비정상적이고 뒤처지는 아이로 만들었다. 중학교 때 성적이 걷잡을 수 없이 곤두박질하자 부모의 손에 이끌려 스파르타식 학원을 다니는 동안 그는 인간 불신만을 얻었다고 단언한다. 우리 사회의 교육경쟁이 만들어내는 그림자 한가운데를 통과해오면서 생의 곳곳에 새겨진 상처의 골을 그의 이야기에서 읽어내기란 어렵지 않다. 모두가 긴장하고 피곤해하면서 경쟁에 뛰어들어 승자가 되려 하지만 그 누군가는 결국 상처를 받고 자아에 손상을 입어야 하는 우리 교육의 자화상이다.

다음에 인용하는 이설현씨는 부모가 원하는 대로 착실하게 공부하고 영리하게 현실에 적응할 줄도 알았던 한 아이가 억압적인 환경, 끊임없는 경쟁과 규율, 기대와 좌절로 인한 상처 속에서 '대충 살아남는 법'만을 터득하는 과정을 잘 보여준다.

초등학교 때에는 엄마가 시키는 대로 열심히 공부하는 것이 전부인 줄 알았고 나름 그렇게 살았다. 학교 다니고, 학습지 풀고. 다른 친구들과 별반 다를 거 없는 생활이었고 별다른 의심이나 반항도 없었다. 중학교 때는 피아노나 미술학원은 모두 그만두고 대신 영수를 가르치는 학원에 다녔다. 시키는 대로 공부했고 선생님들한테 이쁨 받는 법도 알고 있었고 그럭저럭 그냥 지낼 만했다. 틀어진 건 고등학교 때부터다. 학교에서 가르치는 것이 내 지적 성장에 아무런 도움을 주지 못한다고 느꼈고 가르쳐주는 대로 받아적고 있는 내가 한심스럽게 느껴졌다. 나는 내 세계를 만들고 싶었고 공부하면서 그것을 완성시키고 싶었지만 그 공부란 걸 할수록 내 세계는 사라졌다. 어쨌든 공부는 적당히 했고 학교생활도 적당히 했다. (…) 발전적인 것은 그때쯤 되니 조직에서 살아남는 법을 알 것 같았다. 고등학교 때까지의 교육이 내게 알려준 가장 큰 것은 여기에서 살려면 웬만하면 적당히 튀지 말고 맞춰 살라는 것이었다. 학교는 내게 다르게 산다는 것에 대한 두려움을 알려줬다. 대학의 교육 역시 솔직히 별반 다른 것 같지 않았다. 사실 대학 교육이라는 것이 그렇게 큰 비중을 차지하는 것인지 아직도 확신이 없다. 취업을 위한 예비관문이 되어버린 지 오래이니까. 학교라는 곳은 다니면서 참 많은 상처를 받았고, 아직도 그때의 상처가 아물지 않았다. (이설현)

이설현씨는 중학교 때까지 부모가 바라는 대로 공부했고 그럭저럭 괜찮았던 시간들을 보냈지만, 자아에 눈뜨는 고등학생이 되면서 자신의 공부와 삶에 대해 급격히 회의를 느끼게 된다. 자신의 호기심을 충족해주거나 자신을 성장시키지 못하는 학교 안팎의 교육이라는 것은 그에게 '상처'로 기억되는 그 무엇일 뿐이다. 학교에서 배운 것이라곤 "적당히 튀지 않고 사는 삶"이며 "다르게 산다는 것에 대한 두려움"이라는 이설현씨의 고백은 교육의 도구화를 넘어, 교육이 무엇을 가르치고 배우는 것인가에 대한 성찰이 빠져버린 우리 교육의 뒷모습을 보여준다. 고등학교 때까지의 교육이 그랬던 것처럼 대학교육 역시 취업을 위한 예비관문이 되어버린 현실을 간파한 그에게 대학도 특별한 의미를 지니지 못하는 곳이 되어버렸다.

성적 위주의 학창시절은 단지 기억 속에 존재하는 불편함이나 상처에 머무르지 않는다. 오늘 자신의 삶을 수정해야 하는 결정적 원인이 되기도 하고, 하고 싶은 공부를 할 수 있는 대학과 과를 선택하는 대신 점수에 맞추어 대학을 선택했던 아이들은, 대학생활과 공부에 아무런 흥미를 느끼지 못하고 몇번의 휴학과 방황을 거쳐 결국 학교를 그만두기도 한다. 대학입시라는 지상과제를 안고 부모와 학교가 제시하는 세상의 기준에 의해 그저 앞으로만 나아가기만 했던 과거는 부메랑처럼 날아들어 오늘과 내일의 삶을 꾸리고 기획하는 데 장애가 되기도 한다.

> 두번의 휴학을 거치면서 나란 인간이 뭘 좋아하는지 처음으로 심각하게 고민했다. 나의 전공 선택은 국가가 유망하다고 생각하는 것과 나의 점수에 의해 결정되는 그 무엇이다. 나의 탓도 있겠지만 10년도 넘게 잘 따른 교육체계가 결국 나라는 인간의 적성을 하나도 제대로 발견하지 못하게 했다는 사실엔 분노해야 마땅하다. 대부분에게 문제가 없다는 식의 논리는 차이를 가진 소수를 심각하게 억누른다. 그리고 이런 걸 비판하지 않으면 국가가 하는 건 모두 옳다고 따르다 인생 망치기 십상이다. (김선재)

김선재씨의 경우처럼 자신의 꿈을 알아가는 과정과 시간들이 생략된 채로 성적과 입시라는 결과만을 생각하며 보냈던 중고등학교 시절, 그리고 대학에 입학하고 나서 비로소 자신의 꿈에 대해 생각하고 방황하는 사례는 한국사회에서 드물지 않을 것이다. 자신의 관심과 꿈에 의해서가 아니라 성적에 의해 줄을 서서 대학과 학과를 선택하는 우리의 교육현실에서 어쩌면 당연한 결과일지도 모른다. 자신은 학교에서 가정에서 사회에서, 하라는 대로 그저 착실히 했는데 그런 삶이 궁극적으로 자신에게 도움이 되지도, 자신의 삶을 책임져주지도 못한다는 깨달음에서 오는 분노는, '국가'가 하라는 대로 했다가 '인생 망치기 십상이다'라는 결론에 다다른다. 섬세하고 정교한 논리를 편 게 아니라 분노에 휩싸여 거칠게 표현하기는 했지만, 김선재씨는 소수 엘리뜨 위주의 닫힌 교육씨스템에 대한 날카로운 문제제기를 하고 있다.

부모의 기대, 나의 욕망

부모님께서 얼마나 하고 싶은 공부였는지 그래서 우리가 대신해 얼마나 열심히 공부해야 하는지. 우리 세 자매는 자라면서 귀에 딱지가 앉도록 들으며 컸다. 그리고 어머니는 자신의 공부 욕심이 얼마나 많았는지. (…) 한번은 1등을 했다고 신나서 들어오는 나에게 왜 3개가 틀렸냐고 야단을 치셨다. 1등이어도 100점을 맞아야 한다는 거였다. 아파트 단지가 들어서고 나서 내가 시험을 보고 나면 내가 성적을 집에 가서 전하기도 전에 엄마는 아줌마들에게 들어 모든 걸 알고 있었다. (이영아)

교육열이 남다른 지방의 작은 도시에서 자란 이영아씨는 '공부하라'는 부모님의 잔소리를 "귀에 딱지가 앉도록" 들으며 학교를 다녔다. 그런 그에게 성적은 부담인 동시에 집과 학교에서 자신의 존재감을 확인받을 수 있는 가장 주요한 수단이기도 했다. 1등을 해서 칭찬받기를 기대한 엄마에게 100점이 아니라고 오히려 꾸중을 들을 만큼 엄마의 교육열은 유난했고, 아파트라는 밀집공간이 생기면서 비교를 통한 경쟁이 심화되어 그 정도를 더해갔다고 한다. 동질성과 밀집성을 특징으로 하는 한국의 아파트문화는 우리사회의 교육 풍토에 '남들처럼'이라는 푯말을 달게 하는 데 상당히 공헌했음을 짐작할 수 있다. 최근 인터넷에 떠도는 유머 중에, 절대로 능가할 수 없는 것이 엄마 친구의 아들 성적이라는 말이 있다고 한다. 부모들 사이에 흘러다니는 자녀 성적에 대한 정보가 자녀교육 잣대가 되어버린 현실을 잘 보여주는 이야기라 할 수 있다.

늘 마주하는 친구들 그리고 눈에 보이지 않는, 그래서 절대로 능가할 수 없는 '수많은 적들'과 경쟁해야 하는 삶의 고단함과 스산함은 비단 입시생 시절에만 해당되는 이야기는 아닐 것이다. 끊임없이 이겨야 하고 그래서 이 세상에서 성공해 살아남아야 하는 '당위'는 대학시절도 다르지 않다. 목표와 단계만 다를 뿐이다.

알게모르게 느껴지는 기대 심리는 진로를 결정해야 하는 지금, 대학 졸업반인 나에게 아직까지도 부담스러운 게 사실이다. 어머니는 대학 진학을 원했지만 가정형편이 워낙 어려운지라 포기할 수밖에 없었다고 한다. 그 때문인지 워낙 배움에 대한 욕심이 있으신 터라 지금도 새로운 것을 배우는 것에 두려움이 없으시다. 그러한 열의는 정말 본받고 싶지만 그런 열의가 나에게까지 의무화된다. 그 점이 바로 문제이다. 무엇이 되고 싶다는 생각보다는 그냥 학생의 본분에 충실하기 위해 공부를 했던 것 같다. 또한 여전히 교육은 또다른 지위로 올라가는 탈출구의 역할을 하고 있고, 우리나라에서 어느 줄을 서느냐에 따라 인생이 달라질 수도 있기 때문에, 교육의 과정은 더 나은 삶의 위치를 차지하기 위한 일종의 연결구 역할을 하고 어느정도는 길이 강요되기도 하기 때문이다. 부모님의 기대와 바람은 안정되고 보장된 미래행 열차를 지금 타는 것이고 그러지 않으면 영원히 도태된다고 그분들은 으름장을 놓곤 한다. 그럴 때면 그저 무심하게 스르륵 자리에 앉아 들이켜는 우유의 맛도 모

른 채 돌아보는 것이다. 나는 제대로 된 목적지를 향한 기차를 탔는가 말이다. (서인화)

서인화씨의 경우 대학생이 된 지금도 자신의 진로를 결정하는 데 부모의 기대와 바람은 실질적이고 강력한 억압으로 작동한다. 줄을 잘 서서 부모님이 바라는 '성공'을 하기 위해 더 노력해야 하는 건지, 자신의 꿈을 생각해봐야 하는 건지 대학졸업반이 되어서도 여전히 아니 더욱더 혼란스럽다. 그가 생각하는 교육은 "또다른 지위로 올라가는 탈출구"이며 "우리나라에서 어느 줄을 서느냐에 따라 인생이 달라질 수도" 있고 "더 나은 삶의 위치를 차지하기 위한 일종의 연결구 역할"을 한다. 교육의 실제 효용에 대한 그의 현실감각은 부모의 기대가 아니더라도 쉽게 '안정형 미래'를 포기할 수 없게 했을 것이다.

부모들의 "주관적 경험의 객관화"에 의해 주도되는 우리사회의 자녀교육 지원 방식에는 자신들의 삶의 경험을 토대로 아이들의 인생을 기획하는 부모와 아이들의 갈등이 내재돼 있음을 알 수 있다. 서인화씨는 자신에 대한 부모의 기대에는 부모님의 교육 결핍으로 인한 욕망이 있다는 것도 알고 있고, 자식으로서 이해도 하기 때문에 그걸 무시할 수도 없다. 그러나 그 기대에 부응하지 못할지 모른다는 의구심은 자신의 미래에 대한 불안감과 함께 또다른 장벽이 된다.

나는 공부를 싫어하는 아이다. 과거에도 그랬고 현재에도 그러하며 미래에도 그럴 것이라 믿어 의심치 않는다. 우리나라의 교육제도의 주는 공부하는 곳이고 이러한 사회 분위기에 부응하기 위하여 난 무던히도 어머니와 싸워야만 했다. (…) 중학교와 고등학교 시절 난 학원이며 개인교습이며 독서실이며 중고등학생이면 모두 함께하는 것들에 역시 동참했다. 꽤 많은 돈을 투자

했다. 교육이라는 명목 아래 말이다. (…) 교육, 우리나라에서는 아무런 선택의 여지가 없는 필수요소이다. 성공하기 위해서 말이다. 성공이란 개념은 개개인마다 다르리라고 생각한다. 하지만 우리사회에서 통용되는 성공이란 많이 배우고 좋은 직장에 취직하는 것이다. 그것이 곧 부모들의 희망이자 우리들의 꿈이 되어버렸다. 난 말할 수 있다. 난 어머니가 만들어놓은 작품이라고. 난 곧잘 어머니에게 말한다. 내가 자식을 낳으면 공부를 위한 교육만은 시키지 않을 것이라고. 그리고 그 아이가 원하는 무언가를 찾게 도와줄 것이라고 말이다. (강민준)

자신은 공부를 싫어하는 아이이며 앞으로도 그럴 것이라고 고백하는 강민준씨는 자신의 학창시절을 어머니와의 투쟁사로 기억한다. 남들 하는 것에 동참하기 위하여 과외, 학원, 독서실을 전전하며 돈도 많이 투자했다. 그가 받았던 모든 교육은 "성공하기 위해서"였고 그 성공이 "좋은 직장에 취직하는 것"이며 그것이 부모의 희망이자 우리의 꿈이었다. 하지만 그는 이를 더는 받아들일 수 없다.

강민준씨의 이야기는 어머니의 기획에 의해 길러진 자신의 모습을 어머니와는 다른 가치관과 자기 나름의 기준으로 바라볼 수 있게 된 젊은이의 성장 기록이다. 그가 들려주는 경험은 어머니의 "작품"이 되어버린 자신을 바라보면서 교육의 의미를 자기 언어로 정리해낸 것이라고 할 수 있다. 그런 그에게 교육이란 "아이가 무언가를 찾게 도와"주는 것 이상도 이하도 아닌 것이다. 강민준씨의 경우처럼 과거를 성찰하고 사회구조도 비판적으로 해석해내면서 자신의 삶을 재구성할 수 있다면 나름 자신의 삶을 기획해낸 사례로 기록될 수도 있다. 문제는 대학에 입학한 후에도 사회적 압박과 불안정한 미래 속에서 무기력증을 앓는 경우다. 오랜 시간 길들여진 몸과 의식의 습성을 바꾸는 일은 당연히 녹록하지 않다.

열정과 불안

한편 일류대 입학이라는 선명한 목표를 품고 그곳에만 들어가면 장밋빛 미래가 펼쳐지고 자유로운 삶을 살리라 기대하며, 학창시절을 오직 성적과 공부에만 매달리던 아이들은 일류대학도 자신들의 보호막이 되지 못한다는 현실에 당황해한다. 다음은 서울의 한 명문대 인문사회계열 대학생들의 기록이다.

대학에 입학하기 전까지의 생활과 비교해 현재의 내 생활은 너무나 무질서하고 예측 불가능하다. 나는 단 하루도 한시도 완벽한 삶을 살아야 한다는 강박과 그와 대조되는 실생활의 불안 속에서 그 어느 쪽에도 완전히 발을 붙이지 못하고 있기 때문이다. (…) 대학교에 입학만 하면 그동안 미뤄왔던 모든 꿈들에 도전할 자유를 얻을 것이라 기대했지만, 막상 입학한 후에는 취업에 도전해야 하는 각박한 현실 속에서 우리 세대는 숨 돌릴 여유조차 허락받지 못했다. 그러나 이것이 어떻게 우리 세대의 무능력함만이 이유라고 탓할 수 있겠는가? (김인선)

입시에 대한 고민이 삶의 큰 부분을 차지하던 고등학교 시절이 지나가고 대학에 입학한 이후, 불투명한 장래에 대한 막연한 불안감은 항상 나의 일상 한구석에서 똬리를 틀고 있었다. 당장 졸업을 하면 취업문제는 어떻게 하지? 내가 과연 취직을 할 수 있을까? (…) 소위 명문대생이기 때문에 대부분의 사람들보다는 선택지가 넓지만 선택할 수 있다는 것이 곧 축복은 아닌 것이다. 이런 종류의 가능성이 인생의 선택지가 넓다는 것을 의미하지도 않고. 이럴 때면 의사가 되고 싶은 건 아니지만 장래가 딱 정해져 있다는 면에서 의대에 진학한 친구가 부러워지기도 한다. 그는 적어도 여러가지 일 중에서 스스로 한가지를 골라야 하는 불안을 겪지는 않아도 되니까. (…) 부모 세대와는 달리 더이상 00대를 졸업했다는 학벌이 나를 지켜주지도 못하고, 거침없이 성장하는 산업화의 물결에 편승할 수도 없는 나는 정말 내 한몸 건사 못하는 상황에 처할까봐 두렵다. '00대 나와서 왜 그래?'라는 소리 들을까봐. (김선경)

김인선씨는 취업과 미래에 대한 자신들 세대의 불안과 현실적 무능력이 자신들 세대만의 탓은 아니라는 이유있는 항변을 한다. 『88만원 세대』에서 분석하듯이 현재 취업난으로 고투하는 우리나라의 20대들은 10대에 IMF를 맞았고, '글로벌 경쟁'이라는 구호만 남은 세계화와 잘못된 경제정책의 이중 희생자, 지지리도 운 없는 세대인지도 모른다.[15] 이렇게 복도 없는 20대는 고등학교까지 일류대학에 들어가기 위해 성적에 목을 매었듯이 대학에 들어가서는 다시 우아하고 안정된 직장을 얻기 위해 학점과 토익에 목을 매야 하는 상황에 처하게 된 것이다. 이런 현실에서 김인선씨가 체감하는 대학생활은 '꿈, 도전, 자유' 대신 '취업, 불안, 각박함'으로 얼룩져 있다. 오히려 입시를 위한 스케줄에 의해 체계적으로 시간을 보내던 고등학교 시절과 비교해 아무도 보장해주지 못하는 불안한 미래만이 있을 뿐, 누구도 자신의 삶의 스케줄을 강요하지 않는 대학생활은 "너무도 무질서하고 예측 불가능하여 불안"하기만 하다. 대학 입학이라는 목표의식이 투명했고 그 목표를 향해 정해진 스케줄대로 움직였던 고등학교 시절이 '좋았던' 때로 기억되는 김인선씨의 경우는 외부의 '억압'과 '타율'에 길들여진 우리 교육의 단면을 보여준다.

김선경씨의 고민도 김인선씨와 다르지 않다. 의대에 다니는 친구처럼 딱 정해져 있지 않은 미래가 불안하기만 하다. 일류대만 들어가면 자유와 행복을 누릴 줄 알았지만 부모 세대와 달리 명문대 입학이 어떤 장래도 보장해주지 못한다는 것을 알아버린 지금은 "거침없이 성장하는 산업화의 물결에 편승할 수도" 없고 "내 한몸 건사 못하는 상황에 처할까봐 두렵"기만 하다. 오히려 자신의 장래를 책임져주지도 못하는 일류대 학벌은 취업에서 유리한 조건이라는 생각보다는 거기에 알맞은 일과 지위를 갖지 못할까 싶어 심리적인 부담으로 다가온다.

나는 12년 동안을 오직 더 좋은 대학에 가기 위하여 조용히 학교라는 체제에 순응하고 인정하면서 살아야만 했던 것이다. (…) 지금 나는 도서관 어느 구석에서 토익 문제집을 풀고 있다. 참고로 내 꿈은 영화감독이다. 세계화시대에 영어를 잘하는 영화감독은 필수적이다. 그러나 문제는 혹시 좌절될지 모를 나의 꿈에 대비하여 공부를 하고 있다는 것이다. 무엇이 나를 불안하게 하고 있는 것일까? 똑같이 교육받았으면 똑같이 하지 않으면 안되는, 그런 상황에서 꿈마저도 조금씩 획일화되었던 건 아닐까? 양복을 입고, 많지는 않지만 일정한 봉급을 받고 살아가는 인생…… 그 인생에 편입하지 못하면 마치 패배자가 된 듯한 그런 열등의식에 휩싸일 것만 같은 불안감. 이것이 나를 도서관 구석자리로 몰고 가는 것은 아닐까 하는 생각이 든다. 늘 나의 가방엔 스토리보드 용지와 토익 문제집이 함께 있다. 그래야만 조금 안심이 되기 때문이다. (김민석)

고등학교 시절에는 오직 좋은 대학에 가는 것만이 목표였다. 좋은 대학에만 들어가면 인생이 저절로 흘러갈 것이라 믿었고 그 목표 하나에 모든 것을 맞췄다. 하지만 요즘 들어 문득, 그게 과연 잘한 거였을까 하는 생각을 해본다. 사실 명문대가 아니어도 좋았고 경영학과가 아니어도 좋았다. 꼭 ○○대학교 경영학과에 들어가서 훌륭한 경영인이 되겠다는 목표를 가지고 온 것이 아니라 내가 받은 점수로 갈 수 있는 곳이 이곳이었기 때문에 난 이 학교를 선택했고, 또 비슷한 이유로 경영학과를 선택했다. 내가 하고 싶은 것이 아니라 그저 내가 할 수 있는 중에서의 최선을 취했고 남들 눈에 보기 좋은 것에 중점을 두었으며 공부를 위한 공부에만 힘썼다. 그게 옳은 줄로만 믿었고 그렇게 해서 좋은 점수를 받고 지식을 쌓으면 좋은 대학교에 들어왔듯 또다시 밝은 미래가 나를 기다리고 있을 것이라 생각했다. 하지만 이제 와서 그 생각이 틀렸다는 것을 깨달았다. (이도경)

김민석씨의 꿈은 영화감독이지만 그 꿈을 이루기 위해 자신의 모든 것을 걸지는 못한다. 그 꿈을 이루지 못할 경우를 대비해 현실적인 대책이라도 세워야 하기 때문이다. 그에게 영화감독은 비현실적인 꿈이며 평범하고 안정된 직업이 아니기 때문에 자신의 내일이 자꾸만 불안하다. "양복을 입고, 많지는 않지만 일정한 봉급을 받고 살아가는" 획일적 꿈과 삶에 대해 의구심을 가지고 있지만 그 정도의 '안정된' 인생을 보장받지 못하리라는 불안도 그 안에 만만치 않게 내재되어 있음을 알 수 있다.

개인의 행동방식은 사회적 관계에서 자신의 위치를 점하려는 욕망에 기인한 불안으로부터 읽을 수 있다고 한다. 왜냐하면 사회가 성원에게 그들만의 자리를 주거나 인정해주지 않는 것은 그 개인에게 '사회적·심리적 죽음'을 의미하기 때문이다.[16] 자신의 욕망이 무엇이든, 사회적 조건과 환경, 거기에 제약된 현실적 위치를 뛰어넘기 힘든 이유다. 그래서 그의 가방엔 영화감독과 회사원이라는 2개의 삶이 스토리보드와 토익문제집 사이에서 구겨지고 겹쳐진다.

이도경씨에게 공부란 일류대 라벨을 따는 것이고 사회적 지위를 얻기 위한 강력한 현실적 도구이다. 그가 선택한 대학과 학과는 점수가 기준이었지 자신의 꿈 혹은 욕망과 연결하여 숙고한 결과가 아니었다. 입시공부를 하는 것이 자기 삶에 최선을 다하는 것이라 믿어 그렇게 살았고 그게 옳다고 믿었다. 그러나 좋은 대학에 들어가면 인생은 말 그대로 탄탄대로일 것 같은 '착각'은 대학에 입학하자마자 무참히 배신당한다. 그가 '남들 보기 좋은 것에 중점'을 두고 '공부를 위한 공부'만을 위해 살았던 자신의 삶을 성찰할 수 있기까지 겪은 고통을 짐작하기란 어렵지 않다.

대학에 들어가기 전까지 대학입시라는 오직 하나의 목표를 가지고 매진해왔다면, 그다음 단계로 건너가기 위해 방황과 혼돈의 시간들을 겪어야 하는 것은 어쩌면 인생의 당연한 수순일 수도 있다. 불안은 삶의 동반자 같은 것이고 더구나 어느 곳, 어느 시대에나 '안정'과 '젊음'이란 단어는 서로 어울렸던 적이 없었고 아마 앞으로도 그럴 것이다. 문제는 불안에 맞서면서 혹은 그걸 다독거리면서 안고 갈 힘을 기르는 법을 배우지 못한 데에 있을지도 모른다.

4. 상식의 복원을 위하여

자녀교육 성공을 위해 온생을 건 프로젝트를 기획하고 실행하는 학부모들이나 대학입시 관문을 통과하고 다시 '입사 관문'을 위해 도서관에서 토익책과 씨름하는 대학생들을 가장 지배하는 담론은 '현실론'이다. '헤치고 나아가 승리'하기 위해서건, 낙오되지 않고 단지 살아남기 위해서건 '현실이 그렇다'라는 명제는 강력한 삶의 정언(定言)이어서, 비판적 성찰을 거쳐 억압적 현실을 넘어서려는 의지나 욕망을 찾아볼 수 없다. 적응해야 할 현실만 눈앞에 존재할 뿐 현실에 대한 의문과 성찰은 단발적 회의에서 더 나아가지 못하고 있다. 세대와 계층을 막론하고 우리 모두의 발목을 잡는 '집단적 불안의식'이 우리의 영혼을 끊임없이 부식한 탓일 수도 있고, 억압구조를 느끼긴 하지만 그걸 잘 설명해내기는 힘들기 때문일 수도 있다. 뭔가 이게 아닌데 싶지만 이를 넘어 대안적 가치모색으로 나가지는 못하는 건 비단 교육문제만은 아닐 것이다. 특히 20대의 이야기에서는 현실에 대한 저항성은 감지되지만 대안을 찾는 흐름으로 나아가지는 못하고 있다.

　지위 상승 욕망이든, 생존 욕망이든 인간이 자신이 점한 자리에서 택한 삶의 전략은 어떤 형태이건 매우 정직한 그 무엇이기도 하다. 20대 80 시대를 살아가야 하는 학부모나 젊은이들에게 현실을 초월하여 자신이나 자식의 삶을 기획하기란 거의 불가능할 것이다. 교육문제가 교육 내적인 문제로만 풀 수 없는 이유이기도 하다. 인간에게 의식주가 바탕인 것처럼 개인이 살아가기 위해서는 사회안전망은 당연히 기본요건이다. 그리고 20대 80의 사회가 문제 되는 건 단순히 경제적 격차 때문만이 아니라 인격이 경제력에 의해 좌우되기도 하는 우리시대의 천박한 상품논리의 지배력 때문이기도 하다. 교육문제도 여기에서 멀지 않다. 과열된 교육열과 교육문제의 해법은 어느 시대에나 있었지만 내재적 논리로만 풀기에는 한계가 있을 수밖에 없다. 교육열은 교육 자체를 향한 열망이 아니라 교육을 마친 후의 결실에 대한 욕망으로 움직이는 부분이 훨씬 크기 때문이다.

　최근에 출간된 일본의 『하류사회』는 "희망 없는 사회가 하류를 만든다"고 말한다.[17] 외환위기 후의 중산층 몰락, 비정규직 노동자 문제, 청년 실업자의 급증으로 대변되는 한국사회의 양극화는 우리 현실도 일본과 크게 다르지 않으며 앞으로는 더욱 가속될 거라고 예측하기 어렵지 않다. 주목할 것은, 이 책에서 말하는 하류는 단순히 경제적 빈곤만을 뜻하는 게 아니라 희망과 의욕의 부재라는 의미를 내포하고 있다는 사실이다. "건강한 문화를 가진 사회란 개인이 구조로부터 소외당하지 않는 체제"[18]라고 한다면, 한 사회체제에서 희망 없는 사람들의 양산은 문화 건강도에 드러난 적신호일 수밖에 없다.

　요즈음 중고등학생들은 예전보다 더 학교생활에 관심이 없지만 그렇다고 별다른 대안도, 다른 삶에 대한 희망도 없어 부모가 시키는 대로 입시공부에 매달리거나 학교에서 그냥 개개거나 가끔 학교에 놀러 오면서 결석 일수를 세고 있을 뿐이라고 한다.[19] 이제 셀 수도 없는 사교육 종류와 그 비용을 감당하기 위해 자신들의 삶을 반납하면서 최소한 '남들 하는 만큼'은 자식 뒷바라지를 해야 한다는 강박증을 지닌 부모들도 행복하지만은 않다.

이런 아이들의 무기력을 여러 원인으로 설명할 수 있을 것이다. 교육열을 분석한 한 연구는 우리를 맹목적 교육열로 몰아가고 교육 본연의 성찰성을 상실케 한 주범으로 '금기의 힘'을 들고 있다.[20] 근대교육은 성찰성 결여라는 독특함 맹점이 있고, 그것이 교육의 세 주체간 소통의 단절을 낳아 연대를 파괴하며, 치열한 경쟁구도 속에 패배를 누적하여 교육 붕괴를 가져온다는 것이다.

최근 한 일간지는 노는 것에서 학교생활까지 모든 것을 대신해주는 '헬리콥터 부모'들의 활동범위가 자녀의 취업과 직장생활로 확대되고 있다고 보도했다. 취업박람회에 가서 자녀 대신 취업정보를 입수하고 상담도 받으며 심지어는 자녀의 직장에 전화해 부서배치까지 개입한다고 한다.[21] 대학에 다니는 자녀들의 학점관리를 해주는 부모들의 예는 더이상 이야깃거리도 되지 못한다.

학부모들과의 인터뷰에서 연구자가 읽어낸 자녀교육을 둘러싼 부모들의 '욕망' 또한 어느정도 이러한 현실에서 나온 '자식 사랑'의 빗나간 버전일 수도 있다. 지나친 사랑과 집착은 늘 위험하다. 지금 이 시대에 부모가 자식을 위해 해줄 수 있는 건 '자식을 조금 덜 사랑'하는 일이고, 청년들은 자신의 성장을 위해서 '부모'를 떠나거나 '부모의 기대'를 배반하는 게 나을지도 모른다.

물론 교육열은 이종각이 지적한 대로 '유용한 교육자원'[22]이기도 하다는 사실은 부인하기 어렵다. 문제는 교육열 자체가 아니라 그 방향성이다. 김소희는 교육열을 파르마콘(pharmakon), 즉 독인 동시에 그 독을 제거하는 해독제에 비유한다.[23] 그는 근대교육은 자신의 혁명적 성공 안에 이미 새로운 위기에 작동되지 않는 독소를 내재한다는 점에서, 교육열을 약과 독을 모두 지닌 파르마콘이라 명명했다. 파르마콘이 독이 아닌 약이 되게 하기 위해서는 언제 어떻게 어디에 처방할지에 대한 냉철한 판단과 처방이 필요하듯이, 교육열도 언제 누구에게 어떻게 작동되느냐에 따라 결과는 달라진다고 할 수 있다. 지금의 교육열은 판만 키웠을 뿐 아무에게도 약이 못되는 게임임을 누구나 인지하고 있다. 교육열이 궁극적으로 계층상승과 좋은 직업을 얻고자 하는 열망이라면, 누구나 원하는 '우아하고 돈도 잘 버는 좋은 자리'는 한정적임을 알아야 한다. 따라서 모두가 일류대학에 입학할 수도, 부와 명예를 누리는 이른바 '사회적 성공'도 할 수 없는 건 자명하다. 20퍼센트에서 10퍼센트 혹은 5퍼센트로 자꾸만 성공확률은 줄어들고 있다. 결국 구조적으로, 부모도 아이도 더 '빡세지고 험한' 게임의 판에서 지치고 상처받을 수밖에 없다.

현실적 효용성으로만 작동되는 교육은 더 위험하고 불안하다. 자녀의 일류대 입학에 목매는 부모들도, 대학에서 불안해하는 20대 젊은이들에게도 학벌은 생존경쟁에서 살아남기 위해 지녀야 할 보증서다. 자신을 다른 사람과 다르게 느끼게 해주는 명품소비처럼 되어버린 것이다. 이제 우리는 '교육이란 무엇인가'라는 철학적이고 근본적인 물음부터 던져야 하는지도 모른다. 얼마전 하바드대 총장 드루 길핀 파우스트(Drew Gilpin Faust)는 취임사에서 교육의 도구화에 대한 강력한 성찰적 메씨지를 남겼다. "교육은 사람을 목수로 만드는 것이라기보다는 목수를 사람으로 만드는 것"이라는 일갈이 한국사회에 던지는 의미가 만만치 않다. "대학은 인재양성을 넘어서는 그 이상이 되도록 노력해야만 한다"는 그의 교육철학이 던지는 울림이 비단 대학교육에만 국한되지는 않을 것

이다.[24]

　한국교육의 우울한 풍경과 전망 속에서도 새로운 삶을 모색하는 실험들은 여전히 지속되고 있다. 입시 위주가 아니라 오롯한 인간을 지향하는 교육을 실현하기 위한 제도 밖 실험이 진행중이다. 교육의 수혜자가 더욱 많아지도록 제도적 개혁과 실천에 힘쓰며 정책적 대안을 고민하는 수많은 단체들도 활동중이다. 이런 제도 안팎의 움직임에서 무엇이 더 중요하고 바람직한가를 묻기보다, 어떤 지점에서 만나 서로가 상승효과를 낳을 것인가를 고민하는 일이 더욱 중요하다. 이론과 실천이 따로 가지 않듯이 안팎의 운동도 상호작용하며 변해갈 것이다.

　프랑스의 사회철학자 까스또리아디스(Cornelius Castoriadis)는 더 나은 삶을 추구하는 상상력은 세계를 바꾸어왔고, 구성원이 어떤 사회를 꿈꾸느냐에 따라 사회의 모습은 달라질 수밖에 없다고 역설한다. 희망이란 단어가 전에는 없던 획기적이며 대단한 무언가를 새로 만들어내는 것만을 의미하지 않는다. 오히려 사람과 사람이 자연스레 어울려 살아가며 상식이 복원되는 세상, 그 이상도 이하도 아닐 것이다. 불안하고 우울한 시대를 건너는 우리가 결코 놓치지 말아야 할 그 무엇은 여전히 판도라의 상자 속에 있다.

우리시대 해방 찾기

2장 서열경쟁과 교육게임

| 정병호 |

1. 교육이라는 거대한 게임

'게임'이란 "규칙을 정해놓고 기술, 힘, 운으로 승부를 겨루는 경쟁적 놀이, 경기 혹은 내기"이다. 발로만 공을 차도록 해 점수를 겨루는 축구나 손으로만 공을 다루도록 하는 농구 같은 경기를 말한다. 카드나 화투장을 모아서 점수를 따져 상금을 다투는 내기나 도박도 게임의 한 종류이다.

오늘날 한국사회의 대다수 구성원들은 교육이라는 종목의 게임에 열중하고 있다. 교육게임은 지식이나 기술을 연마해서 시험을 통해 점수로 승부를 겨루는 경기이다. 이긴 사람은 상대적으로 높은 사회적 지위와 명예와 소득이라는 상을 받는다. 진 사람은 객관적으로 드러난 자신의 열등한 기량을 인정하고 상대적으로 낮은 위치를 받아들이며 살아야 한다는 벌을 받는다. 사회적 서열로 연계되는 한판 승부의 결과가 워낙 심각한지라 남녀노소를 불문하고 직접 선수로 뛰기도 하고, 후원자·감독·코치·응원단이 되거나, 최소한 관전자가 되어 1년 사시사철 밤낮 없이 게임 준비와 훈련, 경기 결과를 지켜본다. 교육이란 문화현상을 낯설게 바라보면 바로 이러한 게임의 성격이 가장 뚜렷하게 드러난다는 말이다.

흔히 '교육'이란 말의 문화적 권위 때문에 교육을 표방하는 모든 행위들이 무언가 '교육적'으로 의미가 있으리라고 생각하는 경향이 있다. 그러나 오늘날 한국에서의 교육과 관련된 수많은 행위들은 실제로 교육이라는 용어에 담긴 가치를 추구하는 것이기보다는 사회적 서열을 다투는 경쟁적 게임행위이다.

교육게임은 다른 경쟁적 게임들과 마찬가지로 수많은 성공과 실패의 드라마를 만들어내면서 참여자들을 흥분시킨다. 승리의 환호와 패배의 탄식이 수없이 교차하는 역동적 경기이다. 게임은 사람을 끌어당기는 마력(매력)적인 일이라 상당한 흡인력과 중독성이 있다. 게임을 하는 당사자인 선수뿐 아니라 선수에게 투자하고 결과를 기대하는 후원자, 훈련을 시키는 트레이너, 지켜보는 관객들까지 모두 나름의 긴장과 희열, 좌절과 보람을 느낄 수 있는 경기이기도 하다.

문제는 요즘 한국에서 이 게임이 대단히 과열되어 비자발적 참여자인 어린 선수들까지 혹사시키고 후원자인 부모도 맹목적으로 투자액을 늘리고 있어서 그 피해가 전국민적으로 확산되고 있다는 것이다. 또한 교육과 관련된 직업을 갖고 있는 사람들도 공교육과 사교육의 각 분야를 막론하고 감독, 코치, 트레이너 역할을 맡아 야간 자율학습이나 심야학습을 포함한 비교육적인 일들에 매진하고 있다. '교육'이란 긍정적 가치를 지닌 명분과 간판 아래에서 실로 다양한 차원의 비상식적인 일들이 벌어지고 있다.

자본주의사회의 다른 인기 스포츠나 게임과 마찬가지로 한국의 교육게임도 많은 이익을 창출하는 산업으로 번창하고 있다. 학원, 과외, 학습지 시장과 각종 모의시험, 출판, 광고 등 파생산업까지 합하면 매년 수십 조원 규모의 거대산업이 되었다. 한국교육에 게임의 요소가 없었다면 결코 모일 수 없는 자본과 인력이 결집된 것이다. 교육게임산업은 사교육 부문에서만도 다른 어떤 문화산업을 능가하는 많은 고등교육 인력을 취업시키고 있다. 이 게임을 키워야만 하는 이해 당사자가 그만큼 많아진 것이다.

게임의 열기를 높일 수 있도록 경기의 승자가 받는 상을 부풀려 환상을 자극하고 패자가 받는 벌을 강화하여 두려움을 크게 하는 전략은 폭넓게 일반화되었다. 게임의 승패가 자신의 생업에 직접 연결되는 사교육 현장은 말할 것도 없고, 개별 경쟁보다는 공공적 가치규범을 함양해야 할 공교육현장에서도 증폭된 상벌 이미지로 선수들을 독려하고 있다. 게임의 상과 벌(혹은 성공과 실패)에 대한 이미지는 가정의 부모들에게도 마찬가지이다. 처음에는 선수들의 훈련을 위해서 부풀려 이야기하다가 이제는 서로 확인, 재확인하면서 강화된 집단신앙이 되었다. 교육과 사회적 서열은 자연법칙만큼이나 필연적인 원리라는 믿음 위에서 교육게임은 지금도 열기를 더하고 있다.

이 글에서 굳이 교육게임이란 개념을 도입한 것은 이러한 믿음을 흔들기 위해서이다. 즉 오늘날 지배적인 교육경쟁과 사회계층의 연결고리는 역사적으로 형성된 인위적 장치일 뿐이다. 따라서 다른 문화현상처럼 일정한 조건 속에서 작동하고 있으며 상황에 따라서는 근본적으로 바뀔 수도 있다. 이 글은 영원히 변하지 않을 것 같은 교육을 통한 경쟁이 게임이나 유행처럼 변화하는 속성이 있음을 드러내 보이기 위해 썼다. 이렇게 교육게임의 절대성에 대한 믿음을 흔드는 일이 바로 변화의 가능성과 희망을 일구는 작업의 시작이기 때문이다.

국가적 경기 이벤트, 수능

전국 오전 8시 40분~53분 "쉿!"

대학수학능력시험이 15일 오전 8시 40분부터 전국 78개 시험 지구, 980개 시험장에서 수험생 58만 4934명이 응시한 가운데 일제히 실시된다. 수험생은 오전 8시 10분까지 시험장 시험실에 도착해야 한다. 시험은 1교시 언어영역을 시작으로 2교시 수리영역, 3교시 외국어영역, 4교시 탐구영역, 5교시 제2외국어·한문 영역의 순서로 오후 6시 5분까지 실시된다.

수험생들의 편의를 위해 이날 제주도를 뺀 전국 시·도 지역과 시험장이 설치된 군지역 관공서 및 기업체는 출근시간을 오전 9시에서 10시로 1시간 늦춘다.

수도권 전철 및 지하철은 아침 출근시간 운행시간을 2시간 연장해 운행 횟수를 늘리고 배차시간도 단축한다. 시내버스도 등교시간대에 집중 배차돼 운행시간을 단축하며, 개인택시 부제 운행도 해제된다. 교통 혼잡이나 주차난을 고려해 시험장 주변 200m 안에서는 차량 출입이 전면 통제되며 주차도 금지된다. 언어와 외국어 영역 듣기시험이 실시되는 오전 8시 40~53분, 오후 1시 10~30분에는 소음 방지를 위해 버스와 열차 등 모든 운송수단이 시험장 주변에서 서행 운전하고 경적 사용도 되도록 자제해야 한다. 비행기 이착륙 시간도 이 시간대를 피해 조정된다.

수험생들은 이날 수험표와 신분증(주민등록증, 여권 등)을 반드시 지참해야 한다. 휴대전화와 디지털 카메라, MP3 플레이어, 전자사전, 시간표시 외 기능이 부착된 시계 등 모든 전자기기는 시험장에 가지고 가서는 안된다. 어쩔 수 없이 갖고 갔을 때는 감독관의 지시에 따라 정해진 장소에 보관해야 한다. 금지물품을 제출하지 않고 갖고 있다가 적발되면 부정행위로 처리돼 올해 수능은 물론 내년 수능시험에도 응시하지 못하는 불이익을 받을 수 있다. 금지 물품은 아예 시험장에 가져가지 않도록 수험생과 학부모가 다시 한번 확인하는 것이 좋다.

수능시험 채점은 한국교육과정평가원이 주관하고 성적은 다음달 12일 개별 통지된다.

기상청은 "대학수학능력시험일인 15일 전국이 쌀쌀한 날씨를 보이겠다"면서 "최근 일교차가 큰 폭을 보이는만큼 수험생들은 시험 준비에 만전을 기해야 한다"고 말했다. 이날 서울의 아침 최저기온이 4도까지 내려가는 등 전국의 아침 최저기온은 1~9도를 나타내고, 낮 최고기온은 9~17도를 보이겠다. 기상청은 특히 최근 일교차가 커 감기 등으로 시험에 차질을 빚을 수 있는 만큼 수험생들은 두꺼운 외투를 준비해 건강관리에 각별히 유의해야 할 것으로 보인다고 조언했다. 이날 중부와 경북 지역은 구름이 많겠고, 강원 영동과 경북 동해안 지역은 북동류 영향으로 흐리고 낮부터 한두 차례 비가 내리겠다.

서울신문 2007년 11월 15일자

역사적 기록을 위해 조금 길지만 대학수학능력시험 관련 신문기사 전문을 소개했다. 날짜만 다르지 최근 몇년간 내용은 별 차이가 없는 전형적인 기사이다. 이 시대 한국사회에 살고 있는 우리 모두에게는 너무나 익숙한 현상에 대한 기사이지만 다른 나라 사람들이 보면 이상하게 생각할 점이 하나둘이 아니다. 심지어 우리 자신조차 조금 세월이 흐르면 어떻게 이런 이상한 짓을 하면서 살았는지 믿기 어려울 것이다. 이렇게 당연한 일을 한번 낯설게 보자.

먼저 제목부터가 이상하다. 온나라가 일정한 시간에 조용해야 한다는 것이다. 무슨 엄청난 일을 하는 것일까. 58만명에 달하는 18~19살 나이 또래의 이 나라의 거의 모든 청년들이 한날한시에 전국의 수많은 특별한 시험(경기)장에 모여 똑같은 종이에 인쇄된 몇가지 수수께끼 같은 문제를 제한된 시간 안에 일제히 푸는 시합을 하기 때문이라고 한다.

이들이 푸는 문제는 권위있는 국가기관인 '한국교육과정평가원'이라는 곳에서 수많은 박사님들이 여러달 동안 외부와의 접촉을 끊고 감옥살이를 하며 신중하게 만든 것이다. 혹시 문제의 답이 틀리거나 중복되면 본인은 물론이고 그 기관의 높은 사람들까지 목(직업)을 걸어야 할 만큼 무시무시한 일이다. 그런 만큼 성스러운 문제지가 이중삼중으로 보호된 특별한 상자에 담겨 경찰차의 경호를 받으면서 각 경기장으로 배치되는 과정은 TV로 중계된다. 문제의 답안지 역시 '철통경호'로 지키고 나르는 엄중한 국가적 보안사업이다.

선수들은 경기 30분 전에 모두 경기장에 입장해야 한다. 선수들의 입장은 부모와 후배들의 뜨거운 응원 열기 속에서 진행된다. 전날부터 '응원 명당'을 잡으려고 경기장 문앞에서 철야를 하는 사람들도 있다. 시합이 열리기 며칠, 때로는 몇달 전부터 전국의 사찰과 교회에서 자기가 후원하는 선수가 시합 당일 문제를 잘 풀기를 비는 100일 기도회라든지 철야기도가 이미 진행중이다. 선수의 성공을 비는 여러 종교행사와 함께 십자가, 경전 등 각종 성물(聖物)들과 떡, 엿 같은 전통적 주술품과 함께 요즘은 상업적으로 기획된 '응원 이벤트'와 '기원 상품'도 동원된다.

선수들을 모두 제시간에 입장시키기 위해서 경기가 열리는 날은 모든 관공서와 기업체가 출근을 1시간 늦춘다. 출퇴근시간을 피해서 경기시간을 조정하지는 않는다. 공영교통인 전철과 지하철이 선수들을 위해 운행 횟수를 늘리고, 사설 시내버스도 해당 시간대에 집중 배차하고, 개인이 영업하는 택시도 총동원한다. 선수들이 음성을 듣고 알아맞히기 시합을 하는 시간에 동네 자동차들은 경적을 울려서는 안되고, 외국에서 온 비행기들도 소음 때문에 이착륙을 못한다. 이날 이 시간은 온세상이 이

경기를 위해 숨을 죽여야 한다.

너무 중요한 경기라 반칙의 유혹도 크다. 007작전을 방불하는 반칙이 횡행하는지라 본인 확인은 출입국 절차만큼이나 엄격하고, 모든 전자기기의 현장 반입은 철저히 통제된다. 범죄적 반칙행위에 대한 가장 엄중한 벌이 '다음해에도 출전을 못하게 하는 것'이라고 할 만큼 시합에 출전하는 것 자체를 올림픽 본선 진출만큼이나 신성한 기회로 여긴다.

실내에서 벌어지는 경기이지만, 이날의 날씨는 국민적 관심사라 매년 기상청은 가장 정확한 일기예보를 상세히 전달하고자 긴장하고 선수들의 건강을 위한 충고도 아끼지 않는다. 늘 겨울에 열리는 시합인지라 눈비가 올지, 춥지는 않을지 혹시 감기라도 걸리면 선수들이 '제 기량을 발휘하지 못해서 일생을 망치지나 않을지' 염려하는 사람들이 많기 때문이다. 몇시간의 경기 결과가 선수들의 인생을 결정한다고 '진짜로' 믿는 사람들이 많다. 적어도 2007년 겨울, 한국사회에서 이 '수능'이란 경기는 그런 것이라고 언론은 전하고 있다.

그런데 한번 상식적으로 생각해보자. 몇시간 동안의 문제풀이가 한 사람의 평생의 사회적 서열을 결정한다니! 그런 도박이 어디 있나? 그런 끔찍한 경기가 어디 있나? 순간의 실수로 목숨이 오가는 로마의 격투기를 지켜보듯 온사회가 숨을 죽이는 것도 당연하다. 혹시 다른 경기나 도박에서 앞서 언급한 판돈의 반의반이라도 걸고 그런 게임을 한다면 온사회는 그 사행행위에 격분할 것이다.

그럼 왜 여러 국가기관과 다양한 사회구성원들이 적극 가담해서 이런 이상한 경기를 국가적 이벤트로 꾸미는 것일까? '교육'이라는 종목과 '시험'이라는 경기의 재미에 온사회가 빠져 있거나, 아무리 그 희생이 크고 심각해도 (사회공동체의 융성을 위해서는) 꼭 필요하다고 믿는 국가적 의례 (또는 종교적 희생제의)이기 때문일지도 모른다. 그러나 확실한 것은 '수능' 같은 전국단위 경기대회를 매년 화려하게 개최하는 일 자체가, 주기적으로 열리는 올림픽이나 월드컵처럼 '교육'과 '시험'의 인기와 권위를 드높이는 기능을 한다는 사실이다. 또한 그렇게 엄숙한 행사 진행은 그 짧은 인위적 경기의 결과를 본인과 가족, 그리고 온사회가 운명으로 받아들이게 하는 준엄한 국가의례가 되어버렸다.

이 시대의 한국인은 왜 이토록 불편하고 이상한 일을 하는지, 왜 그렇게 할 수밖에 없다고 믿는지 이해하려면, 이 게임에 참여하는 참가자들이 실제 어떤 노력을 언제부터 어떻게 하는지, 얼마나 많은 시간과 비용을 투자하는지 알아볼 필요가 있다. 또한 게임의 준비와 경기과정이 이들의 삶에 실제로 어떤 영향을 미치는지, 게임의 결과에 대한 믿음의 근거도 아울러 살펴보아야 할 것이다. 다시 한번 우리에게 익숙한 교육게임의 다양한 현실들을 하나하나 낯설게 짚어보기로 하자.

게임의 참가자 : 어린 선수와 부모들

―초등학생 10명 중 9명이 과외
―과외 종목 평균: 3.13개
―하루 평균: 2시간 37분
―과외 5시간 초과 초등학생 중 38.6퍼센트: 이유 없이 아플 때가 많다.
―학원이나 과외 수업을 13개나 하는 아이도 봤어요. 5,6학년의 경우 밤 10시까지 공부하는 것은 기본이고요. (방문 토론교육 교사 정모씨)
―10명 중 7명: 학교 가기 싫다
―학교 가기 싫은 이유, '학원에서 이미 배운 것을 똑같이 반복해서': 18.3퍼센트
―한번은 수업중에 아이들이 갸우뚱한 표정을 짓는 거예요. 그러더니 '왜 그렇게 어렵게 가르쳐주세요? 그냥 공식만 알려주세요' 하더군요. (강남의 초등

학교 교사)

— 하루에 부모와 이야기하는 시간 30분 이상: 30퍼센트

— 친구들과 노는 시간 거의 없다: 30퍼센트

— 가출 충동을 느껴본 적이 있다: 53.3퍼센트

— 자살 욕구를 경험해본 적이 있다: 27퍼센트

— 자살을 생각한 가장 큰 이유: 성적문제

— '저는요, 학원에서 시험 보면 영어는 항상 100점 맞아요. 근데 수학은 꼭 한개나 두개 틀려요. 정말 속상해요. 아파트 12층에서 뛰어내리려고 했는데 엄마가 불쌍하다는 생각이 들더라고요. (초등학교 2학년 예영이, 가명)

EBS TV 「2007, 대한민국에서 '초딩'으로 산다는 것」, 2007년 4월 30일 방영

1980년대에 일본에서 심각했던 아동들의 과외문제를 연구한 시카고 대학의 노마 필드(Norma Field) 교수는 1992년 전세계의 아동인권을 논의하기 위해 노르웨이에서 열린 '위기의 아동들'(Children at Risk)이란 학회에서 '애정으로 강요된 노동'에 시달리는 아이들의 인권문제를 제기했다. 연령에 걸맞지 않은 장시간 학습은 부모와 사회가 강요한 비자발적 아동노동이자 아동학대에 해당한다는 것이다. 이 발표와 나란히 인도에서 조막손으로 카펫을 짜는 노동에 시달리는 아이들의 문제와 아프리카에서 우쭐대며 만행을 저지르는 소년병들의 사례도 발표되었다. 교묘한 애정조작으로 몰아세우면 어린이는 어른도 할 수 없는 어떤 일이든 할 수 있다는 것이다. 인생이 그런 것이려니 하고 여기기 때문이다. 그런 삶은 쉽게 던져버릴 수도 있다. 요즘 대한민국에서는 네명 중 한명 이상의 어린이들이 자살충동을 느낀다고 한다.

어린이들을 이런 상황까지 몰아세우는 어른들은 모두 '꿈' 때문이라고 한다. 그것도 본인보다는 아이들 자신을 위한 것이라고 생각한다. 때

로는 모든 사람이 하는데 자신만 안하면 밀려날지 모른다는 두려움 때문에 억지로 그럴 수밖에 없다고 한다. 자기 '욕심' 때문이라든지 주변의 광기로부터 자기 아이를 보호하지 못하는 '비겁함' 때문이라고는 생각하지 않는다. 최근에 강남으로 진출하여 유아교육을 시작한 이성숙씨는 그곳 부모들과 아이들을 통해 드러나는 문제를 다음과 같이 중언하고 있다.

유치원이나 초등학교 저학년일 때는 꿈들을 많이 꾼대요. 아직도 우리나라에서는 논 팔고 밭 팔아 서울대 갔다는 신화가 있기 때문에. 초등학교 저학년 때까지는 '우리아이도 밀어주면 되지 않을까' 생각하다가 고학년이 되고 아이의 실력이 드러나고, 중학교에 들어가면 초일류대학에 대한 꿈은 대부분 포기를 한대요. 문제는 '인 서울'(In Seoul)이라고 하는 마지노선인 것 같아요. 요즘은 90퍼센트 이상이 대학을 가니까, 대학을 못 간다는 생각은 없는데, 이왕이면 서울에 있는 대학을 가길 바라는 생각을 버리지 못하는 경향이 있는 것 같아요. 그리고 워낙에 사교육, 사교육 하니까 우리아이를 안 시키면 거기에도 못 갈 것이라는 불안감을 느끼게 되는 거죠. 상대적인 거잖아요. 경쟁씨스템에서 밀리면 자꾸 떨어진다고 생각을 하니까. (…) 강남 00초등학교 이야기를 들으니까, '아, 이것은 분열증이구나. 히스테리 수준이구나'라는 것을 느꼈어요. 아이들을 위해서 하는 것인데 실질적으로 아이와 엄마의 관계는 하나도 형성되지 못하는 거죠. (…) 사는 동네를 잘 정해야 한다고요. 여기 와서 그러면 엄마 왕따, 애 왕따 만드는 거거든요. 오히려 자기보다 못사는 동네에 가서 사는 것이 본인한테 좋다고 생각을 해요. 제가 아는 사람도 인천에서 살 때에는 영어유치원에 안 보내더니 여기(강남)로 이사 오면서부터 그렇게 변하더라고요. 건강하던 엄마가 비정상이 돼요. 엄마는 분열증에 이르고. 아이들은 미치지 않는 게 이상할 정도예요. 그 정도로 아이들을 들볶아요. (이성숙)

이들의 꿈과 두려움은 어떤 집단에 속하고자 하는 열망의 표현이다. 그 집단은 '상하' 서열의식과 아울러 '중심과 주변'을 나누는 구체적인 공간 이미지를 가지고 있다. 강남이라는 중심 중의 중심에 걸맞은 '초일류대'의 꿈을 포기해야 할 때면 최소한 '서울에 있는 대학'으로 공간을 확대하여 타협한다. 중심지향 논리는 똑같다. 이러한 '이미지'와 행태는 주로 자기가 속한 집단 속에서 형성되고 강화된다. 그 집단 밖의 사람들이 보면 '집단광기'라고 여겨질 정도이다. 그 피해가 바로 아이들을 통해 실제로 나타나도 자의식이 생기지 않을 정도로 집단의식의 힘은 강하다.

옛날에는 '저 아이 놀이치료에 보내라고 해야 하는 거 아니야'라는 생각이 드는 아이들이 1년에 1명 있거나 2,3년에 1명 정도였는데 요즘은 영어유치원 한 반에 2,3명 정도라고 보여요. 굉장히 늘어난 거죠. (…) 많은 선생님들이 말하는 것처럼 ADHD(Attention Deficit Hyperactivity Disorder, 주의결함다동장애)와 같은 증상을 보여요. 잠시도 가만히 있지 못해요. 또 자기표현, 감정조절을 하지 못하고 너무나 자신감을 잃어서 위축이 된 아이들도 있어요. 양보할 줄 모르고 집중력 없고 인내심 없고. 우리가 "이런 식으로 교육을 하면 아이들이 이렇게 안 좋아진다"고 하는 예들이 점점 늘어나는 거죠. 옛날에는 애들이 문제가 있다, 그러면 엄마들이 선생님한테 죄송스럽게 생각했었는데 이젠 그렇지도 않아요. 엄마의 잘못으로 아이가 그렇게 됐을 거라는 생각조차 하지 않는 거죠. 이렇게 놀이치료의 힘을 빌려야 하는 아이들이 늘어나고 있어요. 그런데 놀이치료가 필요한 아이들의 엄마에게 이 이야기를 하기도 꺼려져요. 잘못하면 유치원 그만둬버리거든요. 심각하죠. (이성숙)

어린 나이에 병리적 증상이 표면화되는 것은 일반적인 현상은 아니다. 그만큼 인간의 상황 적응력은 뛰어나다. 어린이들은 더욱 그러하다. 그러나 이때 경험한 심리적 억압과 상처는 청소년기와 성인기에 사소한 계기로도 표출되기 쉽다. 영유아기에 강요된 학습과 도구적 사랑에 상처 입은 아이들이 청소년기에 터뜨리는 정신병리적 문제는 쉽게 치유되기 어려운 것이다. 그보다 더 심각한 문제는 정말 그 나이에 그렇게 살아야 하는가다. 살아 있는 생명으로서 삶을 시작하는 그 나이에 아득한 먼 미래를 '준비'만 하면서 살도록 하는 것이 과연 올바른 일일까?

그런데 정말 교육적으로 괜찮은 내용이면 얼마든지 사교육을 해도 괜찮다고 생각하세요? 그게 딜레마예요. 돈은 좀 비싸지만 교육적으로 잘한다면, 아이들에게 해로운 점이 없이 유익하다면 사교육을 해도 되느냐에 대해 확답을 못하겠어요. 제가 여기를 차리면서 생긴 고민이, 그 아이들이 오후에 와야 할 곳을 하나 더 만든 셈이잖아요. 하지만 그 하나하나가 제대로 된 곳이라 해도, 이렇게 바쁜 것은 옳지 않다고 봐요. 더 큰 문제는 제대로 되지 않은 곳이 더 많다는 거죠. (…) 그리고 아이들은 쉬어야죠. 아이들이 유치원에 밤 7시까지 있다보면 머리에 뭐가 들어오겠어요. 아이들이 돌지 않는 게 이상한 거죠. 그런데 영어유치원 보내는 엄마들 보면, 정말 히스테릭하다고 할까요. 10퍼센트 정도는 불안증에 가까워요. 성형수술을 한번 하면 해도 해도 또 하고 싶은 것처럼, 사교육을 아무리 많이 시켜도 채워지지 않는 거예요. (…) 요즘 사교육시장에 '공급이 수요를 창출한다'고 하잖아요. 그런 학원이 존재하지 않았다면 다니지도 않았겠죠. 들어간 내용을 보면 막상 거기서 거긴데 다들 포장을 얼마나 다르게 하는지 몰라요. (이성숙)

'공급이 수요를 창출한다?' 상품시장의 원리가 작동하기 시작했다는 말이다. 처음에는 소비자들의 필요에 대응하던 공급이 어느 단계부터는 없던 필요를 만들기 시작한다. 가장 흔한 방식은 계속 새로운 상품을 만들어내는 것이다. 소비자의 욕구를 자극하고 경쟁적 소비를 조장하기 위해서 새로운 상품들은 차별화된 포장과 광고로 브랜드 가치를 높인다. 경쟁에 맛들인 소비자들은 채워지지 않는 새로운 소비욕구를 느끼게 된다.

그렇다면, 한국사회의 거의 모든 계층의 학부모들이 어떤 과정으로 새로운 교육게임에 몰두하게 되는지 살펴보기로 하자. 강남과는 거리가 먼 평범한 서민층이 거주하는 지역의 학부모인 이남수씨의 경험을 통해 실제로 어떻게 점점 더 돈을 들여서 교육하게 되는지 들어보자.

> 교육부에서 '초등학교에서부터 영어교육을 시작하겠다' 선언을 했을 때, 적용되는 연령이 딱 우리아이였어요. 우리아이가 88년생이거든요. 그러니까 관심을 가지는 학부모층이었죠. 교육부에서 그렇게 영어교육을 당겨서 일찍 해주면 고맙겠다고 생각하기보다 '초등학교 때부터 스트레스가 시작이구나!' 하고 받아들이게 되는 것이죠. '(우리가) 중고등학교 때 받았던 스트레스를 당겨서 받겠다'라는 생각이 들었습니다.
> 일단 우리아이가 영어교육을 시작하게 된 계기는, 제가 학생시절 개인적으로 영어 때문에 힘들었어요. 그것 때문에 받은 스트레스가 심했기 때문입니다. 처음에는 단순히 '빨리 하면 스트레스 덜 받지 않을까' 하는 생각으로 접근을 해서, 7살 때 학습지를 시작했어요. 오디오 테이프를 주고, 방문교사가 방문을 하는 형식이었습니다. 저렴한 가격에 서민들이 가장 쉽게 접할 수 있는 형태였습니다. 엄마들보고 어떻게 영어를 시작하셨습니까? 물으면 대부분 "학습지!" 이렇게 답을 합니다.
> 그런데 이 학습지를 하면서 한계를 느꼈어요. 아침마다 전화가 오거든요. '몇번 들었냐?' 하는 것들을 선생님이 물어요. 그런데 그것 때문에 아이가 스

트레스를 받아요. 저는 선생님께 '영어 때문에 스트레스를 받지 않았으면 좋겠다, 즐겁게 했으면 좋겠다' 하고 말씀드렸는데, 그래도 진도를 나가야 해요. 선생님은 그것으로 수당을 받아야 하기 때문에, 그분은 그게 생계잖아요. 처음에 아이가 테이프를 들으니까 영어는 별로 안 나오고 한국말이 많이 나옵니다. 처음에는 아이가 한글 이야기 듣는 게 좋아서 테이프를 잘 들더라고요. 어쨌든 재미있는 단계는 금방 지나가고 조금 있으니깐 글쓰기도 나오고, 몇번 이상 들어야 하는데 아이는 힘들어하고, 저는 '들었냐, 안 들었냐' 하고 재촉하게 되고. 그런 상황이 반복될수록 아이와 저의 관계가 안 좋아지기 시작합니다.

또다른 문제는, 오셔서 지도해주시는 선생님 실력이 그다지 좋다고 느껴지지 않는 것이었습니다. '발음이 별로 좋은 것 같지도 않고, 나랑 별로 다르지 않는 듯하다'라고 생각하게 되었어요. 그래서 결국에는 그만뒀어요. (이남수)

학부모들의 영어 좌절 경험은, '영어'가 교육게임 훈련을 가장 어린 연령층까지 폭넓게 확산되는 결정적 토양이 되었다. 대부분의 학부모들이 자신이 받았던 영어에 대한 스트레스를 아이는 받지 않게 해주겠다며 "빨리 시작하면 스트레스 덜 받지 않을까" 하고 생각하여 손쉽고 값싸게 가만히 집에 앉아서 영어교육게임을 시작하는 것이다. 방문학습지 교사가 집으로 찾아와 가르쳐주는 것은 고등교육을 받은 폭넓은 여성 산업예비군이 있기에 가능한 씨스템이다. 한 아이의 비자발적 훈련이 한 어른의 적극적 생계수단이 되는, 교육과 산업의 첫번째 접점은 이렇게 쉽게 만들어진다. 또한 아무리 적은 돈이라도 아이의 훈련에 '투자'를 시작한 엄마가 드디어 후원자의 눈으로 선수를 감시하기 시작한다.

〔그래서 그다음 단계로 학원에 보내면〕학원에서도 처음에는 재미있어해요.

그것도 새로운 문화잖아요. 거기에다 외국인도 있다는데, 신기하잖아요. 그래서 다니기 시작했어요. 처음 시작할 때에는 애들에게 굉장히 잘해줘요. 친절하게 해주니깐 아이들도 좋아하죠.
그런데 학원에는 레벨테스트가 있어요. 한달에 한번씩 끊임없이 레벨테스트를 해서 반을 편성합니다. 개인의 격차가 심하니까, 같은 반이 같이 움직이기도 힘들어요. 또 영어학원을 지속해서 다니지 않는 사람이 많아요. 들쭉날쭉 아이들이 빠져나가니까 늘 반편성을 해야 해요. 어쨌든 그렇게 하니깐 아이가 또다시 스트레스를 받습니다. 이제 레벨을 못 올라갈까봐. 잘 안되면 신경질을 내고 그러다가 "저렇게까지 할 필요가 있느냐" 하는 생각이 드는 거죠. 스트레스 안 받으려고 하는 건데 오히려 심하게 받다니. 그래서 학원을 그만뒀습니다. (이남수)

집단적 환경에서 전문 조련사의 체계적 훈련을 받는 일이 시작된다. 여기서는 바로 옆 아이들과의 비교를 통해 경쟁심을 북돋는 일이 가장 기본적인 자극 방식이다. 시험과 서열경쟁은 일상적인 심리억압이 된다. 어린이의 어려움에 공감하는 부모들은 학원을 그만두게 한다. 그러나 곧 공교육기관인 초등학교 수업 현실이라는 다른 차원의 압박 때문에, 또다른 학원을 찾거나 과외처럼 더 비싼 훈련방식을 시도하게 된다. 1995년에 초등학교에서 영어수업을 하느냐 안하느냐로 큰 논쟁이 일었을 때, 영어 사교육이 더 어린 아이들에게까지 범람할 것이라는 일반의 우려에 대하여, 오히려 초등연령층의 영어 사교육을 공교육으로 흡수하기 위해서라도 시급하다고 정책당국은 주장했다. 그러나 10년이 지난 오늘날, 영유아에 이르기까지 영어 사교육이 폭발적으로 확산되었다.

우리나라는 학교를 다니려면 사교육을 해야 되는 이상한 나라예요. 예를 들면, 학교의 선생님들이 "다 배우고 왔지?"라고 묻는 것이 실제로 존재한다는 것이죠. [실제로 아이들의] 격차가 너무 심해요. 어떻게 풀어야 할지 모르겠어요. 잘하는 아이는 학원에서 배워와서 다 알고 있고, 못하는 아이는 하나도 모르고 있어요. 그런 상태에서 선생님이 처음부터 차례차례하기도 그렇고. 공교육과 사교육 모든 부분에서 우리나라가 말하는 '교육'이라는 틀, '학교'라는 틀 같은 것들이 과연 배우게 하기 위해 만든 것인지, 못 배우게 만드는 것인지 의문이 생기더라고요. (이남수)

한국교육의 경쟁적 분위기 속에서 사교육이 '선행학습'을 주도하며 무엇이든 "남보다 먼저" 하면 유리하다는 환상을 불러일으킨다. 초등학교부터 영어를 배우게 되자 자신의 아이는 더 일찍 시작해야 한다는 부모들의 강박과 불안을 사교육시장은 더욱 부추기며 영유아 때의 영어교육을 상품화한 것이다.

대부분의 학부모들이 학습지에서 학원으로, 그다음에 과외라는 경로를 거칩니다. 엄마들은 학습지를 할 때, 어울려서 하는 습성이 있어요. [서로 정보를 교환하다가] 같이 우르르 시작하고 우르르 그만두는 경향이 있습니다. 다 같이 학습지를 그만두면서 학원으로 가자, 그러면 우르르 학원을 같이 가거든요. 초등학교 1학년 때예요. 그때부터 학원을 다니기 시작합니다. 그다음에는 과외라는 단계가 있는데요. 주변에서 개인과외를 하자고 하는데, 저는 과외까지는 가지 않았어요. 저는 거기서 멈추었습니다. 그룹과외를 하는 것이 너무나 고가였기 때문에 선뜻 선택하기도 힘들었습니다. 사실 많은 엄마들이 과외를 할 때, 팀을 짤 때 끼지 않으면 소외가 된다는 것에 불안해합니다. 팀을 짜서 과외를 하게 되면, 하는 엄마들끼리 모이게 됩니다. 그런 모임이 사교 모임이 되기도 하는데, 그런 모임에서 소외가 되기 때문에 아이보다는

엄마의 소외문제가 더 크다는 생각이 듭니다. (이남수)

한국사회에서 육아기 여성들의 사회적 소외는 아이 키우는 일을 통한 사회적 관계맺기에 매달리도록 하기 쉽다. 사회적으로 고립된 많은 엄마들이 필사적으로 아이들의 경쟁적 성취를 통해 자신의 사회적 존재와 의미를 확인하고자 한다. 그런 점에서는 서로가 경쟁자이지만, 끊임없이 정보를 교류하고 함께 움직이는 경우가 많다. 게임은 잘 아는 사람과 함께 편을 짜서 겨루는 것이 더 재미있고 상대적으로 안전하기 때문이다. 교육게임의 특성 중의 하나는 바로 그 강력한 집단압력이다. 모두가 "남들이 하기 때문에 어쩔 수 없이 한다"고 이야기한다. 소극적, 수동적으로 따라간다는 말로 들리지만 동시에 자신과 남을 끊임없이 비교하는 경쟁의식을 바탕으로 한 말이다. 다른 한편으로는 집단과 함께하지 않으면 배제당할(시킬) 수 있다는 '왕따'의 위협과 상호견제 논리도 작용한다.

강남엄마의 장점이라면 너무나 정보력이 밝다는 거예요. 보통 과외를 시키는데 성적이 안 나오면 '아이가 공부를 안하나보다' 생각을 하잖아요. 근데 경험이 쌓이다보니까 '선생님이 잘못된 걸 수도 있다' 이렇게 생각하게 되는 거죠. 그래서 과외선생을 바꿔야겠다는 결론이 나오잖아요. 강남엄마들은 그런 분석이 너무나 정확해요. 너무나 많은 정보를 가지고 있다는 거죠. 속된 말로 하자면, 미국 아이비리그의 훌륭한 대학을 나온 엄마들이 일은 가지지 않고 아이만 키운다는 거죠. 왜냐하면 아이를 잘 키워서 훌륭한 대학을 나오게 해서 자기처럼 결혼 잘하게 하는 것이 성공이지 무엇 때문에 힘들게 일하느냐 이거예요. 그래서 일하는 엄마는 아이를 잘 못 키운다는 거죠. (이성숙)

여성인력의 사회적 소외는 고학력 전문직종일수록 심하다. 보수적 고

소득층일수록 가부장적 가족문화가 강한데 이 경우 고학력 기혼여성들의 사회활동에 부정적이다. 여성의 학력은 사회적 상징자본으로서만 가치를 인정받는다. 그러나 요즘은 사회적으로 자아실현을 추구하는 전문직 기혼여성이 새로운 여성상으로 각광을 받기도 한다. 이런 세태에 대해서 강남으로 상징되는 고소득층 지역의 고학력 전업주부들은 아이들을 일찍부터 교육게임의 선수로 잘 키우고 관리해서 사회적 서열경쟁에서 이기는 일이 더 확실한 계급재생산의 길이라고 믿고 주장한다는 것이다. 가부장으로 성장할 장남에 대한 투자를 통해 집안의 실권을 쥐는 '자궁가족' 전략을 구사하던 봉건시대 어머니들의 가족정치게임과 유사한 논리이다.[1] 이러한 논리가 바로 오늘날 한국사회에서 살인적으로 과열된 교육게임의 적나라한 투기적 투자 동기인 것이다.

감금훈련과 사회적 담합: 공교육과 사교육

종이 울린다.
동시에 매로 문을 두드리며
고함치는 소리가 들린다.

문은 닫히고
더이상 자유는 용서받지 못한다.

매시간 10분 전이 고비다.
그때마다 몇몇 죄수가 탈옥을 시도한다.
그러나 결과는 종아리에 그어지는 붉은 선.

죄수 명단을 들고 교관이 들어와 인원수를 체크한다.
압박감에 시달려 탈옥을 체념한 채
허리를 굽히고 눈을 감으며
엎드리는 죄수는 늘어만 간다.

종이 울린다.
동시에 죄수 수십명이
발광하며 뛰쳐나간다.

문은 열리고
그러나 자유여야 할 문 밖은 온통 학원차뿐,
또다른 감옥으로 옮겨지는 종소리일 뿐이었다.

— 부산고 2학년 김대현 「야·자라는 구속영장」[2]

    교육게임을 위해 선수들을 훈련으로 몰아치는 것은 학원과 학습지 등 사교육시장만이 아니다. 공교육현장인 학교에서도 법으로 정한 교육시간을 어기고 새벽부터 밤까지 선수들을 감금하여 훈련시키고 있다. 적어도 교육게임에 관한 한 공과 사의 구별이 없다. 과연 한국사회의 공교육이 '공교육적'인가? 공교육을 표방하는 많은 학교들이 과연 그 출발점부터 '공공교육'으로서의 역할을 제대로 수행하고 있는지 본질적 질문을 던질 필요가 있다.

    문제는 오히려 학부모들이 앞장서서 더 밤늦은 시간까지 학교에서 아이를 붙잡아달라고 요구한다는 현실이다. 공공영역에서의 이런 집단적 감금행위는 후원자인 부모들의 요청에 따른 것이란 이유로 '자율학습'이라 불린다. 그것도 모자라 늦은 시간에 다시 학원으로 보내는 일이 대대적으로 벌어지고 있다. 이러한 명백한 감금·강제 행위를 지역사회와 국가까지 당연한 일로 여기고 있다는 점에서, 교육게임에 관한 한 한국사회는 이성적 판단능력을 상실한 집단적 게임중독 상태라고 볼 수 있다.

국가청소년위원회는 학원을 다니고 있는 청소년들 중 52퍼센트가 학원에서 3시간 이상 머물고 있고 이들 중고등생 63퍼센트가 저녁 11시 이후에 귀가한다고 했다. 이런 상황에서 마침내 2007년 8월 30일, 국가청소년위원회는 밤 10시 이후 청소년의 근로시간을 제한한 근로기준법(제70조)이나 PC방과 찜질방 출입을 금한 청소년보호법(제25조)과 동일한 맥락에서 학원 심야교습 시간이 재검토되어야 한다는 의견서를 첨부하여, 각 시도교육청과 의회 등에 밤 10시 이후 시행되는 학원의 야간교습을 제한하는 방향으로 조례를 개정해줄 것을 요청했다.[3]

그러나 오히려 서울 등 3개 지방자치단체는 오후 11시까지, 대구 등 9개 지방자치단체는 12시까지 심야교습을 허용하기로 했고, 심지어 부산, 광주, 대전, 경남 등은 아예 제한을 두지 않는 방향으로 개정을 추진하고 있다고 한다.[4]

교육게임의 논리에 빠지면 최소한의 인권의식이나 공공기관으로서의 양식조차 쉽게 무너진다. 온사회가 담합하여 기본적인 아동인권을 무참히 유린하며 키운 아이들은 그 세대 나름의 집단적·심리적 상처와 특성을 갖게 된다. 교육게임 속에서 자라난 대학생들을 통해서 그들이 내면화한 문화적 특징의 일면을 엿볼 수 있다.

그럼 수업 시작 때부터 노골적으로 자는 애들은 뭐야? 출석도 안 부르는데 그럼 왜 교실에 들어오는 거야? 온세상 사람들이 다 알고 있는 일을 이제야 깨닫기 시작한 교수들 이야기이다. 수업 빠지는 것보다 교실에서 자는 게 더 편하대요. 새벽 0교시부터 야간 자율학습까지 종일 학교에서만 살던 아이들이 제정신으로 살았겠어요? 매일 5~6교시는 모두 낮잠을 잤대요. 어떤 선생이 이 아이들을 깨울 수 있었겠어요? 수업은 그냥 시간표대로 하고요.

대학이 변했다. 강의와 수업과 사제관계의 내용이 어느새 실질적으로 변했다. 대학까지 오는 동안에 이 아이들이 겪은 일들을 보면 당연한 일이다. 학교는 늘 껍데기였다. 성적과 졸업장만 필요한 곳이었다. 학교수업은 새로울 것도 아까울 것도 없었다. 언제나 학원에서 미리 배우거나 되풀이되는 것이니까. 학생들에게 수업이란 그런 것이다. 대학에서도 실험, 실습이나 현장답사, 특별활동을 너무 재미있어하면 바보라고 여긴다. 쓸데없이 시간만 많이 든다고 생각하기 때문이다.

교수님들요? 존경하죠. 귀찮게 하지 말고 학점만 잘 주셨으면 좋겠어요. 학점을 내신성적쯤으로 아는 진지한 학생들은 대학입학과 동시에 학원에 등록한다. 영어학원, 고시학원, 각종 자격증학원, 취업준비학원 등, 진짜 필요한 공부는 거기서 한다고 한다.

정병호「대학교수도 힘들다」,『여성신문』 2005년 10월 28일자

사교육과 공교육 사이에서, 아니 그 두개의 멍에에 함께 눌리며 자라난 기형 청년들을 만나는 대학교수들도 힘들다. 그들의 상처와 기성세대에 대한 분노와 불신이 무섭다. 문화인류학을 공부하며 여러나라를 다녀봤지만 이렇게 심한 사회는 본 적이 없다.

우리사회의 대다수 청소년들은 공부만 하면 거의 모든 일을 면제받았다. 다시 말하면 공부만 하게끔 다른 체험 기회를 죄다 박탈당했다. 중고등학교 때부터 특별활동은 형식만 남았고, 0교시부터 야간 자율학습까지 해내며, 학원과 독서실에서 살고, 집에서는 먹고 입고 자는 데 필요한 모든 일을 누군가에게 의존하며 살아온 사람들이다. 이른바 선진국이라

는 미국, 유럽은 물론이고, 입시공부가 우리만큼 치열하다는 일본조차도 이 정도는 아니다. 청소년기에 당연히 겪게 되는 체험조차 못해보고 성인이 된 학생들을 대학에서 만나게 되었다는 말이다.

게임의 심화와 저항

오늘날 한국의 교육게임은 극도로 과열되어 수많은 선수들의 희생과 막대한 사회비용을 치르고 있다. 게임의 열기에 달아오른 기성세대는 아직 게임 자체를 포기하지 못하고 있다. 다시 정권이 바뀌는 상황에서 또 게임의 규칙을 손보겠다는 정책만 난무하고 있다. 지금까지의 경험처럼, 교육게임의 원리를 신봉하면서 추진하는 규칙의 변화는 오히려 다양한 참여집단의 대응전략을 자극하여 게임의 장을 확대하고 더 어린 선수들을 끌어들일 것이다. 결국은 그러한 광풍을 거듭 몰고 올 기성세대에게 이 게임의 최대 희생자인 학생들이 이미 엄중한 경고의 메씨지를 보낸 바 있다.

죽음의 트라이앵글

누가…… 대한민국의 고등학생을 미치게 만드는가?

새 입시제도가 나올 때마다 우리는 혼란스럽기만 합니다.

2008년도 입시제도는 죽음의 트라이앵글
죽음의 삼각형, 사상 최악의 입시제도—내신, 수능, 논술
실질 반영률이 완벽한 균형을 이루었다.—학원관계자

본고사 세대—1,2회의 본고사가 당락을 결정

수능 세대—1회의 수능이 당락을 결정

죽음의 트라이앵글 세대—내신, 수능, 논술, 약 15회의 시험이 당락을 결정

(정부—학교·학원·대학 이해관계의 완벽한 균형: '죽음의 트라이앵글 합의' 중략)

이 '합의'는 누구를 위한 합의입니까?

그 삼각형 속에 우리 '학생'은 도대체 어디에 있습니까?

정부에게 묻겠습니다.

—사교육비를 잡아서 부모님들에게 어필하는 게 그렇게 중요합니까?

—종합적, 창의적 인재를 키운다구요?

—신경 써야 할 시험 개수가 몇개인지 아십니까?

—친구를 짓밟고 적으로 삼는 것이 창의적 인재입니까?

학교 선생님들에게 묻겠습니다.

—학원에 몰리는 우리들이 그렇게 꼴 보기 싫기만 한가요?

—우리 고민을 제대로 들어준 적 있으십니까?

학원에 묻겠습니다.

—당신들에게 우리는 단지 돈벌이의 수단입니까?

—현혹하고 유인해야 할 목표고객에 불과합니까?

대학에 묻겠습니다.

—우리를 줄 세워서 뽑는 것이 그렇게 중요합니까?

―그래서 당신들의 순위가 올라가는 것이 그렇게 중요합니까?
―교육이란 것이 그런 것이었습니까?

도대체 …… 우리는 어디에 있습니까?
당신들의 생각과 그 치졸한 합의 속에,
학생은 ……
우리는 ……
도대체 어디에 있습니까?

우리는 또 언제나처럼 묵묵히 공부할 것입니다.
당신들이 무슨 제도를 만들든지 우리는 또 순진하게 따를 것입니다.

우리를 안아주고 얘기를 들어주는 사람 없어도
성적 하나로 우리를 무시하고 비난해도……
꿋꿋하게 공부할 것입니다.

그러나 기억하십시오.
우리는 당신들을 용서하는 것이 아닙니다.
당신들을 진심으로 따르는 것이 아닙니다.

명심하십시오.
우리 가슴속의 분노와 피해의식,
그 모든 것은 ……
바로 당신들이 키웠습니다.

글 조남호, 영상 하얀늑대, 2006년 11월 1일 우리들의 네트워크 Buddy 액션 동영상

고대 로마의 검투사였던 스파르타쿠스의 반란을 연상케 하는 저항의 목소리이다. 이 싸이버시대에 죽음으로 얼룩진 교육게임에 어릴 때부터 강제로 동원되던 학생들이 소리를 지르기 시작했다. 바로 거듭되는 자살로 아픔을 전하는 동료들을 떠나보내면서, 자신들을 '죽음'으로 몰고 가는 이 게임을 제작하며 지금도 퍼뜨리고 있는 부모, 교사, 학원 경영자, 대학교수들에게 "당신들을 용서하지 않겠다"고 했다. 아직 체제를 전복시키겠다는 의지와 행동으로까지 구체화되지는 않았지만, 이미 교육게임판을 돌리고 있는 모든 기득권 세력들의 속셈을 꿰뚫어보고 있다. '교육'이란 명분 아래 감추어진 사회적 이해관계에 이용되면서 존재조차 부정당하는 자신들의 목소리를 새 미디어 공간에서 표현하고 있다. 자신들의 참혹한 죽음과 희생마저 구경거리로 삼아버리는 기성언론들을 상대하지 않고 싸이버공간의 작은 '우리들의 네트워크'에 가냘픈 목소리를 담아낸 것이다.

사회는 이들을 무시하는 척했지만, 또한 그들 자신도 묵묵히 공부하는 척했지만, 이들의 작은 목소리로 변화는 이미 시작되었다. 몇몇 대학들이 슬그머니 "죽음의 트라이앵글을 풀겠다"고 했고, 이것이 다른 대학들로 확산되면서 "죽음의 트라이앵글이 깨진다"[5]고 한다. 교수들도 "죽음의 트라이앵글을 부숴야 한다"[6]고 했다. 여전히 아전인수 격으로 자신들의 서열경쟁에 유리하게 이용하고자 하는 저의를 감추지 않은 대학들도 있었지만, 이미 간파당한 속셈 때문에 낯간지러운 위선은 덜 떨게 되었다.

이제 절대로 변하지 않을 것 같은 국가적 게임에 작지만 균열을 낼 수 있다는 사실은 확인되었다. 이 사회의 기성세대가 푹 빠져 있는 교육게임의 최대 희생자인 학생들, 아이들 자신이 스스로 굴레에서 벗어나려는 몸짓을 시작한 것이다. 부디 이들의 절박한 몸짓이 우리사회를 집단 게임중독에서 깨울 수 있기를, 모두들 어서 이 미망(迷妄)에서 벗어나 오늘의 악몽을 추억할 수 있기를 바란다. 희망은 바로 오늘의 현실이 미망임을 아는 데에서 시작된다.

2. 상징적 중심경기, 영어

영어는 문화적 상징, 경쟁이 수렴되는 장(場)

영어는 단순한 교과목 중 하나가 아니다. 현대 한국사회의 문명적 정체성과 계급 차이를 규정하는 문화적 상징이다. 한자문화권에 속했던 조선시대에 한문이 그러했듯이, 일제 때에는 일본어가 그리고 미군정 이후 세계화를 이야기하는 오늘날까지는 영어가 밖으로는 중심 문명과의 연결고리이자 안으로는 사회적 신분상승의 도구로 기능하고 있다.

그러나 1990년대 이후 한국에서 영어교육은 이전과는 또다른 차원의 광풍에 휩싸이게 되었다. 이른바 '세계화'를 내세운 김영삼정부가 1997년, 초등학교 3학년부터 영어를 정식교과목으로 채택하면서, 영어교육의 열풍은 초등학생 그리고 유아까지 빠르게 확산되었다. 또한 뒤이은 IMF 경제위기 속에서 실업이 늘고 고용구조는 불안해졌으며 이 때문에 취업 또는 재취업을 준비하는 젊은이도, 승진을 준비하거나 명예퇴직을 피하려는 직장인도 "영어는 선택이 아니라 필수"라고 말하는 사회가 된 것이다. 마침내 영어 발음을 잘 하게 하기 위해 어린 아이의 혀를 수술한다거나,[7] 영어 공용화[8] 논쟁이 주요 미디어를 통해 전개될 정도로 영어에 대한 강박관념과 열광은 가속화되었다.

오늘날 한국사회가 영어교육에 들이는 비용은 가히 천문학적이다.

2006년도 교육인적자원부의 예산이 약 32조원인데 사설 영어교육시장 규모가 10조원에 이르고, 해외 단기 어학연수와 관련된 시장 규모가 여름 방학에만 1조원에 이른다고 한다.

서울시교육청 자료에 따르면, 2005학년도에 유학을 간 초중고교생 수는 7001명으로, 전년도에 비해 15퍼센트 늘어났다. 특히 서울지역 초중고 유학생 숫자는 전년도에 비해 37.5퍼센트나 증가했다. 또한 대학들은 소위 글로벌시대의 경쟁력을 키워야 한다며, 경쟁적으로 영어강의 비율을 높이고 있다. 지방자치단체들은 '영어마을'을 경쟁적으로 설립하고, 조기유학과 어학연수가 연령을 불문하고 확산되고 있으며, '기러기 가족'을 양산하는 등 온갖 교육·사회 문제가 맹목적인 영어교육에서 비롯되었다.

그렇다면 남녀노소를 불구하고 이러한 막대한 투자를 하고 있는 한국의 영어교육은 과연 제대로 되고 있는 것일까? 유아에서 성인에 이르기까지 이렇게 영어교육에 투자하고 매달리고 있지만 실제 효과는 의심스럽다.

영어를 초등학교 3학년부터 가르치기 시작한 지 벌써 10년이 다 되어가고, 이제 1학년부터 시작하겠다는 정책제안이 비판 속에서도 추진되고 있다.[9] 주당 2시간의 초등학교 영어수업으로 인한 '영어교육'의 효과보다는, 이를 계기로 유아와 어린이에게까지 영어 사교육이 폭발적으로 확산되었다는 사실에 주목할 필요가 있다. 또한 이 시기에 조기유학이나 어학연수가 증가하면서, 빈부격차에 따른 영어교육의 차별화가 가속화된 것은 물론이고, 영어교육에 대한 부모들의 강박관념과 불안감이 가중되어 유아와 어린이의 건강한 정서적·지적 발달을 저해하는 맹목적 조기영어교육 프로그램들이 우후죽순처럼 등장했다.

> 나는 그〔영어〕 광풍이 매우 합리적인 행위라고 본다. (…) 한국에선 애초부터 영어공부의 주목적은 실용성이 아니다. 내부경쟁용이다. 자녀를 영어권 국가에 유학이나 어학연수를 보낸 부모들은 그 점을 잘 알고 있다. 한국에서 좋은 위치를 차지하기 위한 수단으로 영어를 공부시키는 것이다. (…) 영어공부는 일종의 권력투쟁이다. (…) 영어 광풍은 우리 '대학입시 전쟁'의 정확한 반영이다. 한번 딴 간판이 평생의 경쟁력을 결정하는 상황에서 간판 쟁취를 위해 미쳐 돌아가는 건 매우 합리적이다. 영어 광풍은 그런 합리성의 부분일 뿐이다.
>
> 강준만 「영어 광풍은 합리적인 행위다」, 『한겨레21』 2007년 제668호

오늘날 한국사회에서 영어교육은 명백한 효용이 있다. 즉 영어는 출세의 도구이고, 신분의 상징인 동시에 문명과 교양의 기호이기도 하다. 이를 획득하고 확보하기 위한 투자로서 다른 어떤 과목보다 영어교육에 집중하는 것은 그런 점에서 당연한 선택이라고 할 수 있다.

문제는 이것이 내부경쟁용이기 때문에 끊임없이 바로 옆 사람과의 비교를 통해서만 효용성을 인정받는다는 것이다. 언젠가 다른 언어권 사람과 영어를 활용해서 잘 통하면 되는 것이 아니라, 바로 지금 한국사회 안에서 인정받는 객관적 척도로 늘 확인받아야 한다. 즉 시험점수로, 수능점수로, 토플성적으로 확실히 구별되어야 하는 것이다.[10]

경쟁의 척도로서의 영어, 즉 우리끼리 하는 경쟁을 위해서 그렇게 많은 시간과 자원을 써가면서 쓸 수도 없는 영어에 매달리게 하는 일, 그 자체가 우리사회가 규명해야 할 영어교육의 문제이다. 어쩌면 수수께끼 같은 영어 문제를 만들어내는 사람들이 바로 한국 영어교육의 가장 큰 장애물일 공산이 크다. 알쏭달쏭한 문제들을 잘 푸는 것이 영어로 소통을 잘하는 능력과 관계가 있는 것은 아니기 때문이다. 거기서 몇점 더 받

는다고 해서 영어를 잘하는 것은 아니다. 그런데 오늘날 한국의 교육제도는 모두를 시험점수에 매달리게 한다. 심지어는 점수로 안 나타나는 영어실력은 인정받지 못하는 것이 현실이다.

영어 사교육의 문제점을 비교적 일찍 깨닫고 타율적 학습보다 자발적 '습득'(교육 용어로는 '상황적 영어학습')을 중심으로 하는 자녀 영어교육 방식을 개발하여 실천하고 있는 이남수씨의 의견을 들어보자.

자연스런 외국어 습득 방식으로 영어에 익숙하게 된 아이들에게 무서운 복병이 학교에서 보는 영어시험에 대한 불안감이에요. 막연한 불안감이죠. 사실 애들이 시험을 딱히 못 보지도 않아요. 그러니까 일등 해야 된다는 강박관념 때문에 안되는 거에요. 예를 들면, 어제도 학부모들을 상담했었는데 3년 가까이 진행을 한 아이들이에요. 습득이 된 아이들이라 학교에서 원어민 선생님하고 다른 아이들 사이에서 통역해줄 정도 돼요. 그런데 중요한 건 얘가 중학교를 가서 영어시험을 못 본 거예요, 영어시험을 못 봤다고 엄마가 충격 받아서 저한테 하소연을 하더라고요.

우리 애들이 많이 틀리는 게 있는데요, 그것은 우리나라에서만 통하는 문법 있죠. 미국에 유학 갔다온 사람도 틀리는 문법. 제가 단적으로 이야기하지만 수능에서는 훨씬 유리해요. 외국어영역 시험을 보면 다른 아이들은 줄 긋고 분석해서 푼다면 우리 애들은 독해능력이 있기 때문에 그냥 쭉 읽어요. 그래서 오히려 수능은 더 잘 나와요. 그런데 아까 말했던 이상한 시험문제, 그런 건 틀릴 수밖에 없거든요. 저 같은 경우는 과감하게 학교시험을 못 봐도 된다, 그런 문제는 틀려도 된다. 왜냐하면 미국에 살다온 사람도 틀리고, 미국 사람도 틀리고 옆 학교 선생님도 틀리고 낸 사람만 맞히는 문제는 틀려도 된다고 믿습니다. (이남수)

현재 학교에서 시행되는 영어교육은 시험을 위한 교육 중심이어서, 영어를 즐겁게 배우기보다 영어에 대한 두려움과 강박을 증가시킨다. 중고등학교를 벗어나 대학에 와서도 영어는 각종 시험 대비용 공부로 전락해버렸다. 현재 한국 영어교육의 맹점이라고 알려져 있는 듣기와 말하기를 자연스럽게 터득하게 하는 데 효과가 있는 영어교육 방식도 여럿 있지만, 이런 프로그램들은 문법 중심의 학교시험에서 불리할 수도 있다. 그래서 대학생이나 직장인 사이에서 토익이나 토플점수는 높지만, 실제 상황에서 영어 한마디 제대로 못한다는 이야기가 흔히 나온다.

그러나 오늘날 대학가에서는 '교양영어 수업시간을 늘리자'거나, '토플 등 시험에서 일정 점수를 받아야 졸업 자격을 주자'는 등의 주장이 지배적이다. 학부모들뿐 아니라 교육 전문가들이 모인 대학교에서도 영어 수업 시간을 늘리고 시험을 더 자주 보면 영어를 잘하게 될 것이라고 생각한다. 우리나라 대학생들이 그동안 공부한 시간이나 시험준비 경험이 미흡해서 영어를 못하는 게 아니라는 당연한 사실은 무시되고 있는 것이다. 이러한 수업과 시험 중심의 영어교육은 철저히 재고할 필요가 있다.

이 상황에서 남보다 먼저, 남보다 많이 투자하여 가능한 한 윗자리를 차지하도록 만들겠다는 부모들의 경쟁심과 최소한 뒤지지 말아야겠다는 아이들의 초조감이 생기는 것은 사실 당연하다. 남보다 더 많이 공부해야 경쟁에서 이긴다는 것은 동서고금에서 통하는 진리다. 형설지공이니 주경야독이니 하는 말도 다 남들은 잠잘 때 하는 문자공부였다. 하지만 남들 놀 때 나만 하려던 학습지, 학원, 과외공부를 모두가 하게 되니 별 차이가 없게 되었다. 이럴 때는 선택과 집중이 중요하다. 사교육현장에서 오로지 영어로 집중하는 현상이 나타나더니, 초등학교에서도 다른 과목까지 영어로 교육하자는 주장이 나오게 되었다.[11] 대학들도 경쟁적으로 모든 학과의 전공수업에 영어강의를 도입하라고 요구하기 시작했고, 전공을 불문하고 영어로 강의가 가능한 사람만 신임교수로 선발하겠다고 공언하는 대학도 나왔다.

이렇게 교육을 통한 경쟁의 척도가 '영어' 한가지로 수렴되는 상황을 영어가 유창한 한 원로교수가 말했다. "영어로만 수업하면 전공공부는 언제 하냐?"는 것이다. 다른 모든 지식과 훈련의 가치와 효율성을 무시해버린 무식한 처사라는 것이다. 마찬가지로 유아교육 전문가들은 "영어 몇마디 일찍 배우려고 어릴 때 제대로 놀지 못한 바보들"을 키우고 있다고 걱정하고 있다. 언어발달상 늘 안 쓰면 곧 잊어버릴 외국어를 배우기 위해 그 나이의 인지, 정서, 사회성 발달에 중요한 말과 놀이를 충분히 못하고 자라나는 아이들이 안타깝다는 것이다.

영어 조기교육의 신화와 진실

요즘 한국사회의 영어교육 담론에서 가장 인기있는 주제는 '언제 시작하느냐'이다. 거의 모든 어른들이 '우리는 영어를 못한다' '10년 20년 영어공부 했어도 말 한마디 못한다'고 생각한다. 누구나 자신 없어 하고 다들 영어공부로 인한 마음의 상처가 있는 것이다. 그래서 '늦게 시작했기 때문'이라고 생각하면 상처받은 자존심에 위로가 되기도 하고 자기 자식들에게는 그러한 실패를 대물림하지 않을 수 있다는 기대를 갖게 된다. 영어 조기교육에 대한 기대와 환상, 그리고 과도한 열광은 기성세대의 결핍경험과 강박관념에서 비롯된 오늘날 한국교육의 가장 상징적인 현상이다.

남보다 먼저 시작할수록 유리할 것이라는 막연한 생각은 "언어습득에는 '결정적 시기'가 있다"는 주장과 "원어민 수준의 발음을 구사하려면 어릴수록 좋다"는 말에 이끌려 서로 경쟁적으로 영어교육 시작 연령을 끌어내렸다. 지금 영어 조기교육 경쟁의 전선은 유아를 지나 영아로 내려가고 있고, 태교시장까지 넘보고 있다. 국가 차원에서도 영어 공교육 연령을 계속 낮추어야 한다는 주장이 거세다.

영어를 초등학교 3학년부터 가르치기 시작한 지 벌써 10년이 다 되어가고, 이제 1학년부터 시작하겠다는 정책이 비판 속에서도 추진되고 있다. 주당 2시간의 초등학교 영어수업으로 인한 '영어교육'의 효과보다는, 이를 계기로 유아와 어린이에게까지 영어사교육이 급속도로 퍼졌다는 사실에 주목할 필요가 있다. 또한 이 시기에 조기유학이나 어학연수가 증가하면서, 빈부격차에 따라 영어교육이 차별화되었다.

이러한 영어교육의 실태와 문제점을 알아보고자 동덕여대 아동학과 우남희 교수를 인터뷰했다. 우교수에 따르면 학문적 연구결과 조기영어교육이 효과가 없을 뿐 아니라 오히려 창의성을 저해하고 유아의 정신건강을 해치고 있음이 입증되었다고 한다. 그러나 영어 사교육시장에서는 노골적인 허위과장광고가 학부모들과 아이들을 유혹하고 있으며 상업적 이익집단의 주장은 언론매체와 정책결정자들까지 움직여 공교육에서도 영어 조기교육이 제도화되도록 하고 있다고 지적한다.

만나는 사람마다, '언제 하는 게 좋으냐?' 그래서 저희가 실험 연구를 했어요. 제 생각에는 지금까지의 연구, 세계적인 연구를 보면 사실은 초등학교 고학년 이후로 중학교 정도의 나이가 가장 효과적이라고 되어 있거든요. 그럼에도 불구하고 우리나라에서는 이미, 초등학교 3학년에 시작을 해버렸어요, 정규교육에서. 그래서 최고로 영어를 접하지 않은 아이들을 구할 수 있는 게, 2학년이었어요. 그래서 2학년(만 7세)하고 유아(만 4세)하고, 이렇게 두 그룹으로 비교를 해봤죠.

우선 뇌발달이 4세보다 7세가 더 되어 있는 게 당연하잖아요. 그러니까 4세에 비해 7세 아이들은 기억력이 더 좋으니까 한 문장을 해도 더 잘 외우고 더 잘 응용했어요. 유아들은 가르치는 선생이 포기를 했어요. (…) 기억력 자체가 덜 발달돼서, 긴 문장을 실제보다 빨리 못 외우니까, 못 따라하니까, 그렇게 단어나 문장을 기억하는 게 훨씬 저조했어요. 그리고 응용력도 없고요. 예를 들어서 7세 같은 경우는 'yellow, blue, red' 이런 걸 가르치면서, 선생님이 이걸 응용을 해서 'yellow balloon' 이렇게 가르치면, 'yellow card도 있어요' 이래요. 그러면 또다른 애가 'red card도 있어요' 하면서 굉장히 씨너지효과가 나타나더라고요. 그런데 4세 애들은 그냥 따라하는 기죠, 맹목적으로. 그런 효과가 없었어요. 그리고 그다음 시간에 물어보면 이미 잊어버리고. 유아들은 많은 경우 기억을 잘 못했어요. (우남희)

우남희 교수뿐 아니라 유아교육, 언어학 전문가들은 영어 조기교육이 유아와 아동의 언어발달에 맞지 않아 효과가 없다고 한다. 모국어를 습득하는 것과 외국어인 영어를 습득하는 것은 다르며, 무조건 빨리 외국어를 시작하면 잘한다는 실증적·경험적 증거가 없다는 것이다. 학부모로서 이남수씨도 조기에 시작한 영어교육의 문제를 다음과 같이 증언하고 있다.

저학년이라고 해서 안되는 것은 아닌데요, 외국에서 살다온 아이들에게서 나타난 현상과 같은 문제가 발생해요. 저학년 때 부모를 따라 외국에 갔다온 아이들은 금방 잊어버리거든요. 그걸 유지시켜주기 위한 기간이 너무 길어요. 그런 다음 읽고 쓰기까지 해야 하잖아요. 아이들이 저학년이거나 유아인 경우는 한국어 읽기 쓰기도 완성이 잘 안되어 있는 상태이기 때문에 영어로 읽고 쓰기 하는 기간이 너무 길어요. 그러니까 그 기간 동안 계속 듣기를 유지해줘야 돼요. 예를 들면 4학년 때부터 6학년 때까지 한 아이들은 3년만 고생하면 되잖아요. 그런데 1학년 때 시작하면 6학년 때까지 해줘야 하거든요. 하루 3시간을 엄마가 해줘야 하고. 고생이라면 고생이거든요. 3년도 쉽지 않은 일인데 그거를 1학년 때부터 한다고 생각해보세요. (이남수)

3,4살짜리 아이의 엄마들에게 왜 벌써 영어를 시작하느냐고 물으면 대개 "일찍 해서 일찍 끝내려고 그래요"라고 해요. 그럼 제가 다시 물어요. "엄마는 지금 한국말을 끝냈습니까?" 일찍 시작했다고 습득과정이 일찍 끝나는 것이 아니라는 거죠. 또 그런 아이들은 영어에 너무 올인을 해서 수학이 안되고, 한글이 안되고, 사회가 안되는 현상이 일어나요. 다른 곳에서 구멍이 생기는 거예요. (이남수)

'일찍 시작하면 좋을 것이다' '많이 하면 좋을 것이다' '비싸게 하면 좋을 것이다'라는 이 세 신화가 우리 교육을 지배하고 있다. 일정한 시기에 특정 지식이나 기술을 익힐 때 이러한 원리가 일리가 없는 것은 아니지만, 외국어의 경우는 적절히 활용하지 않으면 쓸모가 없어지기 때문에 신화와 현실의 격차가 크다.

우남희 교수의 연구는 너무 어린 나이에 시작한 영어교육이 오히려 역효과를 낳을 개연성도 크다는 사실을 밝혔다. 흔히들 발음만은 어릴 때 익혀두어야 한다고 생각하는데 일상에서 쓰지 않는 외국어의 경우에는 그것도 적절한 시기가 있다는 것이다.

다른 건 다 큰 아이들이 잘할 거다, 그렇지만 발음은 혹시 모르겠다, 발음은 어릴수록 좋지 않을까 하는 생각을 했어요. (…) 여기서는 의도적으로 '외국어'로 가르치기 때문에, 더군다나 단기간에 훈련을 통해서는 발음조차 4세 아이들이 훨씬 안 좋았어요. 그러니까 그 아이들은 모국어도 아직 '유아언어'(baby talk)를 하기 때문에, 한국 발음도 제대로 안돼요. 우리 발음조차 제대로 되어 있지 않기 때문에, 영어 발음은 물론 더 나빠요. 근데, 7세 아이들은 발음이 틀렸을 때, 의식적으로 고치려고 해요. 4세 아이들은 상위인지가 발달하지 않았기 때문에 앵무새처럼 따라는 하지만 그것을 왜 고쳐야 되는지, 그런 것에 대한 의식이 전혀 없어요. 그러니까 고치는 시간이 훨씬 더 걸려요. 이미 4세만 되도 한국어 인토네이션(intonation)이 다 고정되어 있어서, 한국어 억양에다가 애들이 다 그걸 하는 거예요. 그런데 똑같이 7세와 4세가 틀린 발음을 해도, 7세는 의식적으로 고치려고 하는 행동이 나타나는데, 4세들은 아직 그런 게 없어요. (…) 그러니까 외국인 강사들 얘기가 잘못된 발음을 고치는 게 제일 어렵더라. 그래서 잘못해서, 그렇게 고정이 되면 효과는커녕 오히려 역효과가 날 수가 있겠더라고요. (우남희)

외국어 습득은 모국어를 익힐 때 같은 결정적 시기는 없다는 것이다. 성인이 되어 외국어를 시작했더라도 훌륭하게 다른 외국어를 구사하는 예를 찾아보는 것은 그리 어려운 일이 아니다. 결국 "언제" 영어를 시작하는가의 문제보다는 "어떻게" 그리고 "왜"라는 방법과 동기가 영어를 배우는 데 결정적일 수 있다는 것이다.

영어교육산업, 정책 그리고 미디어

영어만이 아니라 교육게임 전반의 문제이지만 한국교육의 최대 병폐는 교육이 돈 벌기 쉬운 도구가 되었다는 사실이다. 하나의 산업이 되니까 없었던 소비욕구까지 인위적으로 창출되고 계속 상품 광고하듯 사람들의 욕구를 자극하고 강박관념을 조장하게 되었다.

영어라는 신종 경기가 초등학교 연령층에 도입되는 것을 계기로 어떻게 이러한 상품시장 원리가 한국사회에 확산되었는지, 본인이 학원강사를 오래했고, 이후 해외유학 등을 통해 한국 교육시장 문제를 비교문화적으로도 깊이 연구해온 김호운씨의 분석을 들어보자.

> 초등학생들의 학원 수강이 불법이었는데, 2000년에 자유가 된 거고. 이제 7차 교육과정에 〔초등〕영어가 도입이 되면서 영어가 아이들을 학습지에서 학원으로 끌어내는 중심적인 역할을 하거든요. 부모님들 만나서 얘기를 들어보면 초등학교 애들이 4, 5학년까지도 학원에 한달씩 다니고 이런 게 익숙하지 않았던 시절이 있었는데, 영어학원을 다니기 시작하면서, 그것에 애들의 생활이 적응이 된 거죠. 그러면서 몇구역 떨어져 있는 곳에 버스 타고 다니라 그래도 다니지요. 물론 버스가 와서 데리고 가기도 하지만. 초등 학습지가 3,4만원 하던 시절도 있었지만 요즘 공부방 개념이 되면서 7,8만원까지 오르는 것 같더라고요. 근데 학원, 즉 영어학원을 가면 서울·경기 지역 같으면 15만원, 20만원씩 하니까 아무래도 시장 규모가 커지는 거겠죠. (…) 고등학교 2,3학년만 되면 자기가 경희대를 갈지 연세대를 갈지 윤곽이 많이 잡혀져 있죠. 근데 초등학생 그러면 대부분이 서울대를 갈 수 있다고 꿈을 꿀 수도 있는 거고, 유학을 가겠다는 생각들도 한번쯤은 하는 그런 문화가 있는 거죠. 그래서 교육이란 걸 매개로 투기를 하는 부모 또는 학생들의 행동이 다양해진 게 아닌가 생각해요. (김호운)

초등교육에 영어가 도입되면서 대학입시를 목표로 하는 대입시장 규모는 이전과 비슷한 2조 정도인데 비해 영어란 새로운 상품에 자극받은 유아시장은 2조, 초등시장은 10조에 달하는 수준으로 폭발적으로 팽창했다고 한다. 김호운씨는 이런 상황에 대하여 대입시장이 (직접) 견인해서 생긴 변화라기보다는 이미 각각의 영역이 독자적인 자기 논리를 갖고 발전하기 시작했다고 분석한다. 이를테면 초등학교의 학습지업체나 학원들은 "대입정책이 어떻게 변해도 우리는 다 소화할 수 있고 대응할 수 있다!"라고 한다는 것이다. 이른바 '수능'이라는 공식적 한판 승부에서 멀리 떨어져 있는 어린이들도 학부모의 꿈(환상)을 적절히 자극하면 '묻지 마 투자' 식의 폭넓은 투기의 대상이 될 수 있다는 것이다.

일상생활에서 활용하지 않는 영어는 실제로 자기가 쓸 필요가 있고 자꾸 쓸 때 가장 효율적으로 익힐 수 있다는 '적기교육' 논의가 활발하다. 그러나 현실은 정반대로 더 낮은 연령의 아이들과 더 많은 사람들이 영어와 영어시험에 매달리고 있다. 영어교육을 통해 돈을 벌고자 하는 사람들이 그런 환상을 퍼뜨리는 것은 이해가 되지만, 교육인적자원부나 정치인들은 왜 자꾸 영어교육 시작 연령을 내리려고 할까?

'참교육학부모회' 회원인 이남수씨는 남편이 전교조 활동으로 해직당했을 때 생계를 위해 미술학원을 직접 경영한 적이 있어서 사교육시장의 논리도 이해하고 있었다.

> 저는 우리나라 교육은 이미 사교육시장에 점령당했다고 봐요. 교육부에 있는 사람들조차도 자유롭지 못하다고 생각하고요. 저는 사립학교는 물론 사교육 쪽에서 정치자금을 제공하는 일들도 많다고 추측합니다.
> 학교에서 영어교육을 언제 시작하는가도 심각한 문제지만 어떤 방식으로 시작하는가도 큰 문제라고 생각합니다. 오히려 학교가 사교육을 부추기는 현상이 발생하는 것이죠. 초등학교에서 배우는 영어 가지고 서술형 문제를 어떻게 풀겠습니까. 대부분의 아이들이 그 문제를 풀 수 있겠어요? 학원에 다녀서 연습을 많이 한 아이들을 위해서 그런 시험문제 내는 거라고밖에 생각할 수가 없어요. 한 지역에서 그런 문제를 내기 시작하면요, 이제 전국으로 퍼지는 거예요. 그래서 지금 초등학교 영어교육도 읽고 쓰기 식의 시험이 진행되고 있다는 거죠. (이남수)

한 나라의 교육정책을 사교육시장의 이해관계가 좌지우지하고 있다고 학부모들이 의심할 정도로 사교육과 학교교육, 그리고 교육정책이 밀접히 연계되어 있는 것이 현실이다. 연구를 통해 영어 조기교육의 폐해를 밝히고 있는 우남희 교수는 이러한 과정에 언론기관도 깊숙히 개입되어 있을 것이라고 증언한다.

지금 조선일보 같은 곳에 1억 가까이 되는 전면광고가 나오잖아요. 그러니까 매스컴들이 아주 나빠요. 전 기자들 오면 그래요. 신문에 그렇게 〔크게〕광고를 내고 나한테 와서 무슨 얘기를 하냐고. 그까짓〔영어 조기교육의 폐해〕 기사 요만한 것 나는 것이 무슨 소용이냐. 〔조기교육의 효과〕 전면광고 하면 엄마들 다 공포 분위기 조성하는 것 아니냐. 그러니까 이것을 보면 누구든지 걱정을 하는 거예요. (…) 너무나 약삭빠른 상술이 전부를 다 우롱하는 거죠. 뭐 어디서 '1등 했다' '원어민처럼 얘기한다'고 광고하는데. 정말 그 아이가 원어민처럼 얘기하는지 우리가 테스트해야 되고, 해봐서 '아니다'라고 해야 해요. 저희가 테스트하는 테이프를 직접 구입해서 해보면 정말 영어 몇년 했다는 아이들 한심하거든요. 그러니까 '말 못하는 사람'(none speaker) 이런 수준으로 다 나오는 거예요. 저 테스트를 영어유치원 다닌다는 아이들을 데려다 하면. 그런데 그렇게〔허위〕광고를 내니까 '와! 그러면 당장 일등하는가 보다' 하고 생각하게 되는 거예요. 그러니까 그런 과장광고 막아야 되고, 광고에 나오는 아이들 추적해서 그 아이들이 정말 제대로 평가되고 있는가, 그만큼의 효과가 있는가를 분석해야 해요. 그리고 해봤더니 별 효과가 없더라 하는 아이들 샘플을 구해서 홍보를 하는 공익광고를 만들어야 되는 거예요. (우남희)

결국 정책결정자들에게 우리는 지금 명백히 잘못된 길을 가고 있다는 것을 알려야 한다. 이를테면 영어교육 연령을 낮춘다든지, 초등학교 영어교육이 사실은 비상식적이고 여러 불필요한 일에 국가 예산을 낭비하고 있다는 것을 충분히 인식시킬 필요가 있다. 그러나 그러한 책무를 해야 할 언론들이 광고를 실어줄 뿐만 아니라 영어 조기교육 등 사교육시장에 앞다투어 진출하고 있으며, 각종 시험문제와 시험 결과를 매체에 대서특필하고 있다. 이를 견제하기 위해서, 먼저 공공영역에서의 의식전환과 아울러 학부모의 의식을 바꾸도록, 정부는 사교육시장이 주도하는 영어교육 상품, 특히 유아와 아동을 대상으로 하는 영어 조기교육 상품들에 대한 무책임한 허위과장광고를 규제하고, 공익광고를 통해서라도 영어 조기교육의 문제점과 폐해를 널리 알려야 한다.

특히 영어 조기교육은 영어가 모든 사회적 경쟁의 상징적 척도였던 시대를 살아온 부모 세대의 강박관념 때문에 단기간에 폭발적으로 확산된 면이 크다. 한국에서는 한문이 사람들의 계급과 서열을 결정해온 역사적 경험이 한국인의 인식 속에 스며들어 있어서에 교육의 한을 자식대에 풀어보려는 욕구가 매우 크다. 그래서 더 빨리, 더 큰 돈을 들여, 더 많이 시키면 되지 않을까 하는 경쟁적 사고가 쉽게 확산된다. 따라서 실제로 활용할 수 있는 외국어 습득을 위한 '영어교육'보다는 매 순간 서로의 경쟁적 위치를 확인하기 위한 도구로서 '영어'를 너무 일찍부터 오랫동안 비싸게 배우는 우를 범하고 있다. 결과적으로 한국에서 영어는 교육게임의 상징종목이 되어, 대다수에게 패배감, 열등감, 강박관념을 품게 하여 오히려 심리적으로 영어에 주눅들게 하고 있다.

3. 교육게임의 변화와 미래

교육게임시장, 그 규모와 비용

2003년도 교육부 통계, 뭐 믿을 순 없지만, 그 기준으로 하면 16조, 17조 규모의 교육시장 중에 대입시장이 2조고, 그다음에 유아시장이 2조, 그리고 초등이 거의 10조 되고요. 중등이 한 3조 됩니다. 다음으로 최근 쎄리(SERI, 삼성경제연구소)에서 나온 보고서 중에 '영어의 경제학' 해서 거기에서는 영어 쪽만 15조로 규정을 하는데, 물론 성인도 들어가겠지만 그렇게 빼보면 통상적으로 이제 교육산업계에서 웅진 같은 대기업이 얘기할 때는 2003년 정도 기준으로 하면 거의 35조 정도로 잡고 있거든요. 그러니까 교육부 통계보다 그런 [현장이] 체감하는 정도는 두배가 넘는 것 같아요. 그래서 보통 저도 교육개발원의 프로젝트나 이런 데, 몇번 관여를 하면서 들여다보면, 거의 이제까지 교육산업 했을 때는 주요한 이슈가 국가적으로는 대입시장에 촛점을 두고 얘기했고 2조밖에 안되는 대입시장에 매달려서 고민을 해오는 와중에, 초등이나 중등·유아 시장만 해도 최근 커온 시장이라고 하니까, 다른 영역들은 손을 대거나 통계를 확보할 여유도 없이 빠른 속도로 커온 것 같아요. (김호운)

교육개발원이 2003년에 조사한 '초중등학생의 과외(사교육)비'는 총 13조 6000억원으로 당시 GDP의 약 2.3퍼센트 규모로 추정되었다. 그나마 가장 공신력 있다는 이 수치는 불변가격 기준으로 2001년보다 23.6퍼센트 증가한 것이다.[12] 그렇게 막대한 규모의 추정치조차도 교육산업계의 상식에서 보면 절반도 안되는, 비현실적으로 낮은 수치라고 한다. 더욱이 이러한 사교육(과외)비는 교육게임을 위해 지불하는 직접 투자의

한 형태에 지나지 않는다는 사실을 고려하면 한국의 교육게임 시장의 전체 규모는 가늠하기 어려울 정도이다.

삼성증권은 실제로 학부모들이 부담하는 각종 교육비를 자녀의 성장 과정에 따라 합산하는 방식으로 자녀당 총 교육비용을 추정했다. 이 조사에서 드러난 교육비용의 포괄적 규모와 대략의 계급별 편차는 현재 학부모들이 지불하고 있거나(지불하리라고 여기는) 교육비가 앞으로 이들의 생애주기에 어떤 영향을 미칠지 암시하고 있다.

자녀 교육비에 잃어버린 '노후'

자녀를 대학교육까지 시키려면 한 사람당 현재 기준으로 최소한 7400만원에서 많게는 1억 5300만원까지 든다는 분석이 나왔다. 삼성증권이 16일 내놓은 '16년간의 끊임없는 도전기'라는 보고서에서 우리나라 가계의 자녀 한명당 교육비가 '보통 정도 지출'할 때는 7400만원, '약간 많이 지출'할 때는 1억 500만원, '다소 많이 지출'할 때는 1억 5300만원이 드는 것으로 추정됐다고 밝혔다. 이는 미취학아동에 대한 교육비나 유학·해외연수비 등을 제외한 것인 데다 대학교의 경우 기본적인 등록금만 계산한 것이어서 실제 교육비용은 훨씬 더 클 것으로 추정된다.

사교육비를 '보통' 정도로 지출하는 가구의 초등학생 사교육비는 지난해 도시근로자 가계의 평균 보충수업비 지출액인 월 15만원을 적용했다. '약간 많이' 지출하는 가구의 초등학생 사교육비는 월 33만원으로 계산했다. 이는 교육인적자원부가 올해 국회 교육위원회에 제출한 자료 가운데 서울 비(非)강남권 가계의 월 소득이 200~300만원인 가구의 사교육비 지출액이다.

서울신문 2007년 10월 17일자

이러한 교육비 추정치를 조사한 삼성증권측은 "사교육비가 고등학생

때 집중적으로 들기보다는 초등학생 때부터 전체 소득 중 상당한 금액을 차지하기 시작해서 고등학교 졸업 때까지 점차 늘고 있다"고 지적하며 부모들에게 '적립식펀드저축'을 권하였다. 이에 AIG보험측은 '변액유니버설보험'이 세금 면에서 더 유리하다는 방식으로 선전하고 있다. 학부모들이 교육게임을 위해 지출하는 상상 초월의 비용을 알려주고 이를 마련하기 위해서는 저축하고 금융상품을 사야 한다는 논리다. 이는 교육게임 시장을 둘러싼 다양한 이해집단의 존재와 규모를 보여주는 것이다.

그러나 이 결과는 동시에 다른 차원의 변화의 조짐을 알려주고 있다. 즉 급격히 노령화사회로 접어드는 상황에서 개별 가정의 학부모들이 이런 어마어마한 교육비를 투자할 여력이 없어질 것임을 여실히 보여주는 것이다. 자녀교육에 대한 현재의 비합리적 과잉투자가 지속되기 어렵다는 사실 자체가 한국 교육게임의 미래를 결정하는 중요한 변수라 할 수 있다.

게임규칙 변화와 대응전략: 국내경기에서 국제경기로

한국에서 교육문제가 두드러질 때면 거의 모든 정권이 과열을 막는다는 명분으로 게임의 규칙을 바꾸었다. 실제로 누구나 가장 쉽게 듣는 말이, "내가 교육부장관이 되면 입시제도를 이렇게 고치겠다"는 주장이다. 게임 자체보다는 게임의 규칙을 고치고 관리하는 일이 바로 한국 교육정책의 역사이기도 하다. 시험제도의 명칭으로 한국교육의 시대가 구분되고 세대의 이름이 된다. '예비고사 세대'에서 '수능 세대'를 거쳐 '논술 세대'로 변화하는 식이다.

IMF 이후 이른바 진보적 정권이라는 '국민의 정부'나 '참여정부' 역시 여러차례 대학입시 정책을 바꾸는 것을 교육개혁의 출발점으로 삼았다. 그러나 어떠한 경기규칙 변화도 게임의 열기를 식히지는 못했다. 오히려 게임 참여자들의 기발한 대응전략으로 게임의 전선이 국제적으로 확대되거나 경쟁 연령층을 낮추는 결과를 불러왔다. 정부가 주도한 게임규칙 변화의 가장 뚜렷한 적대적 대상이던 사설학원의 운영자이자, 새로운 대응전략을 통해 도리어 비약적으로 번창한 채광석씨의 상황분석을 들어보자.

> 1998년도 이후부터 최근에 이르기까지, 2002년 이해찬 교육부장관 취임 후 입시제도가 바뀐 이후, 이 전후부터 외부환경이 많이 바뀌었어요. 우리나라 교육 싸이클이 바뀐 거죠. 예전이나 지금이나 교육의 핵심이 입시인 건 같은데 입시의 트렌드가 바뀐 것 같아요. 그 변화의 조짐이 보였던 때가 2002년도이고요. 그때부터는 외고 같은 학교들이 활성화되기 시작하고 학생들이 외고, 특목고 쪽으로 조금씩 진출을 했죠. 이해찬 시기만 하더라도 특목고가 입시기관으로 변질되는 것을 막기 위해 비교내신제를 폐지하자 과고·외고생들이 자퇴를 많이 해서 문제가 됐었어요. 그때부터 서울대 쪽으로 특목고생들이 많이 못 가니까 그들이 나름대로 개척을 했던 분야가 국내가 아닌 국외였죠. 그래서 아이비리그 쪽으로 진출하려는 시도들이 있었죠. 실제 성과가 있었고요. 이러한 경향이 2003년부터 조금씩 징후가 보였고, 그 선두에 있던 학교가 대원외고와 민족사관고등학교입니다. 서울대에 가려면 예전에는 과고, 외고가면 안된다고 했는데, 이제 상위권 학부모들의 관심 속에서 국제유학이라고 하는 코스로 급격하게 대체되는 경향을 보였죠. 2002년에는 미미했었는데 해가 갈수록 폭넓어지면서 특목고가 확 부활했어요. (채광석)

특목고가 서울대를 많이 갈 수 있게 해서 부활한 것이 아니라, 서울대를 못 가기 때문에 아이비리그로 진출하는 성공사례가 나오기 시작하면서, 서울대를 대체할 수 있는 새로운 코스가 사교육시장에서 교육상품 혹은 교육 트렌드로 확대되었다는 것이다. 이것이 사교육시장의 논리에 의해서 왜곡되고 비약되는 한편, 잘 준비한 이들이 성공하면서 갑자기 외고 열풍이 일어나는 기폭제가 되었다고 한다.

> 우수한 학생들이 예전에는 서울대를 꼭짓점으로 해서 몰렸는데 자꾸 빠져나가자, 이 학생들을 다시 끌어들이기 위한 고민을 구체적인 입시정책으로 만들어서 적용한 것이 '수시'[입학]입니다. 서울대, 연대, 고대 같은 대학들이 외국으로 빠져나가는 학생들에 대해 위기의식을 느끼면서, 사립대들은 발 빠르게 움직이지만 서울대는 흡수를 못하니까, 아이비리그로 나가기에는 제한적인 광범위한 서울대 자본들을 연·고대에서 홀딩(holding)하는 전략으로 '수시'를 내건 거죠. 그로 인해 외고, 과고 다니면 기본적으로 국내에 있는 대학들은 쉽게 진출할 수 있다는 기대심리가 폭발한 거죠. (채광석)

명문대에서 우수한 외국어고등학교 학생들을 선점하기 위한 전형으로 '글로벌 전형'이라는 것이 생겼다. 외국어고 학생들은 내신이 불리해서 서울에 있는 대학도 못 들어가는 상황이 발생할 수도 있기 때문에, 연세대와 고려대에서 특목고 학생들에게 유리한 길을 처음에는 조금 터줬다고 한다. 그런데 다음 서열의 대학들도 다투어 유사한 방식을 도입해서 한번 터준 길을 점점 넓히는 방식으로 특목고 학생들 뽑기 경쟁에 돌입했다. 이른바 일류대학이 실제로 어떤 게임전략을 구사하고 있는지 알아보자.

> 올해 연세대에서 글로벌 전형으로 뽑는 인원이 총 192명이에요. 연대가 전체 정원을 3500명 정도 뽑는데 200명이면 굉장히 높은 비율이죠. 그리고 1학기 때 80명까지 합하면 전체 입학생 중 300명 정도의 외국어고 학생들을 뽑기

위한 입시정책을 만든 것이죠. 2학기만 예를 들면 고등학교 재학 기간 영어 교과의 55단위 이상을 이수한 학생이 지원 자격 1번, 토플 성적이 있는 학생이 2번, 미리 대학의 학점을 이수한(AP) 학생이 3번인데, 영어 교과 55단위를 일반 인문계 고등학교에서는 이수할 수가 없어요. 그러니까 일단 인문계 고등학교 학생들은 배제 되는 것이죠. 그다음에 인문계가 내신 따라가기도 바빠 죽겠는데 토플을 언제 준비합니까? 그러니까 이것도 안되죠. 그리고 국내 대학도 못 들어가서 죽겠는데 무슨 AP를 합니까. 안되죠. 그러니까 외국어고 학생들만 지원을 하는 것이죠. (…) 그들만의 리그인 셈이죠. 올해와 작년, 재작년 특수목적고에 다니는 학생들의 서울대, 연·고대 진학률의 통계수치가 압도적이고요. 이런 분위기가 최근 5년 동안, 2002년 이후부터 현재까지 사교육, 공교육을 막론하고 교육계에 전반적으로 미친 영향은 명문대를 가기 위해서는 반드시 특목고를 가야 하고, 특목고를 가기 위해서는 조기에 준비를 해야 한다는 겁니다. 예전에는 대학입시만 중요했다면 이제는 좋은 대학을 가기 위해서는 거기에 맞는 좋은 고등학교, 즉 특목고를 가야 한다는 등식이 성립하죠. 예전엔 고3이 돼야 입시 스트레스가 있었지만 이제는 각 학년별로 고등, 중등 그리고 초등과정까지 순간적으로 폭발한 것이고요. 사교육에 의존하려는 학생과 학부모 수요가 굉장히 증가된 거죠. (…) 민족사관고등학교도 150명을 선발하는데 저희〔학원〕들이 42명을 합격시켰어요. 4분의 1을 합격시킨 것이죠. 그런데 그 과정의 가장 핵심이 뭐냐면 영어예요. 영어 인터뷰, 영어 에쎄이, 영어 논술이죠. (채광석)

국내 대학의 서열게임에서 성공하기 위해서도, 특별한 고등학교에 가기 위해서도 '영어'가 필요한 세상이 된 것이다. 다른 한편으로, 한국사회의 신흥 귀족들은 외국어고나 민사고 또는 조기유학을 통해서 국내대학보다 외국대학으로 많이 나가게 되었다. 그렇다고 국내 입시교육 속에서 대학입시 준비에 바쁘고, 취업 준비에 바쁘고, 토플 준비에 바쁜 학생들이 그들에 비해 더 나은 기품, 철학, 품성을 갖추기를 기대하기도 어렵다고 한다. 국제화된 교육게임의 승자로 여겨지는 외국 명문대학에 진학한 아이들의 특성에 대하여 이런 교육게임 운영에서 가장 성공한 감독 중 한명이라고 할 수 있는 채광석씨는 다음과 같이 직관적이고 시사적인 평가를 내린다.

> 중요한 것은 학원을 거쳐갔던 애들이 굉장히 많이 유학을 가 있는데 가끔씩 놀러 오면 참 많이 놀라요. 관념, 생각, 가치관이 물론 저희 세대와도 차이가 많이 나지만 한국의 문화 속에서 성장해가는 학생들과도 굉장히 다른 것 같다는 것을 느껴요. 달라지는 모습이 좋은 모습들은 아니에요. 그들이 가지고 있는 미래에 대한 설계, 구상 속에서 소위 우리 세대가 가지고 있었던 평등, 배려, 존중, 이타심 등은 찾기 어려워요. 반면에 경쟁에서 최고가 되고 싶어 하는 최고지상주의와 자기 긍지, 프라이드가 있죠. 오로지 자기 긍지와 프라이드, 그리고 최고라고 하는 이 세가지를 세계 속에서 구현하고 싶다고 생각해요. 그래서 우리가 생각하는 글로벌과 이 애들이 생각하는 글로벌이 어마어마하게 차이가 나더라고요. 자칫하면 나중에 우리나라 전체를 가지고 펀드를 하겠더라고요. (채광석)

최근에는 영어란 상징종목으로 경쟁이 수렴되면서 국사나 국어도 영어로 수업할 수 있어야 한다거나, 이런 논리에 함몰된 정부가 앞장서서 '영어를 잘하면 군대를 안 간다'는 정책까지 거론하기도 한다.[13] 즉 어려서부터 외국생활을 경험하고, 조기유학과 연수로 다져진 유창한 영어를 하는 '있는 집' 아이들이 군대를 면제받아 소외지역이나 벽지의 '없는 집' 아이들에게 영어를 가르치는 것이 합리적이라는 것이다.

목표의 변화: 학벌에서 직업으로, 명예에서 돈으로

고3 교실의 튀는 급훈 논란

'네 성적에 잠이 오냐?' '쟤 깨워라' '재수는 없다' '대학 가서 미팅할래, 공장 가서 미싱할래?' '30분 더 공부하면 남편 직업이 (마누라 몸매가) 달라진다' (…) 최근 들어 대학입시에 찌든 학생들의 마음을 드러내는 파격적인 급훈들이 등장하고 있다. '칠판은 섹시한 남자다' '포기란 배추를 셀 때나 하는 말이다' '오늘 흘린 침은 내일 흘릴 눈물' 등은 애교로 봐줄 만한 급훈. '끝없는 연습만이 살길이다. 10시간: 서울대, 8시간: 연대, 7시간: 이대'라는 급훈처럼 대학서열화를 암시하는 것도 있다.

교육부는 17일 특정계층을 비하하는 내용 등을 담고 있는 급훈은 비교육적이라며 전국 시도교육청에서 장학지도를 통해 이러한 급훈들은 해당 학교장들이 재검토할 수 있도록 당부했다고 밝혔다.

서울신문 2006년 3월 18일자

교육부는 이러한 독특한 급훈에 담긴, 경쟁적 게임의 목표 달성을 독려하는 문구 자체가 "교육적 의의가 전혀 없다고 볼 수 없지만" 특정 직업이나 노동을 천대하는 표현 등은 "반사회적"이고 학생들에게 그릇된 가치관을 심어줄 수 있다고 하였다. 교육부의 그런 문제의식 자체가 바로 우리사회의 교육게임에 대한 통념을 드러내 보이고 있다.

> 교육이라고 하는 것에 대해 우리사회가 가지고 있는 통념, 즉 교육은 신성한 것이고 경제 외적인 개념이고 인성, 덕성, 품성이라는 전인격적 함양의 장(場)이라는 얘기를 하면서도 하나하나 보면 다 기득권과 연관이 되어 있지 않습니까? (채광석)

그에 비해 문제의 급훈들은 교육게임의 본질과 그 통속적 목표를 직관적으로 간파하고 있다. 그러나 이런 급훈들이 바로 고3 담임교사들이라는 기성세대가 정한 것이라는 점에서, 이들 학생들이 살아갈 미래보다는 오히려 그들 교사 세대(한두 세대 이전)의 낡은 현실감각과 환상을 그대로 반영한다.

싸이버 세대인 학생들의 교육게임 목표는 큰 폭으로 변화하기 시작했다. IMF의 충격과 사회적 학습효과의 여파로 '학벌보다는 직업' '명예보다는 돈'으로 교육게임을 통해 추구하는 목표가 뚜렷하게 움직이고 있다.

어떤 면에서는 IMF가 서울대 나온 것만으로 인정받을 수 있다는 기대를 무너뜨리는 데 지대한 역할을 한 거죠. 학벌이 중요한 것이 아니라 계층이나 집단이 동시에 잘려나갈 수 있다는 것을 밑의 아이들이 본 거죠. 서울대, 연대, 고대 출신들이 선별을 통해 퇴직되는 것이 아니라 세대, 나이, 직군 등에 의해 무차별적으로 정리되는 것을 보고 '학교가 중요한 것이 아니라 직업이 중요한 것이구나'라는 것을 아이들이 느꼈는데요. 제 해석으로는 그때 그 느낌이 아이들에게 빠르게 전파될 수 있는 미디어가 있었다는 겁니다. (정승진)

'서울공대 가지?' 그랬더니 딸이 '아빠 왜 거기를 가라고 그래요. 난 의사가 될 거예요.' 이제 서울대 환상은 이미 해체가 됐어요. 그게 뭐냐 하면 의사가 되는 과정을 밟지 않아야 할 애들이 무차별로, 성적 좋은 애들 순으로 가니까요. 공과대학 가서 잘할 놈들이 거꾸로 '그 성적이면 의과대학 가야 된다' 그게 함정이에요. 그리고 선생들도 '야, 네 성적에 의과대학 안 가면 뭐하냐?'라고 부추기니까요. 또 아이들이 아무것도 모르는 상황에서 천박한 정보들은 무지하게 많으니까요. 한번 〔인터넷〕 들어가보세요. '몇점이면 어느 대학 갑니다' '아이고, 서울공대 가다니 미쳤습니까?' 이런 얘기들이 뜬다고요. 서울 공대 가는 것이 걔들 말로 '개쪽'이죠. '이 점수 가지고 아빠가 서울공대 가라고 해서 가려고 하는데요?' 물어보면 '그건 아빠 얘기죠' 해요. 자기들끼리 그런 문화가 형성되는 거예요. 그러니까 하고 싶은 공부가 무엇이고, 할일이 무엇인가가 아니라 '그 점수로는 거기 가야죠'가 판치는 세상이 되어버렸다는 말이죠. 이것 이상 천박한 세상이 없거든요. (…) 왜 그럴까 생각해보면 '천박한 정보의 과잉' 때문이에요. 이러한 정보들 때문에 사리판단 하기가 어렵고 분별력 없는 순진한 아이들이 오염되어서 거기에 동참을 못하면 밀리고 무너지는 것처럼 착각을 하게 만들어버린 거죠. (…) 아이들 입장에서 볼 때는 의사결정 과정이 일종의 공포예요. 최악의 상황을 가정하고 자기 자신을 투영해요. (정승진)

인터뷰에 참여한 한 의대 교수는 오히려 공부 잘하는 학생들의 의대 집중이 심각한 문제라고 밝혔다. 의학은 성적이 우수한 사람들만의 학문이 아니라는 것이다. 일부 연구 분야에는 그런 사람이 필요하기는 하지만, 의학에는 써비스 정신이 있고 타인을 배려할 줄 아는 정서적 감응능력이 훨씬 중요하다고 한다. 하지만 대한민국의 학생들은 자신의 시험점수로 나타난 능력을 내보이기 위해 줄 선 듯이 전국의 어떤 의대든지 입학한다는 것이다. 점수에 따라 능력을 확인받는 것이 입시이고 이런 입시를 통해 자신의 위치를 확인받는 곳이 의대가 된 것이다. 똑같은 논리로 의과대학에 가서도 점수 높은 아이들은 제일 들어가기 어렵다는 전공을 지원한다. 자기 학점이 좋고, 졸업 당시 안과가 제일 점수가 높으면 안과를 갈 수밖에 없다는 것이다. 오늘날 대한민국 의학의 전공분야는 다른 어떤 기준보다도 편하게 돈 벌 수 있는 순서로 서열화되고 있다고 한다.

이것이 보편적으로 존재하는 교육의 문제예요. 의과대학을 가야지 부모, 학생이 만족을 하고, 이과계열에서 성적 좋으면 의대를 가고 문과에서 성적 좋으면 법대, 상대를 가야 되는 거죠. 문사철이 무너지고 자연과학이 전부 무너지고 있어요. 심각한 현상이죠. (…) 우리는 아니라는 것을 직감적으로 느끼거든요. 이 세상이 그렇게 되면 안된다고 느끼죠. 왜 그렇게 생각하느냐면 딱 하나예요. 경희대 한의대에 아이들이 많이 가요. 제가 한의사를 폄하하는 것은 아니지만, 대한민국의 우수한 두뇌들이 모두 한의대에 갔다고 생각을 해 봐요. 이공계 쪽에 의식이 있고 수리에 밝고 논리적인 아이들이 있어요. 이 아이들이 집단으로 이 사회에 기여할 수 있는 것이 틀림없이 있는데 한순간 모두 한의사가 되는 거예요. 공부 잘하고 논리적으로 뛰어난 아이들 순으로 다 의사가 되고 그다음 못하는 애들이 공대에 가요. 중국은 요즘에도 공부 못하는 아이들이 한의사 되고 뛰어난 애들이 물리학과 가고 우주공학을 해요. 그러면 20,30년 지나서 그 사회를 이끌어나갈 이공계 쪽의 우수한 인재들을 비교해보면 한국의 뛰어난 아이들은 침놓고 앉아 있고, 중국의 뛰어난 아이들은 우주선 쏘는 일들이 벌어지는 거죠. 이런 일들이 현실로 벌어지면 어떻게 제어를 합니까? (정승진)

언뜻 실용적으로 보이는 상업주의적 가치관이 지배하는 세상이 된 것이다. 이 시대에 선수들을 움직이는 것은 더이상 교사도, 때로는 부모도 아닐 수 있다. 이미 자신들의 싸이버 공간을 통해 지식과 정보를 더 빠르고 더 깊게 교류하기 시작한 것이다. 그러나 그 미디어의 검증되지 않은 정보의 홍수 속에서는 중요한 가치관을 알아보고 이해할 만한 지적 역량이 있는 사람들조차도 떠밀려버리기 쉽다. 지배적 상업문화는 그 상황을 조작하기 십상이다. 교육게임의 경우 입시학원을 중심으로 철학적이고 윤리적인 갈등 없이 점수만으로 학교서열과 전공별 순위를 결정해버리는 경우도 흔하다. 천민자본주의의 천박한 가치관과 상업주의적 수요·공급의 논리가 교육 전반에 급속히 확산된다. 그러다보니 의사결정을 해야 하는 어린이들, 특히 똑똑한 아이들일수록 정보 접근 능력이 뛰어나서, 그 시기에 범람하는 가치관과 논리만이 그들의 진로 선택에 커다란 영향을 미치는 악순환이 되풀이된다.

〔이런 상황에서는〕 앞으로 교수가 돼도 옛날처럼 대충하지 못하고, 공무원도 오래하기 힘들고, 약사는 넘쳐서 약방 경쟁도 엄청난 세상으로 가지만 어떤 면에서는 이런 것〔세상 변화〕에 대해서 내다볼 여유조차도 없어요. 다른 사람들이 모두 확실하게 거는 것에 나도 그렇게 해야 안심을 하는 거죠. (정진웅)

이런 상황에서도 교육게임을 통해 사회적 위치를 확보한 기성세대의 엘리트들은 허울뿐인 교육의 성스러운 권위를 내세우며 버전을 바꾸어가면서 게임의 활성화를 끊임없이 모색하고 있다. 흔히 사교육을 교육게임의 원흉처럼 비난하지만, 명문대와 특정 고등학교가 교육게임의 기득권 집단이다. 채광석씨는 아이들을 위해 그런 기득권 집단들부터 사회적 양심을 회복할 것을 촉구했다.

우리의 우수한 아이들을 볼모로 해서 사회의 기득권을 고착화시키고자 하는 힘들, 그런 것은 일부 명문대학에도 있고 특정 고등학교에도 있는 것 같아요. 그러한 대학과 명문고에서 자신의 기득권을 왜 버려야 되는가에 대해 단순히 기득권과 생존의 논리로 접근하지 말고, 최고의 대학인 만큼 조금만 버려둔다고 한다면 교육개혁은 좀더 쉽게 갈 수 있다고 봐요. 우리가 말하는 교육개혁이라는 것이 좀더 합리적이고 서로간에 인정되면서 소통될 수 있는 사회이잖아요. 어떤 대학을 다니고 무슨 일을 하든지 소통되고 대화가 가능한 교육 패러다임을 구축하려면 최소한의 합의의 틀이 필요한데요. 그 출발점은 제가 봤을 때 이런 거예요. (…) 학생들도 매년마다 재생산되고요. 그런데 학생으로서 학교는 인생의 딱 한번이거든요. 그 한번의 기회를 통해서 얻게 되는 것을 평생 가지고 가게 되는 중요한 기로에 서게 되는데, 대학은 매년 그 기로들을 가지고 사회에서 군림하는 세력들이거든요. 정당, 정권, 언론 같은 것들보다 더 중요한 마피아적 특성을 갖는 것이 교육이라는 울타리의 정점에 서 있는 그런 기득권 세력들 같아요. 그걸 완화할 필요가 있죠. 스스로 양심에 걸고 내부적으로 합의들을 이끌어내는 틀이 우선시된다고 한다면, 예를 들어 서울대 교수들 몇몇이 '아, 그러면 이렇게 하겠다'는 식으로 몇개의 조치만 하더라도 사회적 영향이라는 것은 굉장히 클 것 같거든요. 그런데 그것 자체가 안되고 있으니까 아쉬움이 많죠. (채광석)

채광석씨는 지금까지의 과정을 볼 때, 그러한 기득권 집단의 자정 노력 가능성은 거의 없다고 본다. 차라리 "마침 우리사회가 고령화사회로 접어들고, 가면 갈수록 취학아동들이 줄어들고 있기 때문에 공교육이 됐든 사교육이 됐든, 앞으로 15년 뒤면 자연스럽게 정리될 수도 있다"고 인구변화에 기대를 걸기도 한다. 대학이 됐든 고등학교가 됐든 학원이 됐든 미래의 한국사회에서는 지금과는 다른 양상으로 교육게임을 진행할 수밖에 없다는 것이다. 이러한 교육게임의 시대적 변화를 이해하기 위해서는 우선 국가적 교육게임의 이념적 토대인 '능력주의'의 성격을 문화적으로 규명할 필요가 있다.

게임 이데올로기: 능력주의를 넘어서
계급사회에서 상하서열을 정하고 서로의 불평등한 위치를 받아들이

게 하는 방식은 다양하다. 대부분의 봉건사회에서는 가족관계에 따라 사회적 신분을 세습했지만, 인도의 카스트제도처럼 자신이 태어날 때 속한 집단의 직업에 따라 사회적 신분서열이 종교적으로 정해지기도 하고, 고대중국의 과거제도처럼 시험을 통해 관료계급을 충원하기도 했다. 한국의 경우, 고려를 거쳐 조선시대에 정착된 과거제도의 경험은 시험을 통한 경쟁과 출세의 도식을 쉽게 받아들이게 했다. 이는 중국뿐 아니라 대만, 홍콩, 싱가포르 등 중국문화권 국가들이 모두 시험을 통해 사회적 서열을 결정하는 교육게임의 열기에 휩싸이게 된 역사적 배경과도 유사하다.

과거제도는 신분제사회에서 시험을 통해 능력이 평가된 사람을 뽑는 관료충원 제도이다. 한날한시에 가능한 한 객관적으로 공평한 조건에서 일정한 텍스트를 바탕으로 능력을 평가한다. 최대한 공평하게 시행된다 치더라도 한 인간의 종합적 능력을 평가하기는 힘든 관문이었지만, 신분제사회의 속성상 시험 결과는 신비화되었다. 한번 정해진 결과에 따라 신분제는 재생산되었고, 이 위계서열은 사회적 성취와 능력을 기준으로 한 평가로써 형성된 것으로 사회구성원들은 받아들이게 되었다.

이러한 신분 재생산 구조는 인구집단의 대다수가 지배적 가치관을 상당부분 내면화해야만 무리 없이 기능할 수 있다. 주어진 관료체제 안에서 지위획득을 추구하는 지식인들은 당연히 체제유지를 지향했다. 상대적으로 고착된 인구집단과 문화범주 안에서의 경쟁을 지상과제로 삼는 지식 엘리뜨 집단의 보수성은 그 사회를 정체시켰다. 더욱이 지배체제가 규정한 일정한 범위의 경전만을 텍스트로 정했기 때문에 전문성에 바탕을 둔 사회적 분업의 필요성은 경시되었다.[14]

이러한 과거제도의 문화적 전통 위에서 요즘 동아시아에서 번성하는 교육게임의 보다 직접적인 모델은 근대 일본사회가 구축한 학력시험을 통한 서열 결정 방식이다. 그 이념적 토대가 된 '능력주의'(meritocracy)

는 다음과 같이 정의된다.

> 평등한 교육기회를 제공하고, 그것을 솔직하게 경쟁적으로 만든 다음, 키워진 능력이나 특기의 순위를 이용해서 그 사회의 여러 층위의 일에 개인을 서열적으로 배치하는 사회체제.[15]

일본의 교육제도를 연구한 로렌(Thomas Rohlen)은 위와 같은 능력주의의 이상에 가장 접근한 사회로 현대 일본을 꼽았다. 일본은 메이지시대부터 구축한 근대적 국민교육제도를 통해 능력주의적 질서의 토대를 마련했다. 여러 근대사회에서 교육과 시험을 사회적 계층의 서열을 결정하는 도구로 이용했지만 일본은 당시의 미국이나 유럽보다 더 급진적인 능력주의를 채택했다. 표준적 국민교육 프로그램의 보급은 평등한 기회의 바탕이 되었다. 그 위에 중등교육과 고등교육의 문턱에서 입학시험을 통해 관료나 기술인력 후보군을 선발했다. 열쇠는 입학시험의 공정성이었고 그 결과 사무라이 집안 출신이 아니어도 관료나 엘리뜨 군인이 될 수 있었다.

이 제도의 패러독스는 대단히 인위적이고 부분적인 능력 테스트(시험)를 통해 차별적 집단(학벌)을 만들고 모든 사회구성원이 이를 받아들이도록 한 것이다.

부모의 재산이나 지위가 아니라 각자 시험을 통해 객관적으로 증명된 능력에 따라 사회적 위계를 정하는 것은 상대적으로 더 합리적인 듯하지만, 그 결과가 차별적이기는 마찬가지이다. 오히려 일본의 시험제도를 바탕으로 한 능력주의는 관료적 상하위계구조를 정당화하는 강력한 기제가 되었다. 즉 공과 사, 중앙과 지방, 대기업과 소기업, 고시나 공시, 학벌에 따른 차별적 지위 등 봉건적 신분제와 유사한 넘기 힘든 벽들을 만들었다. 개인들이 그러한 차별적 위계구도 안에서 자신의 위치와 역할을 받아들이도록 사회화시킨 것이다. 그 결과 대다수 일본인들은 "지위의 층위가 첩첩이 얇게 쌓여 있는 미세하게 분화된"[16] 차별적 계급사회에서 늘 자신의 상대적 위치를 확인하며 조심스레 살게 되었다고 한다.

한국의 교육게임은 일제시대에 형성된 능력주의 원리를 바탕으로 하고 있어서 그 전개 양상은 비슷한 점이 많다. 그러나 게임에 대한 국민적 참여도와 열기는 월드컵 당시의 한일간의 차이만큼이나 크다. 국가적 규모의 표준시험의 결과를 중시하는 풍토는 거의 신분제적 성격을 띤 학력차별 또는 학벌차별로 이어진다. 대학에 합격한 사람과 못한 사람, 전국적으로 서열화된 대학들 중 어느 대학에 들어간 사람이었는가가 이후 사회활동에서 중요한 지표가 된다. 많은 경우에 대학에서 어떤 훈련을 받았는가, 심지어는 졸업 여부까지도 그 사람의 능력을 평가하는 데 그리 중요한 기준이 되지 않는다. 즉 입학이 가장 중요한 구별짓기의 척도가 되는 것이다. 시험성적순으로 확정된 학교의 등급은 국내에서는 국공립대학과 사립대학, 서울과 지방 등의 차별축을 따라 정교하게 차등화되고, 중심과 주변의 논리는 확산되어 해외로까지 연결된다. 국내파에 비하여 해외유학파는 명백하게 더욱더 문명의 중심에 가까운 존재로 인식되고, 유학지의 국가 위상과 그곳에서의 대학 지명도에 따라 다시 차등화된다.

제한된 지적 능력을 평가하는 시험을 통한 경쟁과 그 결과로 사회적 공신력을 획득한 차별적 상하위계구도는 우리사회 각 부문에서 신분제적 질서를 재생산한다. 이는 지식층과 일반, 그리고 지식층 내부에서도 여러 겹의 차별성과 배타성을 바탕으로 한 인간관계와 행위규범을 낳는다. 대졸자와 고졸자는 처음부터 끝까지 다른 길을 가게 되고, 고시합격자와 내부승진자 사이에는 넘을 수 없는 벽이 존재한다. 자신이 속한 조직체 안에서 서울대와 육사 출신이 보장받고 있는 앞날은 단순한 능력 차이만으로는 설명하기 어려운 신분제적 특권의 성격을 띤다. 그러한 인위적 차별을 일상적으로 경험하고 있는 다수가 다시 자식들을 시험경쟁에 매달리게 함으로써 지식경쟁을 통한 사회적 차별구조는 더욱 공고하게 확대 재생산된다.

제도적으로 규정된 지식경쟁을 통해 선발된 지식층은 사회와 자신이 속한 집단에 대한 귀족주의적 사명감과 책임감을 느끼기도 한다. 다른 구성원들에 대한 이들 집단의 우월감과 책임의식은 현재 자신의 실력과 전문성에서 우러나온 것은 아니다. 과거 제한된 지적 능력 평가에서 우위를 차지했다는 기억과 그 결과 누려온 특권적 기대감에서 나왔을 확률이 높다. 이때 자기방어를 위해 가장 흔히 동원되는 기제는 차별적 고정관념을 통해 자신의 위치와 영역에 다른 사람들이 접근하지 못하게 하는 배타성이다. 현재 자신이 수행하는 사회적 기능을 신비화하는 일도 포함된다. 여러 분야의 지식생산 작업에서 지식의 하청구조가 개발되어 실질 작업이 이루어지는 곳과 그 과실을 모으는 곳이 이원화되기도 한다. 예를 들어 텔레비전 방송사의 언론고시 출신의 PD는 자신의 전문성과는 관계없이 거의 모든 분야에 대한 작품을 만들고 있고, 또 만들 수 있다고 생각한다. 고시 출신의 관료는 모든 부서의 어떤 전문적인 일감도 단기간 내에 파악하고 잘 집행할 수 있다고 믿는 순환보직제도도 이와 유사하다. 이러한 학벌에 따른 신분제적 차별 구조는 최근 시장논리를 토대로 한 실력주의의 대두로 많이 달라졌지만 그러한 변화가 아직 교육게임의 참여자인 부모, 교사, 학생들에게까지 제대로 인식되지 않고 있다.[17]

능력주의 경쟁원리의 위협요소는 역시 돈이었다. 사교육의 지원으로 능력을 돈으로 살 수 있다는 믿음이 확산되면서 공교육제도에 대한 불신이 커지고 공평한 경쟁이라는 사회정의에 대한 신뢰가 위협받게 되었다.

오늘날 한국사회에서 교육게임의 부작용이나 피해에 대한 사회적 발언은 무성하지만 아직 능력주의 원리 자체에 대한 비판적 인식은 희박하다. 예를 들어, 노무현정부가 사교육 대응정책을 수립할 때 부모들의 비용부담과 그에 따른 계급재생산의 가능성을 경계하는 의식은 있었으나 능력주의적 경쟁원리 자체에 대한 비판의식은 희박했다. 그 결과 진보를 표방하는 정권조차 교육게임을 바탕으로 한 차별적 사회구조를 고치려 하기보다는 EBS 학습프로그램을 통해 학원식 강의를 공급하고 저소득층과 소외지역에 사실상 공공학원을 확대하는 일에 주력하였다. 다시 말해서, 경제적 계급의식 측면에서는 평등을 추구하는 듯해도 능력주의에 바탕을 둔 차별적 사회구조를 정당화하는 '공평한 경쟁'이란 문화논리를 오히려 강화하고 확산시켰다.

인간의 소질과 능력은 다양하다. 그중 특정한 능력을 택하여 집중적으로 훈련하고 평가해서, 그 결과에 따라 평생 차별적 서열구조 속에서 살도록 하는 '능력주의'는 사실 계급사회를 재생산하는 문화적 장치일 뿐이다. 능력평가를 기준으로 한다고 해서 긍정적으로 여길 만한 것이 아니라는 말이다. 그 능력이란 늘 아주 부분적인 것일 뿐이고, 그것을 평가한다는 것도 단편적일 수밖에 없기 때문이다.

경쟁은 인간사회에 재미와 활력을 주는 측면이 있다. 경쟁을 통해 인간의 어떤 능력은 더 빨리, 더 잘 개발되는 것도 사실이다. 그러나 인위적으로 조성된 조건에서 일정한 방식으로 경쟁하는 게임에만 밤낮 매달려 있기에 정말 세상은 넓고 할일은 많다. 더욱이 청소년기의 게임결과에 따라 평생 사회적 위치와 직업이 규정되기 때문에 모두가 그 게임능력 개발에만 몰두한다면, 아름답게 만든답시고 어릴 때부터 발을 동여매는 전족이나 노를 잘 젓게 한다고 한쪽만 발달시킨 노예의 근육처럼, 자발적인 성장 가능성을 막고 자유를 억압하는 답답한 문화적 굴레가 된다.

이렇게 인위적이고 한계가 분명한 '능력주의'가 사회적으로 효율적이었던 시대도 있었다. 근대적 국민국가 형성기에는 지역적으로 다양한 전통적 사회집단들을 통일된 국민으로 집단화하고 봉건적 신분관계를 넘어서는 새로운 서열구조를 확립할 필요가 있었다. 표준화된 국민교육과 객관적 능력평가 방식은 그 결과로 형성된 엘리뜨의 책임의식을 높이고 이들의 권위에 대한 일반인들의 승복을 이끌어내는 데 효과적이었다. 이를 통해 일사분란하게 직무를 수행할 수 있는 군대와 노동인력을 비교적 단기간에 조직하고 양성할 수 있었다. 능력주의는 국민국가라는 새로운 공동체의 형성과 운영을 뒷받침하는 이념적 장치로 기능한 것이다.

오늘날 능력주의는 급변하는 시대 상황 속에서 근본적인 도전에 처해있다. 세계화, 정보화, 노령화라는 인류문화의 큰 변화의 흐름이 그것이다. 세계화는 우물 안 개구리같이 좁은 내부 서열경쟁으로 획득한 능력과 지위에 의지해 살아가는 이들과는 너무도 다른 가치관과 다양한 삶의 방식과의 상호작용을 요구한다. 정보화로 대변되는 후기산업사회의 특징은 무한히 세분화되고 전문화된 새로운 직종의 등장이다. 한번의 시험으로 획득한 몇 안되는 전통적 직업과 관료적 직위에 의존한 삶이 더이상 안전하지 않은 세상이 된 것이다. 또한, 노령화로 인해 퇴직 후 길어진 노년기를 의미있고 안정되게 살기도 어려워졌다. 긴 생애기간 중에 여러 일과 문화활동을 하면서 살 수 있도록 새로운 지식과 정보를 배우고 익혀서 활용할 수 있는 자기개발 능력이 필요한 싯점이다. 이는 어릴 때부터 강요된 타율적 학습에 질린 사람보다는 자발적 배움과 익힘의 즐거움을 경험한 사람들이 더 오래 행복하게 살 수 있는 사회가 되어간다는 것을 의미한다.

이제 아동기에 집중된 교육게임과 서열경쟁을 통해 평생을 보장받으려는 지난시대의 생존전략은 낡은 환상이 되고 있다. 시대착오적인 능력주의가 아직도 마지막 기승을 부리고 있지만, 획일적 경쟁에 대한 두려움을 넘어서 새로운 가능성을 모색하고 대안적 삶의 방식을 실험하는 용기있고 자율적인 사람을 키우는 교육이 필요한 시대가 되었다.

우리시대 희망찾기

3장

제도교육의 그늘과 희망의 조건

| 이수광 |

1. 국가 독점적 교육과정의 덫

공공(公共)의 결핍 혹은 소멸

학교는 나에게서 몇가지를 빼앗았을 뿐입니다. 학교에서만 배울 수 있는 것들을 '필요 없는 것'으로 매도한 교사진에 의해 저는 학교가 주어야 마땅한 것을 빼앗겼습니다. 원리를 배우고 실험하며 학습을 확인하는 것이 학교의 목적이지만, 이미 학교와 교사들은 '문제풀이 노예'가 되어서 우리들에게 '문제풀이 요령'만을 가르치고 있습니다. (…) 나는 지금과 같은 상태가 계속된다면, 대한민국 교육인적자원부 산하 고등학교를 모두 경매에 붙일 것을 제안합니다. (…) '고등학교'라는 이름을 내리고, '학원'으로 모든 학교를 등록할 것을 제안합니다. 어차피 가르치는 것은 똑같지 않습니까? (…) 나는 학교를 떠납니다. 계속 다녀야 '안정된 대학에 가고, 안정된 직업을 잡고, 안정된 가정을 꾸릴 수 있다'고 말하는 학교를 떠납니다. 나의 양심이 '계속 학교 다니면서 안정된 대학에 가고, 안정된 직업을 잡고, 안정된 가정을 꾸릴 수 있다'는 것을 굴복으로 보기 때문입니다. 나는 내 식대로 갑니다. 나는 내 식대로 살고자 합니다.

한겨레신문 2002년 9월 12일자

    몇해 전 대전 모 고등학생이 자퇴의 변을 언론에 공개했다. 그의 주장을 보면, 학교는 '응당 배워야 할 것을 배제하는 곳'이자 '특정한 방식의 인생 설계도를 강제하는 곳'이다. 이런 탓에 그는 자기 삶의 방식을 찾기 위하여 학교를 떠나겠다는 것이다. 그의 이러한 항변은 '학교 실패'에 대한 고발이란 점에서 공적인 문제제기이다. 즉 제도학교가 교육 본령에 충실한가, 학교에서는 어떤 교육활동을 중핵으로 삼아야 하는가, 학교는 어떻게 재구조화되어야 하는가를 묻는 것이다.
    근대학교의 존재 방식이나 교육 형식에 대한 근본적 문제제기는 오래 전부터 있었다. 1970년을 전후해 근대 학교교육의 역기능과 연관하여 학교의 존폐 논의가 본격 제기되었다. 탈학교론이나 재생산론 등이 이에 속한다. 당시 논자들은 학교교육이 어떠해야 한다는 규범적 요청이 있음에도 불구하고 학교가 실제로 그런 요청에 부응하지 못한다는 이유로 그 가치를 부정했다. 그리고 최근에는 이전에 제기되던 도덕적 정당성의 문제를 넘어 학교제도 자체의 위기까지 거론되기도 한다. 학습생태계가 급속히 변화함으로써, 학교의 정체성과 효율성 위기에 대한 주장은 더욱 설득력을 얻어가고 있다.
    실제로 우리의 제도교육 현실에서 학교위기론의 근거들은 쉽게 확인된다. 우선 교육에서의 공공(公共) 혹은 공공성의 문제를 지적할 수 있다. 무릇 국가가 운영하는 제도학교는 공인(public personality)의 양성을 상정한다. 사회구성원으로서 공유해야 할 모종의 '규범' '가치' '기준' 등을 갖춘 시민을 기르고자 하는 것이다. 따라서 학교교육에서는 보편적으로 동의할 수 있는 가치가 중핵이 되어야 한다. 예컨대, 생명, 생태, 평화, 인권, 정의, 자유, 관용, 참여, 약자보호, 반차별 등이다. 정치적·이념적 차이에도 불구하고 일반적으로 합의하는 가치들이기 때문이다.

그러나 현실의 학교에서 공적 가치는 부차화되거나 결핍되어 있다. 실제로 공적 가치보다는 학력이나 입시, 혹은 성적이나 점수가 우선된다. 이런 탓에 학교운영의 목적은 상급학교 진학에 맞추어지고, 교육활동 또한 '입시준비'에 치중하는 경향이 강하다. 앞서 언급한 자퇴생의 지적처럼, 학교는 학원과 별반 다를 바 없이 입시준비기관으로 기능하고 있다. 이러한 문제의식은 현직 교사의 발언에서도 쉽게 확인된다.

> 교육과정 해설서에는 그럴듯하게 공공에 부합하는 가치들이 언급되고, 기대하는 인간상도 제시되어 있어요. 그러나 이런 것은 문자로만 존재하지요. 제도학교현장에서 의미있게 읽히지도 않을뿐더러 그런 가치들을 어떻게 현장화할 것인가에 대한 고민도 거의 없어요. 일차적인 관심이 입시 성공에 있으니까요. 대부분 학교의 운영 정조(情調)가 그렇다고 보면 됩니다. (김석규)

공립학교 교사를 거쳐, 현재는 대안형 특성화학교에 근무하는 18년차 김석규 교사도 제도교육의 공공성 결핍을 지적한다. 학교교육에서 추구해야 할 공공성은 문자로만 존재하고 입시라는 가치가 절대적인 지배력을 행사하고 있다고 본다. 특히 이러한 분위기는 특정 학교의 문제라기보다는 교육현장 전반의 문제임을 지적한다.

제도교육에서의 공공성의 결핍은 학생들의 경험을 편협하게 구성한다는 문제를 낳는다. 공공가치에 대한 무감각으로 인해 공적 체험, 즉 타인과의 연대 기회, 자신의 이익보다는 다수의 이익을 위한 봉사의 기회, 인류의 공존을 위한 사고실험의 기회 등을 경험하기가 쉽지 않다. 대신 텍스트에 한정된 입시학습에 진력하게 된다. 학생들은 이러한 편향된 경험을 통해, 현실의 부조리와 모순, 공공세계의 발전 등에 관심을 갖기보다는 사적 이익의 극대화에 더 큰 관심을 갖게 된다. 즉 '입시 성공을 통한 안락한 삶'이라는 단선적인 설계도를 강화하는 것이다. 문제는 이런 조건에서는 공인이 양성될 가능성이 희박하다는 점이다. 따라서 제도교육의 본질적 기능의 복원 차원에서도 교육과정 편성 운용에 대한 새로운 고민이 필요하다. 특히 학교교육에 대한 국가의 영향력이 강한 우리의 현실을 고려할 때, 교육과정은 학생들의 일상을 규정하는 커다란 힘을 갖기 때문이다.

학교의 균질화와 동기의 위기

교육과정은 특정 단계의 학교에서 가르치는 교과나 교과 내용 및 각각의 비중, 범위 그리고 그것을 가르치는 순서 등을 모두 포함한다. 따라서 교육과정은 교육활동의 목표이자 학습을 통해서 얻을 수 있는 결과이며, 교육실천의 근거이다. 이런 점에서 최근에 열기를 더해가는 조기유학 열풍이나 사교육 집착 혹은 탈학교 경향 같은 '제도교육 이반 증후군'은 학교교육과정에 대한 '반매력 현상'으로 볼 수 있다. 그렇다면 학교 현장에 있는 교사들은 교육과정에 관해 어떤 문제의식을 갖고 있는가? 이를 확인하는 일은 '교육과정을 어떻게 구성할 것인가'라는 주제를 사회적으로 의제화한다는 차원에서 매우 중요하다.

지금 우리나라 교육을 전반적으로 주도하고 있는 흐름은 정작 당사자인 학습자, 학생들이 빠진 채 이미 정해져 있는 틀로 국가가 독점하여 주도한다는 것을 특징으로 하죠. (…) 대학입시라는 제도가 설정하는 단계의 대학이 그 이전까지의 학교 단계를 전부 규정해버리는 것이 지금 우리의 국가 교육과정 제도의 핵심적인 문제인데, 그 내용을 다시 들여다보면 교육과정의 설계과정 자체에서 아이들이 빠져 있다는 것, 즉 삶을 가꾸는 교육이 아니라는 점에서 문제를 안고 있습니다. (…) 교과과정을 국가가 모두 기획하고 평가하고, 심지어 대학에 들어가는 것까지 수능시험이나 내신 몇개만 가지고 가라고 계속해서 주도하는 이 틀에 대해서 전면적인 문제제기를 해야 된다는 거죠. (박종호)

박종호씨는 경력 20년의 공립학교 국어교사다. 현재는 '교과교사 모임'의 전임자로 활동하고 있어, 업무상 교육과정에 대해 구체적으로 고민해야 하는 처지다. 그는 교육과정의 핵심 문제로 '국가독점'을 지적한다. 국가가 독점적으로 교육과정 틀을 짜다보니, "학생의 삶도 빠져 있고, 대학입시가 모든 하위단계 교육에 대한 규정력"을 갖게 된다는 것이다. 따라서 그는 교육과정의 정상화를 위해서는 "삶을 가꾸는 교육"이 가능한 교육과정 모델이 만들어져야 하고, 그러기 위해서는 "국가의 영향력이 지금보다 훨씬 약해져야 한다"는 의견을 제출한다. 그는 "우리보다 훨씬 더 국가주의적 교육을 지향한다는 일본조차도 국가 주도 안에서도 '숨 쉴 수 있는 곳'이 많이 생겼다"는 구체적 사례를 들어 '숨 쉴 여지'를 만들어내는 것이 중요하다고 강조한다.

실제로 교육과정의 편성은 국가가 제시하는 교육과정의 틀에 따라야 하며, 세부적으로는 각 교과의 이수시간조차 국가의 지침에 따라야 한다. 그리고 각 시·도교육청은 행정력을 통해 교육과정 운용을 감독한다. 이런 점에서 단위학교의 교육과정 운용의 자율성은 극히 제한적일 수밖에 없다. 특히 국가수준 교육과정을 결정하는 과정에서 교사나 학생의 문제의식이 반영될 여지는 거의 없다. 국가수준 교육과정 결정이 철저하게 중앙집중식으로 이루어지는 탓에, 교육관료나 소수의 전문가들의 이해가 우선될 개연성이 있기 때문이다.

이러한 중앙집중식 교육과정 결정구조의 문제는 학교지식과 현실세계의 괴리를 불러오기도 한다. 국가가 주도하는 교육과정은 제한된 범위에서만 개별 학습자의 요구와 특성을 반영한다. 따라서 학생들 입장에서는 교육과정에서 다루는 지식이 살아가는 데 별반 도움이 안되는 것으로 여기게 된다. 또한 자신의 삶과 유리된 교육과정을 밟게 됨에 따라 학습과정 그 자체에 의미를 두기보다는 단지 이수하는 것을 목적으로 삼는 경향이 나타나고 있다. 즉 배움의 동기를 상실하는 '동기의 위기'가 나타나는 것이다. 사정이 이러함에도 박종호씨가 보기에는 "교육정책 당국의 힘이 권위적인 정권 시대보다 더 강해지면서, 관료체제가 강화되는 역설"이 나타나고 있다.

> 현행 국가주도의 제도교육 커리큘럼 운용씨스템에서는 교육과정 자체를 반성적으로 돌아보고 자정할 장치나 과정이 만들어지기 어렵다는 겁니다. 그리고 현장의 단위학교에서는 자발적 동력 없이 상급 행정청이 지시한 내용을 받아서 취급하는 형국이어서, 교육과정 운용이 획일적일 수밖에 없죠. (…) 비유적으로 표현하자면 전국의 대부분 학교는 '일란성 다쌍생아'와 마찬가지에요. 왜냐하면 교육과정 자체에 차이가 없다보니까 교육활동의 형식이나 질, 심지어 학교의 조직문화까지 '똑같아지는' 겁니다. (…) 교육과정에 대한 단위학교의 주체성과 자율성을 신장하기 위해서는 국가가 좀 손을 놓을 필요가 있다고 생각해요. 국가는 최소의 요건만을 정해주고 나머지는 단위학교가 결정하도록 해야 한다는 거죠. (김석규)

특성화학교 교사인 김석규씨도 박종호씨와 같은 맥락의 문제를 제기한다. 그는 교육과정이 개발되는 단계부터 운용 및 평가에 이르는 전과정에서 '일관된 국가의 영향력'으로 대다수 학교의 조직문화까지 '균질하게 닮아가고' 있다고 지적한다. 그리고 교육개혁 국면에서 시행된 여러 정책적 처방에도 불구하고 학교현장의 변화가 더딘 이유는, 학교교육과정에 대한 해석과 성찰 기회의 '제도적 결여' 탓으로 진단한다. 이런 맥락에서 그는 개별 단위학교가 그 나름의 고유성과 독특성을 갖기 위해서는 교육과정에 대한 국가독점적 체제의 완화를 주장한다. 그러한 조건에서 '학교의 고유한 문법체계'가 만들어질 수 있다고 보기 때문이다.

국가독점적 교육과정 체제는 통일성과 일관성의 유지라는 나름의 장점에도 불구하고 고답적인 문법체계를 강화한다는 약점을 지닌다. 즉 국가는 교육과정을 결정할 때 '합리적이고 객관적이며 가치중립적인 지식'이라는 전제에서 출발한다. 따라서 교육과정 실행의 최종 단계인 학교현장에서는 그 내용을 어떻게 효율적으로 가르칠 것인가, 즉 방법적·기술적 측면에 관심을 집중하게 된다. 이러한 조건에서는 학생들의 다양하고 구체적인 경험이나 욕구를 학습 주제로 다루기가 간단치 않다. 특히 배워야 할 내용이 규정되어 있고, 그것이 분절적으로 그리고 교과별로 계열화되어 있는 상황에서는 학생들의 구체적 경험이나 욕망이 끼어들 여지가 없는 것이다. 이런 점을 고려할 때, 국가가 교육과정에 대한 최소 요건을 설정하고 단위학교가 구체적 결정권을 행사하는 방안은 시대적 적합성을 갖는다. 단위학교 자체의 교육역량 제고는 물론 학생들의 '능동적 학습동기'를 신장한다는 차원에서도 긍정적이기 때문이다.

국가 기획의 화려함과 현장 운용의 한계

현재 학교에 적용되고 있는 제7차 교육과정의 특징은 '교육의 다양화' '학습자 중심 교육' '인성과 창의성 교육' '단위학교의 자율과 책임'으로 요약된다. '학습자 중심' 혹은 '수요자 중심'을 이념적 지표로 삼고, 교육과정 분권화를 확대한 점도 특징이다. 따라서 단위학교에서는 '수준별 교육과정' '선택 중심 교육과정' '재량활동' 등을 자체 편성할 수 있는 자율성이 일정 범위에서 보장된다. 또한 교육과정 운용에서도 교과간 통합, 이수과목수의 축소 및 집중이수, 프로젝트 수업 등이 가능하도록 기획되었다. 이러한 제7차 교육과정은 개정 발의에서부터 학교에 적용되고 있는 현재에 이르기까지 많은 논란을 불러일으켰다. 참신한 아이디어가 담긴 '현실적인 안'이라는 찬사가 있었는가 하면, 교육과정의 이념적 지표나 현실 적합성 혹은 조건 불충분의 문제를 들어 '꿈 같은 안'이라는 문제제기도 있었다. 교육현장에서 교육과정 운용에 직간접적으로 참여하는 사람들의 반응 역시 다르지 않다. 중학교 학부모이자 교육 관련 사업에 종사하는 임정호씨의 증언은 기획과 실행의 불합치를 적확하게 지적한다.

> 우리나라의 경우 평가 씨스템이 갖는 특징 때문에 기본적으로 어떤 형태의 커리큘럼이 만들어지더라도 제대로 운용되기 어려운 구조라는 거죠. 가령 21세기를 살아가는 아이들에게 창의성이 필요하고 이런 것이 7차 교육과정에 반영되었지만, 운용상의 문제로 인해 이미 실패가 논의되고 있는 것이 현실입니다. 개인적으로는 평가 씨스템의 문제가 운용의 주요 장애요인이 된다는 생각이 들어요. 중간고사나 기말고사처럼 날짜를 정해서 시험을 보는 형식이 아니라 포트폴리오나 코스 워크(course work) 중심으로 평가체제를 바꾸는 것이 필요하다고 생각하는데요. 그런데 우리의 경우에는, 참여형 교과이면서 실제로는 수업시간에 예전과 동일하게 교단에서 교사가 강의를 하고 '참여'는 집에 가서 숙제로 하게 하는 방식으로 운용되고 있어요. (…) 기본적으로 참여형 교육과정을 제대로 실현하려면 일상적으로 그것을 평가하

되, 수업에서 진행된 과정 자체가 평가의 대상이 되어야 하는 거죠. (임정호)

이론적으로 보면, 교육과정 편성-실행-평가의 각 단계는 상호 순환 관계이다. 그러나 현실이 꼭 그런 것만은 아니다. 평가 형식이 특정한 실행방식(교수-학습 방식)을 오랫동안 강제하는 경우도 있지만, 실행 관습이 교육과정 편성안의 이념이나 관점 자체를 탈각하는 경우도 빈번하기 때문이다. 같은 맥락에서 임정호씨는 제7차 교육과정 운용에서 '평가 문제로 인한 수업의 왜곡' 문제를 제기한다. 그가 지적하는 문제의 핵심은 '코스 워크를 중심으로 하는 참여형 교과를 편성했지만 실제 운용 과정에서는 강의와 참여가 분리돼 있다'는 것이다. 즉 교사들은 기존 방식대로 강의를 하고 정작 수업시간에 해야 할 수행과제들은 '숙제'로 부과하고 있는 것이다. 이러한 지적은 국가 차원의 근사한 기획이라 하더라도 학교현장 적용과정에서는 '올바로 자리잡기 어려운 한계'에 직면할 수 있음을 보여준다.

학생 참여 방식으로 가르치고, 내용을 재구성하고, 수업시간 중에 목표를 정해놓고 평가를 한 뒤에 그것을 모아가는 훈련을 어느 교사도 받지 못했죠. 지금도 수업 그 자체를 평가의 과정으로 한다는 것은 구조적으로 불가능한 상황입니다. 학급당 학생수나 담당 학습수의 문제가 간단치 않거든요. (박종호)

박종호씨는 제7차 교육과정이 왜곡되어 운용되는 이유에 대해 교사들의 사전 연수 부족과 물리적 환경의 한계를 지적한다. 실제로 수업 자체를 평가과정으로 조직하기 위해서는 교사들이 준비돼 있어야 한다. 즉 교사에게는 수업 디자인 능력과 참여를 제대로 관찰할 수 있는 안목이 있어야 가능한 일이다. 이러한 교사들의 준비는 단기간에 완성되는 것이 아닌 만큼 국가에서는 교사들에 대한 체계적인 연수계획을 마련했어야 한다. 또한 교사가 처한 물리적 환경도 세심히 고려해야 했다. 한 교사가 많게는 몇백명의 학생을 만나야 하는 여건에서 참여형 수업을 하기란 사실상 불가능하기 때문이다.

> 7차 교육과정이 발표된 직후부터 안착 가능한 조건에 대해 논의하고, 일관성 있게 추진되어야 하는데 그러지 못했어요. 대표적인 것이 평가와 관련해서 개별 교사의 평가권을 인정하지 않은 겁니다. 한 학년에 두 교사가 동일교과 수업을 하는 경우, 개별 교사 차원에서 교과를 재해석하거나 실험적 수업을 하기 어렵게 되는 거죠, 평가문제를 함께 출제해야 되니까요. 그리고 교육청 차원에서 평가지침이 내려오고 그것을 근거로 단위학교가 평가규정을 만들어야 하는데, 그러한 관료 통제로 인해 교사들은 세팅된 시험만을 낼 수밖에 없는 구조로 변질된 겁니다. (김석규)

'평가의 표준화'로 인해 국가 기획(제7차 교육과정)의 근본 취지가 퇴색된 점도 주목할 필요가 있다. 즉 수업에서 학생 참여와 그 과정에 대한 평가를 중요시하면서도, 정작 수업을 담당하는 교사에게는 평가권을 주지 않는다. 따라서 '동교과 합동 출제'라는 평가방식이 지속되고 있다. 이러한 상황에서 동교과 교사들의 수업은 '닮은 꼴'이 되기 십상이다. 즉 수업 진도는 물론 내용 해석이나 진행 형식, 결과 도출 과정이 비슷해지는 것이다. 동교과 수업에 참여하는 전체 학생을 대상으로 동일한 형식의 평가를 해야 하는 상황에서, 개별 교사가 '나 홀로' 독창적인 수업을 진행하기에는 부담이 크기 때문이다. 특히 시도교육청의 평가지침 또한 제7차 교육과정에서 강조하는 창의적 수업을 제한하는 요인이다. 평가 지침에서는 시험의 횟수, 수행평가 비율의 범위, 문제출제 형식, 결과 기록에 대한 가이드라인까지 구체적으로 제시한다. 이러한 '행정 표준'이 설정된 상황에서 개별 교사의 평가도구는 표준화될 것이고, 수업 자체가 평가도구에 구속될 가능성이 있기 때문이다. 결과적으로 교과의 특정 내용에 대한 활동과는 무관하게 그 내용 자체에 대한 '시험문제 정답 맞히기 식' 수업을 하게 되는 것이다. 학생들은 이러한 수업이 자신의 미래에 별 도움이 되지 않는다고 생각하고, 교사들 역시 수업에 자부심을 잃어가고 있다.

이런 면에서 본다면, 국가 기획 교육과정이 상정하는 학교상황과 현실의 학교세계에는 상당한 '조건 불일치'가 있는 셈이다. 이는 국가가 교육과정을 기획하는 단계에서 고려했어야 할 교사들의 준비도, 교육 상황과 조건, 학교시설, 행정지원 씨스템 등에 대한 면밀한 검토가 부족한데서 연유한다. 그러나 국가차원에서 교육과정 적용에 연관되는 문제들을 면밀히 고려했다 하더라도, 현장에서 연착륙이 바로 보장되는 것은 아니다. 학교마다 조건이나 특성이 다르기 때문이다. 따라서 국가가 기획하고 학교현장이 이를 수용하는 현재의 교육과정 운용체제에서는 '조건 불일치'가 불가피하다. 이러한 문제를 극복하기 위해서는 단위학교에서 훨씬 많은 것을 결정하도록 하는 것이 필요하다. 국가는 대강의 틀을 기획하고 단위학교 차원에서는 지역적 조건이나 학생 특성에 적합한 교육과정을 운용할 수 있도록 '제도 공간'을 확보해주는 것이 필요하다.

물론 단위학교의 자율공간이 확대될 경우, 교육과정의 파행 운용을 염려하는 목소리가 없는 것은 아니다. 그러나 이러한 우려는 교육의 세 주체가 호혜적 관계를 맺음으로써 해결할 수 있다. 호혜적 관계란 "상호 원조, 협동, 공유, 합의를 포괄하는 교환 양식"이다. 따라서 호혜적 관계 하에서 단기적으로 개인은 이타적으로 행동할 뿐이지만, 그러한 행동이 장기적으로는 집단 모두에게 이득을 가져다줄 것이다.[1] 따라서 교사-학생-학부모가 호혜적 관계를 맺을 때에야 '교육의 공공성' 회복이라는 주목할 만한 결과를 기대할 수 있다.

국가 기획 교육과정의 특징: 과도, 결핍, 의도적 생략

교육과정 개정 단계에서는 이전 교육과정의 문제들, 즉 교과 내용의 양이 적절한지, 그 내용이 학생들의 수준을 고려하고 있는지, 지나치게 난이도가 높은 것은 아닌지 등을 검토하게 된다. 이러한 절차에 따라 제7차 교육과정을 개발할 당시는, 내용을 종래 교육과정의 80퍼센트 정도로 줄이고 너무 어렵게 하지 말자는 원칙하에서 작업이 진행되었다. 그러나 교사들의 인식을 조사한 결과, '교과 내용이 줄어들었다'거나 '교과 내용이 질적으로 우수하다'는 반응은 많지 않았다. 교사들의 학교간·지역간 특성 차이나 교과에 따른 인식차를 감안하더라도 7차 교육과정을 대체로 긍정적으로 판단하지는 않은 듯하다.[2] 면담자들의 진술도 기존 연구결과와 크게 다르지 않다.

> 국가교육과정의 양의 결정 문제는 교과전문가들의 이익과 관련이 있잖아요. 그러다보니 불필요한 요소들도 많고, 그래서 양적으로 과도하다는 생각이 들어요. 또 질적으로는 결핍된 부분도 많구요. (…) 미래사회를 전망하면서 신자유주의를 정당화하는 듯한 내용이 눈에 띄는 반면 공동체주의에 대한 내용은 상대적으로 적어요. 학생들이 10년 후의 사회를 꿈꾸고 희망을 찾아야 되는데, 담겨진 내용을 보면 미래친화성을 찾기가 어려워요. (…) 특히 스스로 자신의 실존에 대해 고민하고, 삶의 형식을 탐색하는 과정이 턱없이 부족하고, 자신의 경험을 근거로 깊이있게 사고훈련을 하는 과정도 너무 빈약하죠.
> (김석규)

김석규씨는 현행 교육과정을 '양의 과다와 질적 결핍'의 문제로 압축해서 설명한다. 국가가 주도적으로 기획하는 교육과정이지만 교과전문가들의 이익이 반영되다보니, 불필요한 내용이 지나치게 많이 포함되었고 경우에 따라서는 미래사회에 부합하지 않는 내용들까지 담긴다는 것이다. 그리고 '삶'과 '지식'과 '생각'을 연결하는 훈련과정 또한 '턱없이 부족하다'.

실제로 교육과정 총론의 변화 방향이나 의지는 각 교과 교육과정의 실질적인 내용 변화로 이어지지 못하고 있다. 여전히 교과별 교육과정 내용은 과거와 별반 다름없는 낱낱의 지식이나 기능을 근대적 가치 기준에 맞추어 구성하고 있는 실정이다. 문제는 국가가 각 교과의 교수요목(敎授要目)을 결정하고 이를 준거로 교과서를 만들지만, 교과별 교육과정은 부실하다는 점이다.

> 지금 국어교육은 '말하기' '듣기' '쓰기' '읽기'가 따로따로 가거든요. 그런데 우리가 사실 말을 주고받고 한다는 것이 말을 할 때 들으면서 사고나 이해도 한꺼번에 이루어지죠. 그것에 맞춰서 교육도 한꺼번에 이루어질 수 있도록 해야 되는데, 이 부분에 대해서 교육과정 시안에서는 통합을 했다가 교수들이 농성을 하겠다고 나서는 바람에 다시 원래대로 돌아갔습니다. (박종호)

> 수학만 보더라도 과목 자체의 내용이 너무 많아요. 예를 들면 미적분을 고등학교 과정에서 배우는 나라가 매우 드뭅니다. 미국만 해도 대학에 가서 배우거든요. 그런데 우리는 고등학교 과정에 끌어안고 있어요. (…) 사회교과도 초등학교에서 쪼개서 분리해가지고 가르친다는 것도 사실 이해하기 어려운 부분이에요. 당연히 통합해서 운영되어야 한다고 생각합니다. 지식들 사이의 관계에서도 종합적인 관계와 맥락을 강조해야 되는 시기가 왔는데도 불구

하고, 쪼개서 가르치는 것은 이해하기 어렵죠. 교과서도 통합해서 내용 자체를 줄이는 방향으로 가야 돼요. (임정호)

두 면담자는 교육과정의 양과 질 문제가 왜 발생하는지 실례를 들어 지적한다. 국어과의 경우에는 '말하기' '듣기' '쓰기' '읽기'가 별개의 교과목으로 분리되다보니, 불가피하게 많은 내용을 다룰 수밖에 없다. 유사 내용의 중복을 피하기도 어렵다. 이들 교과목을 통합하면 '양의 구조조정'이 가능하다. 그러나 교과목 구성 자체가 해당교과 전공교수들의 이익과 직간접적 관련이 있기 때문에 통합은 간단치 않다. 다른 교과의 경우에도 이러한 전문가의 이해가 관련되다보니 세부 교과목으로 나뉘는 경향이 나타난다.

교육과정과 관련한 전문가들의 이익다툼은 교과서 집필과정의 부실로 연결된다. 교과목이 세세하게 분과되면, 해당 교과서 제작에 전문가들이 참여해 일정부분 이익을 취하게 된다. 그런데 문제는 교과서를 전문가가 직접 쓰기보다는 전문가에게 하청받은 대학원생이나 학원강사들이 쓰는 경우가 많다. 이러한 하청구조에서 전문가와 하청자 간에 교육철학이나 학습의 관점, 학생성장에 대한 고민, 미래인식, 책임의식 등이 동일한 수준으로 공유될 가능성은 작다. 따라서 총론에서 강조하는 관점에 부합하는 교과서 생산이 간단치 않은 것이다. 이러한 문제와 동시에 교과서협회의 '1/n 원칙' 또한 '따로, 똑같은' 교과서를 등장시키는 제도적 장치이다. 국가 기획 교육과정의 이행구조에서 발생하는 이런 교과서 생산의 구조적 문제는 개선이 필요하다.

교과서가 왜 다들 비슷한 방식으로 나가냐면 교과서협회라는 곳이 있는데요. 교과서를 아무리 잘 만들어도 5개의 교과서가 채택이 되면 첫번째 교과서가 시장의 50퍼센트를 장악해도 그만큼을 다 가져가는 게 아니고, 채택된 다섯 출판사가 전체소득을 1/5씩, 즉 1/n씩 나눠 가져가요. 일단 채택되면 얻는 게 있는 거예요. (…) 저도 교과서 심사위원을 해봤는데 심사기준이라는 것은 그저 학년별 교육과정을 토씨 하나 안 틀리고 반영했는지 보는 겁니다. (…) 이런 구조를 무너뜨리고 제도 자체를 확 여는 수밖에 없겠죠. (박종호)

교과목 분과주의는 교육과정의 양의 문제를 넘어서 지식의 구성이라는 차원에서도 결코 바람직하지 않다. 최근 통섭(統攝, consilience)을 강조하는 경향이나 지식이 '스톡'(stock)의 개념에서 '플로우'(flow)의 개념으로 변화하는 상황을 놓고 볼 때도 시대착오적이다. 특히 실제 세계에서 지식의 쓰임은 분과적(compartmentalized)이지 않다. 현실 그 자체가 비구조화된 세계이기 때문이다. 이런 점에서, 의미 구성 과정이 생략된 단편적 분과지식은 활용가치가 낮은 불활성 지식(inert knowledge)에 불과할 따름이다. 본디 학습자에게 의미있는 배움은 '익숙한 것'과 '익숙하지 않은 것'을 연계하고 종합하는 과정에서 일어난다. 따라서 현행 교과 분과체제를 유지하는 것은 학습 내용의 과다 이전에 근본적으로 '교육의 질'의 문제를 낳는다.

교과서에서 민족주의나 국가주의 이데올로기를 강조하면서 이를 공동체주의로 생각하도록 만들었지요. (…) 저는 무엇보다도 연대원리가 필요하다고 생각해요. 학습과정에서 아이들은 대개 경쟁원리 중심이고 과정 자체가 1대 1 단독자 개념으로 공부를 합니다. 그런데 그룹 활동들이 갖고 있는 공동생산이나 공동학습과정에 중요한 가르침이 있어요. 리더십의 개념이 상호간에 조직될 수 있거든요. 21세기가 요구하는 학생들의 자질에 커뮤니케이션 스킬이나 리더십의 문제가 많이 논의가 되고 있기도 하잖아요? 이런 부분들은 그룹 활동이나 연대원리가 학습과정 자체에서부터 조직될 때, 굉장히 중요한 역할을 할 수 있다고 생각해요. 사실 이것을 조직하기도 쉽지 않은데, 교과서는 이런 것을 이데올로기적으로 배제하고 있죠. (임정호)

교육과정의 질 문제와 관련해서 교육 내용의 이데올로기적 편파성, 즉 '의도적 생략' 문제도 중요하게 지적할 수 있다. 국가주도의 교육과정에는 "필요한 내용임에도 불구하고 정치적 목적이나 여타의 이유 때문에 배제된 내용"들이 여전하다. 임정호씨는 그 예로 '연대원리'를 지적한다. 연대원리는 21세기를 살아갈 성장 세대에게 '꼭 필요한 삶의 일상적 태도'임에도 불구하고, 강조되기보다 오히려 국가주의 이데올로기를 강조하는 내용들로 대체되고 있다는 것이다. 이처럼 '의도적으로 배제된 교육과정'(null curriculum)은 특정 내용을 배제·생략해 학생들의 관심을 차단하고 인식 범위를 제한한다는 점에서 질적 허약함의 원인이 된다. 이런 점에서 국가 기획 교육과정의 근본적 한계는 '의도적 배제'와 '선택적 채택'의 자의적 권한 행사에 있다.

교육과정은 학생들의 현재와 미래의 삶에 영향을 미친다. 따라서 현재 삶의 모순을 개선하기 위해서는 양적 적절성을 유지하는 것이 중요하다. 또한 학생들이 살아갈 미래를 고려한다면, 그에 부합하는 높은 수준의 질이 보장되어야 한다. 결국 '교육과정을 어떻게 재구조화할 것인가'는, '학생에 대한 존재 규정' '학교 기능에 대한 인식' '교사 역할에 대한 이해' 등과 관련된 하위 질문들을 포함한다. 그런 만큼 문제가 간단치 않다. 국가가 교육과정 구성에 독점적 권한을 행사하는 이유도 이러한 문제와 무관치 않다. 그러나 학교현장에서는 국가 기획 교육과정에 대한 질적·양적 적합성 문제가 제기된다. 오히려 국가 권한 밖에 있는 대안학교의 교육과정 실천 사례들이 질적 수월성과 미래 적합성을 동시에 확보하고 있다는 평가를 받는다. 특히 대안학교의 교육과정 실천 사례 중 '교과통합 수업' '프로젝트 학습' '인턴십' '진로교육 프로그램' '다양한 체험학습' 등은 그 우수성이 입증되고 있다. 이러한 변화는 몇가지 중요한 점을 시사한다. 우선 국가 기획 표준화 교육과정으로는 학교현장의 관계 변화, 즉 학생·학부모·교사의 교육관계를 변화시키기 어렵다는 점이고, 다른 한편으로는 국가의 세세한 간섭이 없어야 교육의 참된 의미를 담아내는 높은 수준의 실천 활동이 가능하다는 점이다. 요컨대 학교교육과정의 적정화와 질적 보장은, 국가 기획으로 실현되기보다, 교육과정 구성에서 자율성이 보장되는 학교현장에서 찾아야 한다. 박종호씨의 다음 진술은 이러한 문제의식을 잘 드러내준다.

> 현재 교육과정의 내용 문제를 고민하면서는, 현재의 교육과정을 '대체할 수 있는' 성공적인 실천 사례의 발굴이 중요하다고 봐요. 예를 들면 지금 대안학교들이 하고 있는 '생활중심 교육과정'에서는 일상적으로 '직업 탐색 프로그램'이나 '인턴십'이 운영되고 있거든요. 이런 신뢰할 수 있는 교육과정 알맹이를 보고, '아 우리도 해볼 만하구나'라는 생각이 확산될수록 이런 형식의 교육과정 선택이 더 빨라질 것이라는 생각을 해요. 교육과정의 핵심 내용이 어떻게 바뀌어야 하는지에 대해 이제는 국가가 절대로 설득할 수 없을 것 같아요. (박종호)

또다른 질문의 시작

교육과정 운용의 궁극 목표는 성장동기와 학습동기를 학생 스스로 우러나게 하고 질적 향상을 가능하게 하는 학습체제의 구축이다. 이는 곧 학교를 '기존 지식의 전수와 재현의 공간'이 아니라, '지식의 종합과 새로운 지식 창조의 공간'으로 재구조화하는 일과 관련된다. 따라서 학교가 '고품위 학습공간'으로 변모하기 위해서는 학습자의 성장동기를 자극할 수 있는, 그리고 학생들의 삶에 유효한 콘텐츠 개발이 필요하다. 이는 제도학교의 본질적 기능을 회복하는 일이자, 다른 한편으로는 교육주체 간 신뢰 회복과 각자의 역할에 대한 자부심을 고양하는 일이다.

문제는 현재의 국가독점 교육과정 체제가 '시대적 불일치' '기능적 불일치'를 내재하고 있다는 점이다. 즉 학생들의 학습동기 변화, 지식생성 환경의 변화, 학습생태계의 변화 등에 탄력적으로 대응하는 것이 간단치 않거니와 학교현장의 요구와도 불화한다는 점이다. 무엇보다도 제도교육의 세례를 받은 학생들이 사려 깊고 책임있는 시민으로 성장하기 어렵다는 것이다.

그렇다면 이런 문제들과 관련하여 교육현장에서는 어떤 요구가 제출되고 있는가? 우선 교육현장에서는 국가 수준의 교육과정이 '예기(豫期)적 준거'를 바탕으로 설계되길 희망한다. '회고적 준거'에 의해 설정한 교육과정에는 학습자의 참여에 한계가 있음은 물론 시대적·문화적 적합성을 확보하기도 어렵다. 따라서 학교 교육과정은 '과정적 지식의 생성'이 가능한 코스 워크 중심의 교육과정으로 전환할 필요가 있다. 여러 교과의 많은 정보를 입력시키는 양적 접근보다는 정보의 산출 경로를 이해하고, 정보가치를 합리적으로 평가하며, 정보를 활용할 수 있는 능력을 길러주는 질적 학습활동이 이루어질 때 미래사회에 필요한 핵심 역량(key competencies)[3]을 갖출 수 있다.

또한 교육과정을 설계할 때 '어떤 미래가 다가올 것인가'를 묻기보다 '우리가 희망하는 미래는 어떤 사회여야 하는가'를 더 중시할 필요가 있다. 이 질문은 교육과정의 틀 내에서 인간에 대한 실존적 이해와 사회구성 방식에 대한 고민을 어떻게 조직할 것인가의 면에서 중요하다. 특히 교육과정은 모종의 이념적 지향을 근간으로 하는 만큼, '함께 만들어가야 할 사회상'에 대한 사회적 의제화와 합의과정이 필요하다. 사회적 합의 내용이 바로 교과 구성과 교과서 서술의 준거이기 때문이다. 이런 과정에서 그간 제도학교 교육과정에 결핍되었던 공공가치를 회복할 여지가 생기는 것이다.

좀더 구체적인 요구를 살펴보자. 우선 교육과정 운용체제가 학생생활 중심으로 전환해야 한다. 학생들은 생애 내내 스스로 배우지 않으면 안 되는 학습사회의 구성원이다. 따라서 이들에게는 정보의 단순한 전달 교육이 아니라 지식과 정보를 다룰 수 있는 방법적 지식과 자신의 경험을 분석하고 재구성할 수 있는 성찰적 지식이 필요하다. 따라서 학습자의 실제 삶을 학습의 중심에 두는 교육과정 운용체제로의 전환이 필요하다. 이러한 전환은 현재의 분과적 구성이 통합적 구성으로 변화하는 것을 의미하며, 교과서 중심 수업이 '상황 중심적 수업'으로 변화해야 가능하다. 그간 국가는 모든 국민이 갖추어야 할 공통 자질과 의식을 담은 교과서의 제작, 분배, 유통을 제도적으로 관리·통제함으로써 통일성을 유지하고자 했다. 따라서 국가가 인가하지 않은 내용이 교과서에 실리는 법은 거의 없었다. 그러나 이러한 교과서는 학습자를 소외시키는 중대한 결함을 갖는다. 이런 점에서 교과서제도의 변화는 학생생활 중심 교육과정 편성·운용의 전제조건이라고 할 수 있다.

무엇보다 국가독점 교육과정 체제의 분권화가 필요하다. 국가가 세세한 교수요목을 일일이 나열하기보다는 대강의 기준만을 제시하고, 단위학교가 학교 조건과 학생 특성에 맞는 교육과정을 개발하도록 자율권을 부여해야 한다. 이러한 제도적 조정이 선행될 때 학생생활 중심 교육과정이 실현될 수 있다. 즉 교육과정 운용에서 해당 학교 학생들의 삶을 온전하게 담아낼 수 있는 것이다. 이런 점에서 본다면, 교사들의 교직사회화 문제 또한 주요하게 제기된다. 따라서 김석규씨의 다음과 같은 지적처럼, 단위학교에 권한을 위임하고 이로써 개별 교사들의 발전동기를 자극할 수 있는 조건을 형성해야 한다.

> 지금껏 교사들은 수동적으로 교직사회화 됐습니다. 그러다보니 개념도 고착화되고, 행동원리도 '따라하기' '주어진 일만 잘하기' '남들처럼 따라하기'와 같이 답답하게 변했지요. 이들이 상상력을 발휘하고, 사고실험을 해야 하는 조건을 만들어야 합니다. 단위학교에 많은 권한을 준다면 새롭게 재사회화 될 수 있다고 봅니다. (김석규)

단위학교가 교육과정 운용에서 자율권을 행사하는 것은 교사들에게도 활력소가 된다는 점에 주목할 필요가 있다. 국가가 교사들에게 무엇을 하도록 요구하기보다는 교사들이 스스로 무엇인가 할 수 있는 여지를 만들어주는 기회가 될 수 있기 때문이다. 교육과정의 체제 전환과 관련해서, 규제를 거의 받지 않는 조건에서 높은 수준의 교육활동 사례를 축적하고 있는 대안교육 현장은 중요한 참고사례이다. 지금껏 학교는 국가의 힘에 의해서 존재했다. 그러나 미래의 학교는 학교구성원과 호혜적 관계를 맺어 운영해야 한다. 그런 점에서 교육과정 설계 권한을 학교구성원들에게 되돌려주어야 한다. 이는 학교현장의 핵심 요구이다.

2. 교사의 소외와 정체성 위기

교사 성장판의 망실(亡失)

'교사의 전문적 능력과 헌신이 교육의 질을 결정한다!' 이 명제는 특별한 논증이 필요하지 않다. 자명한 진리에 가깝다. 교육 효과를 결정하는 데 무엇보다 중요한 변수는 교사이기 때문이다. 이런 맥락에서 교사들에게는 경쟁력으로 표현되는 '전문성' 신장을 위한 '교직 표준'(teaching standard)이 강조된다. 다른 한편 학교처럼 느슨하게 연결된 조직에서는 업무 표준화가 어렵기 때문에 교사의 자발적 헌신과 몰입이 특히 중요하다는 언설도 강조된다. 교사에 대한 사회 일반의 이러한 기대와 요구는 그 자체로 교직에 대한 '자부심의 원천'이자, 다른 한편으로는 높은 수준의 '책임성 강조'인 셈이다.

그렇다면 당대 교사들은 교육전문가로서 당당하게 자부하고 있는가? 교사들은 사회 일반이 지니는 교사집단에 대한 평판을 어떻게 인식하고 있는가? 현장 교사들에게 이러한 질문은 자신의 존재를 어떻게 규정하고 있는가에 대한 물음이기도 하다.

> 사회 전체가 교사를 믿지 않잖아요. 그러니까 교사 얘기만 나오면 불신하는데요. 왜 교사가 '공공의 적'이 되었을까? 정말로 사회 전체가 불신하지 않나요? 엄마들도 선생님이 좋은 의도로 얘기하는데 꼭 삐딱하게 받아들여서 이상하게 만들어버리고요. 사회 불신이 아이들에게도 먹혀들었죠. (권영희)

11년차 중학교 윤리교사인 권영희씨는 초등학교 때부터 '폼이 난다'는 이유로 막연하게 교사를 꿈꾸었고, 고3 때 '역사적인 전교조사건'을 접하면서 교사가 되기로 결심해서 현재에 이르고 있다. 그런 그도 현재 자신의 처지가 매우 안타깝다고 토로한다. '지금 이곳'의 현실에서 "교사 생활 초기에 꿈꾸었던 교사로 살아간다는 것은 굉장히 어려운 일"이라고 말한다. 학부모들은 '이제 스승 같은 선생님은 없다'고 대놓고 말하고, 교사가 학원강사들보다 '질이 낮다'는 식의 발언도 서슴지 않는 분위기라는 것이다. 특히 교사들은 학생들에게도 '왕따'를 당하는 처지에 놓여 있다. 학생들은 교사들에게 '이유 없는 적개심'을 갖는 듯하고, 최소한의 권위도 인정하려 들지 않는다. 따라서 현재 교사들은 "똑같은 말을 해도 교사가 말하면 들은 체도 않는 조건"에 처해 있다. 권영희씨는 학교현장의 이러한 분위기는 사회 전반에서 교사를 '공공의 적'으로 몰아붙인 탓이라고 진단한다.

'교사는 공공의 적이다.' 이 말에는 여러 의미가 담겨 있다. 우선 사회 일반에서 기대하는 교사상과 실제 학교현장의 교사들이 너무 다르다는 점, 즉 교사에 대한 기대가 충족되지 못하고 있다. 학교 밖 학습공간이 점차 확장되는 상황에서 교사에 대한 '기대표준'이 점차 상승되고, 이에 대한 불만족의 표출이라면 일견 자연스러운 진화의 과정이라 할 수 있다. 그러나 단지 '입시경쟁력'이라는 잣대로 교사의 전문성 부족을 고발하는 것이라면, 이는 옳지 않다. 그러니 현장의 교사들은 억울할 수밖에 없다. 학교의 합목적성은 '입시'가 아니라 균형감각을 갖춘 성장 세대의 육성에 있기 때문이다. 이런 점에서 교사가 '공공의 적'으로 간주되는 것은, 교사집단의 잘못이기보다 입시 성공을 강제하는 당대의 시대규범 때문으로 볼 수 있다. 이는 곧 지식의 활용가치가 강조되는 오늘날, 교직이 평범한 직업으로 취급되는 것을 단적으로 보여주는 예다.

교사가 사회로부터 '싸잡아' 비난받는 또다른 이유는 교육개혁 국면에서 정부가 추진했던 교원인사정책과 무관치 않다. 그간 교육개혁 과정에서 교사는 실천의 주체로 인식되기보다 대상화된 측면이 강하다. 즉 교사집단은 '고루한 집단' '변화를 거부하는 집단' '부도덕한 집단' 등으로 인식되고, 개혁 대상으로 지목되어왔다. 이러한 정조(情調)가 사회 일반에 확산되면서 교사들은 '철밥통'의 대명사로 낙인찍혔다. 초등학교 교사인 이현주씨는 '풀 죽은 교사들'의 모습을 이렇게 묘사한다.

열심히 하는 교사들이 훨씬 많은데, 열심히 하지 않으면서 촌지만 받는 교사들로 비치는 것이 서글퍼요. 정부도 교사들을 믿지 않잖아요? 사실 자발적으로 열심히 하는 교사 기 꺾어놓고는, 정부가 하라는 대로 따라오라는 식이었잖아요? (…) 요즘 선생님들 보면 맥이 하나도 없어요. (이현주)

교사의 성장판은 '자부심'이다. 자신의 교육활동에 대한 긍지를 가져야 전문성도 향상되고, 열정도 쏟을 수 있다. 또한 자신의 역할에 대한 자부심 정도에 따라 학부모와의 관계도 그 밀도와 내용이 달라진다. 그러나 그동안 정책적인 차원에서든 사회적인 정서에서든 교사들을 격려하고 지지하는 분위기는 아니었다. 일부 부적격 교사들이 있었으나 교사 집단 전체에 대한 부정적 인식이 과잉 유포된 면이 있다. 자부심을 느끼지 못하는 교사는 무력감과 체념에 빠지게 됨은 물론 '건조한 행위규범'을 그대로 따를 가능성이 높다. 즉 '주어진 수업만 무리 없이 하기' 혹은 '무난하게 학교생활하기' '남의 일에 간섭하지 않기' '남만큼만 하기' 등의 규범을 내면화하게 된다. 이럴 경우 교사는 국가가 제시한 목표, 즉 교육과정 목표만을 충족하게끔 학생을 조형하는 기술적 존재로 자기를 규정하게 된다. 현장 교사들은 바로 이런 점을 경계하는 것이다.

학생·학부모와의 관계맺기의 어려움

교사는 직무수행을 위해 다차원적 관계를 맺는다. 학교구성원과의 관계에서 그들의 역할수행이 가능하기 때문이다. 따라서 교사는 학생, 학부모, 나아가 지역사회 주민과 상호작용을 하게 된다. 이들과의 관계 속에서 역할이 좀더 분명해지고, 이를 통해 자신의 존재를 증명할뿐더러 교육적 권위도 인정받는다. 따라서 관계맺기 그 자체가 교사의 중요한 직무인 셈이다.

일차적으로, 교사의 존재 근거는 바로 '학생'이다. 학생이 없다면 교사도 필요없기 때문이다. 또한 교사로서의 성공과 실패의 판단 기준 역시 학생이다. 교사의 직무 본령은 학생의 학습권 보장에 있다는 점에서 그렇다. 이런 점에서 교사와 학생의 관계맺기는 매우 중요하다. 특히 교사가 학생을 어떤 존재로 규정하는가는 양자의 관계 형식이나 상호작용의 전략을 결정하는 중요한 기준이다. 그런데 '요즘 교사들'은 '요즘 학생들'과의 관계맺기에서 심각한 곤란을 겪는다고 증언한다.

> 예전 아이들은 그래도 인간적으로 눈물에 호소하고 그러면 감동하는 부분이 있었어요. 그런데 요즘은 그렇지가 않아요. 저희 학교에 잘 우는 선생님이 계시거든요. 그런데 애들은 '또 울어. 아, 짜증나' 이런 반응을 보여요. (…) 굉장히 자극적이지 않으면 끌어들이기가 힘들어요. (…) 정서가 너무 메말랐다는 게 느껴져요. 아무리 잔인한 장면을 봐도 가슴 아파하지 않아요. 누가 때리는 걸 봐도 '너무 심하지 않니?' 그러면 '당연히 그럴 수도 있죠. 뭐 어때요?' 이런 식이에요. 폭력이 너무 일상화되어 있어요. 또한 자립능력도 너무 없어요. (…) 수학여행에서 느낀 점인데 버스를 타잖아요. 옛날 아이들은 선생님이랑 앉는 걸 굉장히 좋아했어요. 그래서 순번대로 앉고 바꿔 앉고 그랬는데 요즘은 '따' 당하는 아이가 선생님이랑 앉아요. (권영희)

권영희씨의 눈에 요즘 학생들은 '몰입이 어려운 아이들' '정서가 메마른 아이들' '개념이 없는 아이들'이다. 자신이 교직이 들어올 때 기대하던 '마음이 통할 수 있는 아이들'이 아니다. 이런 현실을 그대로 인정하고 그들을 사랑하려 노력하지만, 이것이 잘 통하지 않다보니 "내 능력이 요것밖에 안되나 싶어" 자괴감에 빠지곤 한다. 그리고 학생들과의 관계 맺음이 자꾸 버겁게 느껴진다. 형편이 이렇다고 학생들을 포기할 수도 없는 처지이기에 '때려보기'도 하고 '유치하게 우스운 분위기'를 만들어 교감을 시도해보지만 실패하는 경우가 더 많다. 이러한 '관계맺기의 어려움'은 특정 학교나 교사의 문제만이 아닌 듯하다. 대체로 교사들이 비슷한 고통을 호소한다. 교련교사로 교직에 입문하여 현재는 실업계학교에서 '재량활동 교과'를 담당하는 24년차 교사 진유정씨의 진단도 크게 다르지 않다

> 제가 10여년 전까지는 감동의 물결을 흐르게 해서 수업을 이끌어가는 게 가능했어요. 예를 들어서 부모에 대한 것, 친구에 대한 것 등에 대해서 이야기하면 옛날 애들은 숙연해지면서 울먹울먹하고, 또 그런 모습을 보면서 제가 더 감동받고 그랬어요. 그런데 지금은 그게 잘 안돼요. 또 그때는 반 아이들 전체가 저를 주목하면 주르륵 전기가 통하는 걸 느꼈었는데, 그게 사라진 지 한 10년 됐어요. 요즘은 그냥 애들은 애들대로, 저는 저대로인 거죠. (…) 좁은 공간 안에서 선생님들의 권위를 무시하는 행동을 서슴없이 하고, 선생님은 또 그 공간 안에서 권위가 무너졌다고 생각하니까 폭력적으로 변하거나 애써 무시하고, 아이들은 그 권위적인 게 못마땅하니까 더 삐딱하게 나가고 하는 식으로 악순환이 되는 경우가 참 많아요. (진유정)

대개 교사와 학생은 선택 관계가 아니다. 제도나 학교행정 관행대로 우연히 관계를 맺지만 그 형식은 공식적인 관계다. 따라서 상호간에 일정한 룰과 인간적 신뢰는 관계의 밀도를 지속하기 위한 전제 조건이다. 그러나 학교현장에서는 이런 조건마저 기대하기 어려운 상황인 듯하다. 학생과 교사 간의 불신이 깊다. 그러니 서로 마음을 터놓고 대화하고, 상대방의 이야기를 경청하고, 배움을 함께 고민하기 어려운 상황이다.

이런 조건에서 교사들은 이전에는 생각지도 않던 '정서적 노동'

(emotional labour)을 하게 된다. 즉 학생들이 자신에게 호감을 갖도록 '마음 쓰기'와 '눈치 보기'를 하게 되는 것이다. 그런데 이러한 '정서적 노동'의 강도는 점점 커지지만, 기대만큼 효과가 나타나지는 않는다. 학생들의 반응을 이끌어내는 데 필요한 자극량이 점차 증가하기 때문이다. 이런 상황에서 교사들의 무력감은 더욱 증폭된다.

> 강남은 다 선행학습이 된 아이들이기 때문에, 높은 수준으로 가르칠 수밖에 없는 상황이에요. 일단 아이들이 자기보다 선생님이 모른다고 생각하게 만들면 안돼요. 그래서 제가 의도적으로 어려운 얘기를 찍어서 하거든요. '우리 선생님한테는 뭐가 나올 게 있구나, 배울 게 있구나, 우리 선생님은 많이 아는구나', 이걸 심어줘야 되요. 그래야 집중을 하거든요. (이현주)

이현주씨는 사범대 출신의 8년차 초등학교 교사이다. 그는 학생들과의 관계를 고려해서 높은 수준의 수업을 전략적으로 구사한다. 그가 근무하던 강남의 특성상 그렇게 하지 않을 경우, "교직생활을 하기가 보통 어려워지는 것이 아니기" 때문이다. 그는 이런 수업전략 이외에도 소신 있게 '매'를 들기도 한다. 그래야 교사 노릇의 기본이라도 할 수 있다는 인식 때문이다.

교사들 상당수는 요즘 아이들을 버거워한다. 심한 경우에는 '아이들 무섬증'을 앓기도 한다. 특히 개별 교사가 다수 학생을 대하는 상황에서는 체벌 같은 통제수단이 불가피하다고 주장한다. 교사들의 이러한 체벌 주장은 감춰진 문제의식의 노출일 가능성이 크다. 즉 학생인권을 보호하자는 주장을 넘어서 '그 어떤' 선결과제가 해결되어야 학생 다수의 인권도 보장되고 교사들도 자기 직무를 제대로 수행할 수 있다는 것이다.

교사의 교직활동 중 가장 핵심은 교과수업이다. 그리고 교사들이 교직 수행에 어려움을 느끼는 주된 이유 또한 수업의 파행이다. 교실의 물리적 조건이 개선되었음에도 수업하기는 더 어려워졌다고 한다. 즉 수업에서 학생을 통제하기 어렵고, 그 결과 '교사 따로' '학생 따로' 수업이 진행된다는 이야기다. 교사들에게 수업은 매일의 걱정거리이자 스트레스의 원천이다. 이런 문제를 극복하고자 교사들은 학생들의 수업참여 향상을 위해 정서적 유대감을 형성하려고 노력하고, 수업 방식을 바꾸려고 다양한 방안을 강구한다. 그러나 학생들의 반응은 삐딱한 경우가 많다. 경우에 따라서는 교사의 말을 희화화하거나 더 심한 경우에는 신경전을 벌이는 상황까지 벌어진다. 수업에서의 이러한 관계 왜곡은 교사들에게 큰 절망감과 회의감을 갖게 한다.

연구자 이혜영의 비유처럼, 교사와 집단으로서의 학생의 관계는 시소와 같다. 즉 한편에는 교사가 다른 한편에는 학생집단이 앉아 있고, 교사는 이 시소의 균형을 유지하기 위해 씨름을 하는 것이다. 어느 교사의 하소연은 시소게임의 고단함을 잘 보여준다. "학생들에게 빌어가며 수업을 진행해도 절반 이상이 잠자기 일쑤고, 조금만 야단쳐도 대드는 아이들을 보면서 조금씩 지쳐간다." 지금 학교현장에서는 변화된 아이들에게 적응하지 못하는 교사와 교사를 왕따시키는 학생의 시소게임으로 서로 조금씩 멀어져가고 있다.

관계맺기의 어려움은 학부모와의 관계에서도 나타난다. 교사와 학부모는 가깝고도 먼 관계이다. 양자는 서로를 친밀해져야 할 대상으로 여기면서도 전적으로 신뢰하기 어려운 대상으로 인식한다. 따라서 때로는 협력관계를 맺지만 경우에 따라서는 서로를 경계하는 관계가 된다. 교사와 학부모의 이러한 관계의 특이성은 각자의 관심 대상이 다른 데서 기인한다. 즉 교사가 학생을 집단으로 인식하는 반면, 학부모는 자신의 자녀를 중심으로 교사와의 관계맺기를 시도하기 때문이다.

저는 학부모들 만나면 반드시 얘기하거든요. '저 혼자의 노력으로 될 수 있는 교육이 아니다, 학교가 모든 걸 해주길 바라시지 마시고 제가 어떤 걸 지도하면 제발 집에서도 지도를 해달라.' 저는 6개월 동안 반복해서 얘기를 하는데, 방학 두달 지나면 애들이 개판이 돼서 다시 돌아와요. 그럼 다시 2학기 때 시작을 하는 거예요. 부모님들 불러서 얘기하면 '아, 그렇군요. 선생님' 또 이래요. 그러니까 그런 연계가 안되는 것이 좀 문제가 있다고 생각하고요. (…) 어느 상황에서는 때릴 수도 있고, 혼낼 수도 있는데 그런 것을 고소를 하고요. 투서를 보냈는데, 내용이 너무 어이가 없는 거예요. (…) 예를 들어서 '어떤 단원은 너무 진도를 빨리 나가고, 어떤 단원은 진도를 너무 늦게 나간다.' 그런데 그건 명백히 교권 침해잖아요. 근데 그것을 써가지고 '모월 모시 무슨 과목시간에는 너무 빨리 나갔고, 모 단원은 너무 늦게 나갔다'라고 해요. 저는 분노하지만, 그랬을 때 더 웃긴 것은 교장, 교감 선생님 반응은 '더 시끄러워지기 전에 빨리 해결해라'예요. 그게 많이 절망한 부분이었어요. (이현주)

이현주씨의 경우처럼, 교사들은 학생교육과 관련해서 학부모와의 협력을 강조한다. 교사와 학부모가 보조를 맞추어야 교육효과가 나타난다고 믿는다. 그런데 요즘 부모들에게는 교사의 말이 잘 먹혀들지 않는다. 교사들의 학력이나 사회적 지위가 학부모에 비해 현격히 높을 때와는 사정이 많이 달라진 것이다. 학부모의 교육수준과 사회적 지위가 향상되는 것에 반비례하여 교사의 권위나 위엄을 인정하려는 분위기는 약화돼가는 경향을 보인다. 이러한 상황에서 교사들은 교육활동에 대한 학부모의 이견을 간섭으로 생각하고, 부모의 간섭이 지나치다 싶은 경우에는 분노하게 된다. 따라서 교사들은 늘 학부모에게 문제제기를 당하지 않아야 한다는 강박을 갖게 되고, 교육활동을 실행하는 과정에서는 문제를 사전에 예방하는 방법만을 찾게 된다. 교사들이 학부모에 대해 방어적 대응을 하는 것 역시, 문제를 일으키지 않고 살아남기 위한 전략인 셈이다.

법리로 보자면, '교육권은 재학부모'(敎育權在學父母)라 해서 주권재민(主權在民)의 원리와 같다. 따라서 학부모의 교육권은 교사보다 우선한다. 이 법리대로라면, 학부모는 국가 혹은 단위학교로부터 그에 합당한 대우를 받아야 옳다. 따라서 학부모의 교육권 신장을 위한 씨스템의 재구조화를 고민할 필요가 있다. 씨스템으로 해결해야 할 일을 개별 교사가 담당하는 경우에는 학부모 요구가 충족되기도 어려울뿐더러 교사가 감당해야 할 부담 또한 너무 크기 때문이다. 이런 점에서 교사·학부모의 윈윈(win-win) 기획이 가능한 씨스템을 하루속히 개발해야 한다.

오래된 담합과 금기

학교는 본질적으로 구성원들이 교학상장(敎學相長)하는 곳이다. 교사와 학생은 물론 교사와 학부모는 서로를 가르치고 배우면서 동반성장하는 관계이고, 교사들간의 관계 역시 그러하다. 따라서 교사들간에는 '동료성'(collegiality)이 중요하며, 이때의 동료성은 단순한 인간적 친밀감 이상으로 교육활동의 밀도를 높이고, 가치공유를 통해 공동체적 학교문화를 형성하는 데 필요한 '조직내 프랜드십'(workplace friendship)이다. 통상 조직내 프랜드십은 직장에서 함께 일하는 동료들과의 신뢰와 헌신, 애정의 바탕 위에 관심사와 가치를 공유하는 비배타적 관계를 의미한다.[4] 이런 관점에서, 교사들의 동료성은 교육에서의 성공을 위해 정보를 교환하고, 직무에 관해 협력하고, 가치 현실화를 함께 고민하고, 정신적 위로를 아끼지 않는 관계를 의미한다. 만일 이러한 동료성이 학교사회에 충만하다면, 교사들의 실천적·맥락적 차원의 전문성은 신장될 것이고 그들은 학교에서의 삶을 가치있게 인식할 것이다. 교사들이 동료와 협업할 때, 학생들도 의미있게 성장할 가능성이 높아진다. 그러나 역으로 동료성이 형성되지 않는 조건에서는 교사 각자의 교육활동은 파편화될 것이고 공동체적 교직문화를 기대하기도 어렵다. 그렇다면 교사들이 말하는 교직사회의 지배적인 행위 규범은 무엇일까?

> 초임 학교에서 중3 담임을 주더라고요. 그땐 잘 몰랐는데, 선생님들이 자기가 원하는 학년을 다 뽑고 늦게 오는 신규나 전근 오는 사람들에게 '안 좋은' 학급을 맡겼더라고요. '가장 열악한 반!' 기존에 계셨던 선생님들은 다 아시잖아요? 어느 반에 이상한 아이들이 몰려 있는지요. (…) 가르쳐주는 사람도 없는 상황에서 처음에 무척 고생했어요. (…) 교사들이 좀 그래요. 친절하게 안내하고 가르쳐주는 분위기가 아니죠. 눈치껏 알아서 하는 수밖에 없어요.
> (권영희)

권영희씨의 경우처럼 대개 교사들은 초임 시절 '눈치껏 알아서' 해야 한다. 기대와 다른 학교 현실과 낯선 업무로 심한 갈등을 경험하지만, 이런 것을 동료가 나서서 알려주지 않는다. 그저 혼자서 감당해야 할 몫이다. 이처럼 교사되기(교직사회화) 과정은 호되다. 교직사회화 프로그램이 체계적이지도, 그렇다고 선배교사들이 친절하게 지도·조언하는 분위기도 아니기 때문이다. 로티(Dan Lortie)는 이러한 상황을 '헤엄쳐 살아남거나 빠지거나'로 묘사했다.[5] 대학시절 배운 교육학 교과서도, 임용고시 과정에서 공부한 내용도 전혀 도움이 안되고, 책을 들추어볼 여유도 없이 지내게 된다. 권영희씨의 회고담은 학교현장의 교직사회화 씨스템이 얼마나 후진적인가를 단적으로 보여주는 사례다.

교사의 전문능력은 대학에서의 교직과정보다는 학교현장에서의 실제 경험과 배움으로 더 잘 형성될 수 있다. 따라서 학교에서는 전문적 동료문화(collegial culture)를 어떻게 구축할지를 고민해야 한다. 실제로 선임교사의 조언은 초임교사에게 큰 도움이 된다. 선임자들 또한 신임교사에게 조언하는 과정에서 자신의 수업을 반성적으로 검토하게 된다. 또한 조언자 역을 맡는 선임교사들은 지도자 역할을 수행함으로써 직무 만족도가 높아지는 계기가 되기도 한다. 이런 점에서 교사 상호간의 가르침은 개별 교사는 물론 학교문화를 재구조화한다는 차원에서도 중요한 의미를 갖는다. 그런데 학교현장의 교직사회화 과정을 보면 교학상장의 기풍이 느껴지지 않는다. 이는 교사들간의 금기, 즉 '서로 간섭하지 않는다'는 오래된 불문율에서 연유하는 것이다.

> 아주 친한 사람이 아니면 힘들어요. 교사들은 남한테 충고해주는 것을 못해요. 함부로 좋다 나쁘다 이야기할 수 없습니다. 내가 볼 때 저 수업이 아니다 싶어도 이야기할 수 없어요. 아주 친하다고 해도 수업은 마지막 자존심이기 때문에 함부로 말 못하는 거죠. 동료장학(獎學)의 의미가 거의 없다는 생각이 들기도 해요.(경기 P고 K 교사)[6]

'불간섭'이라는 불문율은 교사 상호간에 교육적 교류마저 방해하는 요인이다. 즉 교사들간의 동료장학이 의례화·화석화되고 있는 것이다. 동료장학은 교사 상호간에 전문성에 대한 자극과 도전을 통해 동반성장할 수 있는 제도적 장치임에도 현장에서는 대개 형식적으로 운용되거나 자주 생략된다. 특히 불간섭 '금기'가 깨지는 경우, 이를 깨뜨린 사람은 배척되는 분위기이다. 교사들의 경력이 쌓일수록 간섭금지 규범은 더욱 강화되는 경향이 나타난다. 이러한 금기와 담합으로 인해 교사들은 초임시절부터 혼자서 시행착오를 겪으며 수업의 방법과 디자인 능력을 터득하게 된다. 그리고 각자 터득한 수업비법은 공유되지 못하고 '갇힌 현장

지식'으로 남게 된다. 이러한 교직사회의 담합과 금기 분위기에서, 권영희씨의 언급처럼 교무실은 점차 구획되고 단절되는 모습으로 변모해간다.

> 보통 선생님들의 대화 주제는 아파트 평수는 어떻게 넓힐 것인가, 부자가 되는 방법은 무엇인가, 여유시간에 무엇을 쇼핑할 것인가 등이에요. 정말 선생님들이 인터넷 쇼핑에 굉장히 관심이 많아요. 저는 처음에는 그런 게 굉장히 답답했어요. 매일 '싸이트'나 아파트 평수 얘기하는데 저는 정말 관심이 없거든요. (…) 그러니 저같이 생각의 주제가 좀 다른 사람은 선생님들 사이에서 적응이 힘들어요. (…) 그리고 선생님들과 이야기하다보면 가슴이 아플 때가 있는데요. 대화의 많은 부분이 애들 욕이거든요. (…) 선생님들 관심 자체도 직업인으로서의 교사에 있는 경우가 많아요. (권영희)

> 예전하고 선생님들이 많이 달라진 것은 교류가 없다는 것이에요. 예전에는 동호회활동도 하고 술 마시면서 아이들 이야기도 많이 했는데, 컴퓨터가 들어오니까 다 모니터만 보고 있고요. 매일 웹써핑 하죠. 이런 분위기에서 얘기하기가 쭈뼛거려져요. (진유정)

현장 교사들이 전하는 교무실 분위기는 예전과 사뭇 다르다. '아파트 넓히기'나 '부자되기' 같은 물적 욕망 충족의 대화는 활발한 반면 학생들이나 교육활동에 대한 대화는 드물다. 교육 관련 대화를 시도하는 것이 오히려 '이상하게 느껴지는' 분위기라고 한다. 특히 교사들 스스로 학교를 직장으로 이해하고, 자신의 역할도 기능적 차원에서만 이해하려는 분위기도 강해지고 있다. 또한 컴퓨터에 몰입하여 교사들은 서로 고립되어 간다. 이러한 분위기에서는 고민하는 교사, 교육적 성찰을 갈구하는 교사가 오히려 동료들과의 관계에서 소외감을 경험하게 된다. 이런 점에서 교사들 스스로 오래된 담합과 금기를 깨고 서로의 성장을 위해 협력하는 학습공동체를 만들어가는 것이 필요하다. 이는 교사간의 호혜적 관계의 정립을 통해 가능해질 것이고, 이러한 관계야말로 학교자치의 토대가 될 것이다.

'개혁 피로감'과 '부정적 미덕'의 심화

교사들은 개혁 피로감에 빠져 있다. 그간 정부에서 추진해온 교육혁신정책들이 학교현장을 더욱 혼란에 빠지게 했다는 생각이 팽배하다. 그런 탓에 제도 개선에 냉소적이다. 이는 정부의 하향식 교육개혁에 대한 불신이 가져온 정서적 반작용이다.

> 해결되지도 않을뿐더러 씨스템 문제를 고민하면 에너지가 너무 많이 소진되요. 아이들하고의 관계는 제도문제를 벗어나서 열정을 쏟아 부어야 되는 거거든요. 그러니 제도문제는 제 영역이 아니더라고요. (…) 저 같은 경우는 사실 제도의 모순에 대한 고민은, 해도 안되는 부분이라고 접어놓고 있었죠. 정부가 하는 일은 거의 틀에 박힌 얘기잖아요. 교사가 변해야 한다는 거잖아요? (권영희)

권영희씨에게 교육제도나 씨스템 개선에 대한 고민은 '내 영역'이 아니다. 그런 문제를 고민한다고 학교가 변하리라 기대하기 어렵다는 것이다. 차라리 제도에 대한 고민에 에너지를 쏟는 것보다는 학생들과의 만남에 더 많은 열정을 쏟는 것이 훨씬 현실적이라고 판단한다. 특히 자신이 제도의 모순을 고민한다고 해결될 수 있는 것도 아니라는 입장이다. 교사들의 이러한 체념과 냉소는 학습효과때문이다. 즉 그간 정책결정 과정에서 교사들은 배제되고 도리어 개혁 대상으로 지목 되어온 소외의 경험과 관련있다.

교사들의 개혁 피로감은 새로운 교원정책이 등장할 때 더욱 강하게 표출된다. 대표적 예가 참여정부가 추진한 교원평가제이다. 정부에서는 교원평가제의 목표가 교사들의 자발적인 능력 개발의 계기를 마련하는 데에 있다고 주장한다. 그러나 교원평가제를 반대하는 교사들은 학교현장을 너무 모르고 하는 소리라고 지적한다. 교사들의 업무 특성상 우열의 판별이 가능하지 않을뿐더러 도입 취지와는 무관하게 악용의 소지가 있다는 것이다. 즉 교원평가제가 교원에 대한 구조조정 목적을 은폐하고 있음을 들어 도입취지 자체를 의심한다.

지금 교원평가제 얘기 나왔으니까 하는 말인데요. 우리나라 교원평가는 모두 실패죠. (…) 사실 학교에 오면 올바른 평가가 이루어지지 않아요. 희한하게 꼬이거든요. 내가 볼 때 저 사람은 반드시 잘려야 할 사람인데 그런 사람은 문제가 안돼요. 그런 구조예요. (…) 새롭게 시도하다 실수하면 그것이 빌미가 되고, 실수하지 않고 그냥 그렇게 하면 절대 안 잘리는 씨스템인 거예요. (…) 교사들이 내 살을 깎아내는 심정으로 평가해야 되겠지만, 그건 굉장히 어려운 거거든요. 서로 아는 사이에 냉정하기가 어디 쉽겠어요? (권영희)

교사평가를 어떻게 해요? (…) 저는 일을 벌이는 스타일이거든요. 프로젝트를 따서 MBTI(성격유형검사)도 하고, 외부 강사 불러다 특강하고 그래요. 이런 일 하고 나면 설문지 받아야 되고, 아이들 소감문 받아야 되고, 사진까지 첨부해서 서류를 해놔야 돼요. 그런데 다른 선생님들은 안해도 되는 건데 긁어 부스럼낸다고 귀찮아하죠. 이런 상황에서 만약에 상호평가를 한다고 하면, 저에 대해서 얼마나 좋은 평가를 할지 의문스러워요. 학교 분위기가 그래

요. (진유정)

위의 두 면담자 진술처럼, 교사들은 지금까지의 학교운영 관행, 교사들의 관계방식, 업무패턴 등을 고려할 때 교원평가는 실패할 확률이 높다고 본다. 만약 교원평가제가 실행된다면 내용은 없고 형식만 화려한 이벤트가 빈번해질 것이고, 이러한 풍조가 과연 교육적으로 바람직할 것인가의 문제도 있다. 특히 교사들간에 전문적 동료성이 부족한 실정에서 동료평가가 실시된다면, 교무실의 구획화는 더욱 심화될 것이고 이로 인한 폐해는 학교를 더욱 황폐하게 만들 것이란 점도 지적된다. 그리고 교원평가의 기준을 설정하는 문제에서도 교사들의 합의가 쉽지 않을 것이라는 점을 우려한다. 이러한 우려와 지적은 교원정책이 현장 적합성을 확보하기 위해서는 정책수립 과정에서 교원들의 참여 보장을 주문하는 것이기도 하다. 이러한 조건 자체가 정책에 대한 교직사회의 동의를 얻는 과정이 될 것이기 때문이다. 이 점을 강조하는 것이다.

초등학교 교사인 이현주씨는 "교육의 결과라는 게 굉장히 늦게 나타나고, 초등교육의 경우에는 그것이 더한데 타당한 기준을 만들 수 있는가"를 반문한다. 그러면서 일상적 업무수행과 관련된 직접적이고 구체적인 문제들에 대한 대책이 더 시급함을 강조한다. 교원평가제 같은 거창한 정책보다는 학교의 행정절차를 개선하는 일이나 학습활동 지원씨스템을 갖추는 일이 더 중요하다는 주장이다.

> 9시에 공문 오면 10시까지 제출이에요. 제가 도서관 운영을 했었거든요. 예를 들어 '누구누구 국정감사 요구자료, 3월부터 12월까지 구입한 책의 권수를 제출하시오.' 이렇게 나오면 참 감사하잖아요. 다른 사람한테 또 왔어요. '3월부터 상반기까지 제출하시오.' 그다음에 하반기가 또 오고, 올해 4월까지

가 또 와요. 그러니까 같은 작업을 5,6번 하죠. 거기까진 괜찮아요. 예산이 얼마인데 거기서 몇 퍼센트를 지불했는지 그것을 분기별로 또다시 내라는 거에요. 요구 자료가 다 다르고, 9시에 오면 반드시 10시까지 제출이에요. 완전히 밥이에요. 밥. (…) 그리고 전산화 씨스템 참 나빠요. '페이퍼리스'(paperless)를 하겠다고 그래서 전산화한 건데, '다 출력해놔라' 하니까 화가 나고 짜증나죠. 모든 게 이중으로 되니까요. (이현주)

교사들은 국가 차원에서 교사들의 전문성 신장을 위해 별도의 교원정책을 만들기보다는 행정업무의 구조를 바꾸는 것이 시급하다는 입장이다. 교육활동과 무관한 것이 많거니와 심지어는 행정업무가 교육활동을 방해하고 있다는 지적이다. 이러한 행정구조를 바꾸면, 교사들은 교육활동에 전념할 수 있고 이런 과정에서 자연스럽게 전문성이 신장될 것이라는 생각이다. 즉 교사의 자발성을 억누르는 관료적 행정구조의 폐해를 국가가 외면하면서 엉뚱한 교원정책이나 들고 나온다고 느끼는 것이다.

실제로 한국교원단체총연합회가 2007년 10월에 펴낸 「교원의 잡무 경감 방안 연구」 보고서에 따르면, 조사 대상 교원의 58.4퍼센트는 '교사의 역할이 수업이나 생활지도에 관한 것보다 행정업무에 치중돼 있다'고 응답하였다. 특히 전체 공문서 중 상당수가 형식적 서류구비, 실적 제출, 업무 중복 및 단순 반복, 현황 서류 등의 협조요청이나 단순 행정홍보 성격의 공문이었다는 것이다. 이런 상황에서 교사들은 빨리 공문 처리하기, 꼬투리 잡히지 않을 방식으로 처리하기, 대강 알아서 처리하기, 형식 잘 갖추기 같은 방식으로 대처하고 있다.

교사들은 공고한 관료적 행정구조 속에서 자율성을 발휘하기보다는 명령, 시달, 침묵, 묵종, 순응 같은 부정적 미덕을 내면화할 가능성이 높다. 이런 조건에서는 높은 수준의 역량을 갖춘 교사라 할지라도 시간이 흐름에 따라 점점 더 탈기술화되고 무능해질 것이다. 영문학자 도정일의 지적처럼, 교사들의 식물화 현상이 나타나게 된다.[7] 어느 교사는 학교 행정구조의 폐해를 다음과 같이 지적하고 있다.

> 내가 보기에 우리나라 교사들은 학교에서 일하는 시간의 30퍼센트 정도를 수업이 아닌 다른 일을 하는 데 사용한다. 자신이 가진 열정의 50퍼센트 정도를 수업이 아닌 다른 곳에 바치고 있다. 나아가 자산이 가진 창의력의 70퍼센트 정도를 수업이 아닌 다른 일에 발휘하고 있다. (…) 이런 상황이라면 학교가 망하지 않는 것이 이상할 정도다. (…) 내가 말하려는 것은, 교사들이 수업과 교육에 투여해야 할 시간과 열정, 창의력의 많은 부분을 학교의 비본질적 업무인 사무행정업무(잡무)에 투여하고 있다는 것이다. 교사들이 그렇게 할 수밖에 없도록 학교가 제도화되었고, 구조화되어 있다는 것이다.[8] (이기정)

학교를 망하게 할 만큼의 관료적 행정구조가 바뀐다면, 교사의 전문성이 신장될 수 있다는 이 주장은 다수 교사들의 입장을 반영한다. 면담 과정에서 만났던 교사들도 같은 맥락의 주장을 반복했다. 이런 점에서 이기정씨의 이야기는 '교사들'을 대표한다.

희망 복원의 조건

당대 교사들의 삶은 침울하다. 자부심도 예전만 못하고 바뀐 학생이나 학부모와의 관계에서도 불화가 심하다. 그리고 교사들간의 동료성도 점차 옅어지고 있다. 그리고 학교 내부에서 행정업무로 진을 빼는 상황이다. 전문성 신장과는 거리가 먼 학교구조를 답답해하지만 그저 순응한다. 이러한 현실이 우려되는 까닭은 성장동기의 위기로 발전할 수 있기 때문이다. 따라서 학교를 '희망의 둥지'로 만들기 위해서는 교사가 활력을 되찾아야 한다. 그러기 위해서는 교사를 둘러싼 다양한 차원의 문제들을 새롭게 진단하고 문제 해결을 위한 상상력을 발휘할 필요가 있다.

우선 현장의 교사집단 내부에서 교직의 사회적 의미와 윤리적 의미를 성찰하는 기풍의 진작이 필요하다. 성찰은 개별 교사에게 정체성과 주체성을 확립하는 기회가 된다는 점에서 중요하다. 그리고 동료성 회복을 통해 교무실의 학습조직화를 어떻게 추동할 것인가에 대한 고민도 필요하다. 학교문화가 진보하기 위해서는 교사들이 서로 가치를 공유하고 교육활동과 관련한 집단적 지혜를 모아야 한다. 이러한 성찰과 공동학습 과정에서 교사들은 자연스럽게 자신의 존재 의미와 가치, 근거 등에 대한 분명한 답을 찾게 될 것이다. 교사의 성장은 혼자만의 노력으로는 한계가 있다. 또한 학교의 맥락과 상관없이 진행돼서도 안된다. 이런 점에서 권영희씨의 다음 이야기에는 교직사회가 어떻게 변화해야 하는가에 대한 실마리가 있다.

> 제가 대안학교 선생님들하고 얘기해보면 대화의 수준과 질이 우리와 한참 다른 거예요. 그들은 무엇을 고민하느냐면 어떻게 아이들을 올바르게 성장시킬까예요. 우리는 애들 욕하다가 끝나거든요. 근데 그들은 어떻게 하면 이 문제를 해결하고, 교육철학을 어떻게 세울까, 어떤 것이 바른 것인가를 끊임없이 고민하더라고요. 우리 선생님들은 교육철학이 정말 부재해요. 그런 것을 생각하지 않아도 학교 선생님으로 살아갈 수 있는 씨스템인 거죠. 교사들이 교육철학을 함께 토론하는 문화를 만들고, 학교는 이것이 가능한 씨스템을 만들어야 해요. (권영희)

교사의 전문성은 텍스트나 연수를 통해 길러지는 것이 아니라 학교현장에서의 구체적 활동 속에서 시행착오를 거치면서 길러진다. 그리고 교사 각자가 터득한 실천적 지식은 상호교류 과정을 거치며 더욱 진화하게 되고, 나아가 집단지혜를 생성하게 된다. 이런 점에서 교사간에 교학상장이 가능한 학습풍토를 만드는 일은 희망 복원의 일차 조건이다.

또하나 중요한 것은 교사들의 삶에 영향을 미치는 외적 조건의 변환이다. 거기에는 교육정책, 교육과정, 행정씨스템, 지원체제 그리고 학교를 둘러싼 주변환경 등이 모두 포함된다. 지금껏 이러한 외적 조건은 교사가 자율적 능력을 신장·발전시킬 기회를 제한하여, 피동적 교직 수행을 관습화해온 경향이 강하다. 따라서 외적 조건의 변화와 관련해서는, 교사들을 무력하게 만드는 요인들을 우선 제거할 필요가 있다. 교사들의 성장동기가 새로운 씨스템 안에서 자극될 때, 교사들의 창조적 상상력, 질문능력, 토론능력, 성찰능력 신장은 물론 장기적으로는 공동체적 학교문화가 정착된다. 이런 점에서 현장 교사들의 참여와 실험적 실천을 고무하는 정책 환경 및 학교운영 체제로의 전환이 필요하다. 이러한 조건이라면 교사들도 냉소적 관망을 버리고 교육활동에 몰입하게 될 것이다. 요컨대 통제 중심의 교원정책이나 관료적 학교운영이 지속되는 조건에서는 몰개성의 덫(trap of depersonalization)에 빠진 교사들이 활력을 되찾기 쉽지 않다. 지금까지 역대 정부가 추진해왔던 교육개혁의 역사가 바로 이를 입증한다.

3. 탈인습적 교육 실천의 상상력[9]

작은 학교 거듭나기: 꿈을 현실로

'아이들도, 교사도 다니고 싶은 학교를 만드는 것' 이것이 결국 공교육문제를 해결하는 열쇠가 아닐까? 최근 그런 학교 만들기에 성공한 학교들이 하나둘 생겨나고 있다. 성남의 남한산초등학교는 공립초등학교의 모범적인 혁신 모델로 전국에서 주목을 받고 있고, 폐교될 위기에 있던 아산 변두리의 거산분교는 대안적 교육철학에 기초한 학교 운영으로 대안학교 못지않게 좋은 학교로 소문이 나면서 인근 도시의 아이들이 몰려들고 있다. 완주 삼우초등학교, 부산 금성초등학교 같은 혁신적인 학교들이 계속 생겨나면서 '작은학교교육연대'라는 단체가 만들어지기도 했다. 현재 이 단체를 중심으로 각 학교 교사들이 정보를 교류하면서 대안을 확산하려 노력하고 있다.

> 우리 학교[남한산초등학교]의 의미는 특별한 학교가 하나 만들어졌다기보다는 우리가 처한 조건에서 한계를 희망으로 만드는 새로운 출발에 있다고 본다. 먼저 폐교 위기의 낙후한 시설을 오히려 처음부터 교육환경을 바로잡을 수 있는 기회로 활용하여 아름다운 학교로 만들어가고자 했다. 그리고 전교생 120명인 6학급 소규모 학교, 교사 인력의 한계를 외부 인력풀을 활용하는 계기로 삼았으며, 계절학교, 다모임, 숲속학교 등 작은 학교만이 누릴 수 있는 독특한 교육과정으로 계발하려 했다. 또한 시골이라는 지역적 한계를 자연, 문화, 역사 등 삶과 함께하는 체험활동 중심의 교육과정을 가능하게 하는 요소로 활용했다. 무엇보다 공동체 구성원간에 건강한 결합과 소통의 방식을 새롭게 선보이면서 학교의 꿈을 함께 그렸다.[10]

삼우초등학교의 특징은 다양한 수업 형태에서 드러난다. 교실 안팎을 넘나들고 체험을 중시하는 수업은 대안학교와 비슷하다. 4학년 담임 염시열 교사는 "선생님들 모두 많게는 수십가지의 수업 형태를 연구해서 쓰고 있다"고 전했다. 교사들은 체험학습에 드는 품을 아끼지 않는다. 6학년 담임 조형운 교사는 "도시에선 말로 설명할 뿐인 내용도 여기서는 아이들이 몸으로 느끼고

생각할 수 있도록 늘 고민한다"고 말했다.[11]

이들 작은 혁신학교들은 구성원간의 소통을 통한 공동기획, 지역의 교육자원을 활용한 체험활동 중심의 교육과정 구성, 다양한 인력풀의 구성과 참여, 학습형식의 다양화 등 새로운 시도를 했다는 점에서 단위학교의 재구조화 조건을 확인시켜준다. 하지만 작은학교 혁신 사례가 아직 초등과정에서만 나타나고 있는 것을 간과해서는 안된다. 이 현상에 대해 서근원 박사는 이렇게 진단한다.

> 초등학교는 6개 학년이기 때문에 여섯 명의 선생님만 있으면 되는데 중학교는 과목별로 교사가 필요하거든요. 그리고 이 교과전공이라는 것이 각각의 학문의 특성을 반영하고 있기 때문에 아무리 학문에는 관심이 없다고 하더라도 자기 관심사가 다 있어서 같이 모여서 얘기하기가 더 어렵더라고요. 온양중학교에서 그 비슷한 작업을 하고 있는데, 전교조 선생님들이 중심이 돼서, 일부러 그 학교에 같이 들어가서 뭔가 해보겠다고 열심히 하고 계신데 아직은 결과를 알 수 없어요. (서근원)

작은학교운동이 공교육의 희망이 될 수 있을지는 아직 미지수이다. 현재 작은학교 혁신 사례는 도시 근교에 제한돼 있는데, 대도시 학교나 시골 학교에까지 이런 움직임이 퍼져나갈 수 있을지는 알 수 없다. 대도시의 대규모 학교가 작은학교로 변화할 가능성은 현재로서는 보이지 않는다.

> 지금 이런 움직임이 대도시로 확장되고 또 산간벽지 학교까지 전파되려면 30년은 넘게 걸리지 않을까 생각해요. 얼마만큼 확산될지도 미지수고요. 그리

고 만약 이게 희망의 씨앗이라고 하면 희망의 실체가 무엇인지 일단 확인을 해야 되잖아요. 무엇을 희망으로 봐야 될지가 불분명하다는 거죠. 단순히 무슨 체험학습을 열심히 한다는 것을 희망으로 보기는 어려울 것 같아요. 그렇다고 이런 열성을 가진 선생님이 있다, 그것 역시 저는 희망이 아니라고 봐요. 왜냐면 그건 결국 개인의 문제로 귀착되거든요. (서근원)

흔히 집을 새로 짓는 것보다 헌집을 고치는 일이 더 어렵다고들 한다. 학교도 마찬가지일 수 있다. 기존 학교 틀 안에서 어떻게 해보려고 애를 쓰다가 에너지를 낭비하고 결국 모두가 지쳐버릴 수도 있다. 발상을 바꾸어 새로운 작은 공립학교들을 만들어간다면 혁신 모델을 만들기가 더 쉬울 수 있다. '새 술은 새 부대에 담으라'는 말이 있듯이 낡은 집에 연연하지 말고 새집을 짓는 과단성도 필요하다고 본다.

해마다 몇십개 학교들이 새로 설립되는데, 그 학교들부터 새로운 개념으로 설립과 운영을 해간다면 공교육의 혁신이 좀더 속도를 낼 수 있을 것이다. 그러기 위해서는 준비된 교사와 교장이 필요한데, 그 일을 민간 차원에서 풀 수 있도록 물꼬를 터주는 것이 필요하다.

학교 안에 또하나의 작은학교를 만드는 것도 방법일 수 있다. 대안학급같이 어정쩡한 형태가 아니라 완전히 독립된 작은학교를 만들어야 할 것이다. 한 층을 별개의 작은학교로 만드는 것도 생각해볼 수 있다. 학생수가 줄어들어 고민인 도심지 학교를 그렇게 바꿀 수도 있을 것이다. 수능시험 지원자가 대학 신입생 정원에 미달되는 사태가 빚어지고 있는데, 남아도는 대학 강의실을 임대하는 것도 한 방법이다.

교육예산은 부차적인 문제다. 아이들이 다니고 싶어하지도 않는 학교에 억지로 밀어넣고서 예산을 낭비하고 있는 지금의 교육정책을 바꾸면 예산을 더 들이지 않고도 정말 아이들이 원하는 학교를 만들고 꾸릴 수 있을 것이다. 우선 한두개라도 시범적으로 만들어 운영하면서 지원자들이 넘치면 또 만들면 된다.

대안 공립학교를 만드는 일은 교육운동을 하는 교사들에게도 새로운 돌파구가 될 수 있다고 본다. 학생 1인당 교육비를 덜 들이고도 더 좋은 교육을 할 수 있는 가능성이 있다면 한번쯤 시도해볼 만한 가치가 충분하지 않을까? 아직은 제도의 한계가 있어 쉽지 않겠지만 일단 물꼬를 트기만 한다면 새로운 공립학교 만들기는 전국적으로 빠르게 퍼져갈 것이다.

또하나의 대안, 산촌유학

'산촌유학'이란 도시 아이들이 산골 농가나 시설에 머물면서 일정 기간 산골의 공립학교를 다닐 수 있도록 하는 것이다. 일본에서는 이미 30년 전부터 제도화해서 도시 아이들에게 자연체험 교육을 하면서 지역 학교와 지역을 살리고 있다. 우리사회에서도 최근 이러한 시도가 본격적으로 실시되고 있다.

산촌유학이 성공하려면, 그리고 산촌마을이 살아나려면 무엇보다 중요한 조건은 교육 여건이다. 생태마을은 마을 전체가 훌륭한 교육장 역할을 할 수 있다. 문제는 작은학교가 반드시 좋은 학교는 아니라는 점이다. '작은'학교는 좋은 학교의 필요조건이지 결코 충분조건은 아니다. 지금 산골의 작은학교는 면소재지에 있는 본교도 한 학년 정원이 10명이 안되는 학교들이 많다. 도시의 학급 정원이 보통 35명인데 비하면 아주 좋은 환경이라고 볼 수도 있다. 학교에 투여되는 예산만 놓고 봐도 도시 아이들 한명에 드는 예산이 평균 250만원 안팎인데 비해 시골의 작은 학교는 1000만원 이상이다. 학생 대 교직원 비율도 2대 1 내지 5대 1 정도이다. 대개 학년당 아이들 수가 8명 이하일 경우 복식반을 편성해서 운영한다. 그 때문에 교육의 질이 떨어진다고 우려하는 이들이 많다. 그러나 실제로 학급 학생수가 아주 적어서 거의 개인교습처럼 수업하거나 교사가 남다른 열의가 있는 경우라면 그다지 우려할 사항은 아니다. 학생들이 교사의 온전한 배려와 돌봄을 받으면서 바르게 성장할 가능성이 오히려 높다.

작은학교가 탈바꿈하고 지역이 활력을 찾기 위한 대안으로 산촌유학을 활용할 필요가 있다. 도시에서 아이들을 통학시키기가 쉽지 않은 지역은 산촌유학 방식을 도입해서 학생수를 확보하고 학부모, 교사들이 힘을 모아 학교를 바꾸어나가는 노력을 한다면 지역도 살고 작은학교도 새롭게 변모할 수 있다.

그렇다고 산촌의 작은학교가 '모두' 좋은 것은 아니다. 실제로 교육의 질이 우려되는 경우도 많다. 예컨대 아이들 열댓명을 대상으로 구태의연한 학급운영 방식으로 복식수업을 하는 경우라면 학습 결손 가능성이 높다. 특히 승진점수나 바라고 벽지근무를 신청한 교사들이 근무하는 경우라면 사정은 더욱 심각할 수 있다.

일본은 벽지근무를 할 경우 횟수, 근무 연수에 관계없이 단지 1호봉 올라갈 뿐이라고 한다. 그렇다보니 뜻있는 교사들이 산촌 작은학교에 자원해서 오는 경우가 많다고 한다. 반면에 한국은 승진에 필요한 가산점수가 있다보니, 아이들보다 자리에 더 관심있는 교사들이 줄지어 기다리는 경우가 많다. 그러니 정작 뜻있는 교사들이 작은학교로 전근가는 것이 쉽지 않은 실정이다. 게다가 연장근무가 어려워 3~4년 근무하면 다른 학교로 전근을 가야 한다. '뜨내기 교사'가 되는 셈이다. 또한 산골학교 교사들도 대개는 인근 도회지에서 출퇴근을 하는 경우가 많다. 따라서 교사들이 마을과 융합하기 어렵다. 교사도 학교도 당연히 마을과는 '따로 국밥' 같은 관계를 맺는다.

작은학교가 좋은 학교가 되려면, 교사들의 벽지근무 점수를 없애거나 혜택을 줄여 염불보다 잿밥에 관심있는 사람들을 걸러내야 한다. 그리고 더 머물고 싶은 교사는 학교운영위원회의 승인을 얻어 몇번이라도 근무를 연장할 수 있게 해야 한다. 그래야 교사들도 멀리 내다보고 자신의 터전과 삶의 방향을 결정할 수 있을 것이다. 바라건데, 아이들을 가장 큰 인쎈티브로 생각하는 교사들이 적극적으로 작은학교에 결합할 수 있게끔 제도 조정이 필요하다.

> 혁신학교에서 희생과 봉사를 각오한 교사들은 전보(轉補)의 특례 이외에 그 어떤 인쎈티브도 바라지 않는다. 실제 학교 혁신을 가져오고 있는 '작은학교'에서 근무하는 교사들은 자신이 바라는 교육을 안정적으로 실천하고 그 보람을 아이들에게서 찾고자 할 뿐이다. 이들에게는 승진 가산점이라든지, 전출시 인사특혜 등이 필요한 것이 아니라 자신의 교육활동으로 인한 아이들의 바람직한 변화를 바라보는 것이 가장 큰 인쎈티브가 될 것이다. (정은성)[12]

또한 시골의 작은학교가 거듭나기 위해서는 새로운 실험정신과 이를 감당할 수 있는 교사의 역량이 절실하다. 이른바 복식수업 자체가 문제가 아니라, 학년별 과목별로 구태의연한 교육방식을 탈피해야 한다. 학년 통합, 과목 통합은 오히려 새로운 교육의 흐름이다. 큰 학교는 교과목 통합이 힘들지만, 작은학교는 가능하다. 그러기 위해서는 열정과 전문성, 그리고 배움을 즐기는 교사들의 교육과정 재구성 노력과 운용과정에서의 상상력과 실험정신이 필요하다.

> 교육과정을 손대려면 두가지 조건이 필요한데요. 하나는 교육과정을 손댈 수 있을 만큼 그 교육과정 전체 교과에 대한 기본적인 안목이 갖춰져야 돼요. 선생님 자신이 능력이 있지 않으면 그걸 다 감당을 못해요. 둘째는 그것을 감

당하기에는 현재 공교육체제가 너무 튼튼하죠. 쉽게 교사들이 건드릴 수 없는 영역이에요. 그러니까 대신 손쉽게 할 수 있는 일, 이를테면 [수업]시수, 감사에 걸리지 않는 영역, 방과후 또는 특별활동 이런 손쉽게 할 수 있는 것들로 출발을 했던 거죠. 체험교육, 자연생태학습 이런 것들이 학부모들의 관심하고 맞은 거죠. (…) 그런데 그게 사실은 과외 일이에요. 아이들 정규 교육과정 활동 다 업무도 다 봐야죠. 그리고 그거 전부 한 상태에서 해야 되는데 그러니까 보통 선생님이 안해도 되는 일들을 해야 되는 겁니다. 두배 이상 힘들게 살아야죠. 하루를 두배로 살아야 되니까요. (서근원)

작은학교가 살아나려면 완전히 새롭게 거듭나야 한다. 교사, 교육방식 모두 바뀌어야 한다. 그런 의미에서 작은학교 살리기운동은 '작은학교 거듭나기운동'이 되어야 한다. 소규모학교 통폐합 정책을 무조건 반대할 것이 아니라, 더 바람직한 교육환경이 무엇인지부터 생각할 일이다. 그리고 우선 뜻이 맞는 이들끼리 지역의 작은 학교를 바꾸어가는 작업부터 시작해야 한다.[13] 이런 시도들이 성공적으로 안착하기 위해서는 지역사회의 지지와 관심, 참여가 필수 전제조건이다.

그러나 지역사회의 뜻을 모으고 교사들이 실천할 수 있는 조건을 확보하는 일 역시 간단치 않다. 김정명신씨의 다음과 같은 지적은 또다른 '넘어야 할 산'이 무엇인지를 잘 보여준다.

지역민의 교육요구에 부응한다는 명분하에 개발논리와 시장논리를 바탕으로 지역성원 일부에게만 유효한 정책을 양산함으로써 교육 불평등을 야기하고 있다. 사회의 보수화 경향과 개발논리에 경도된 자치단체장들과 함께 지역주민들도 '내 자식이 못 가도 좋다. 나라가 발전한다면 내 지역에 자립형사립고를 설립해도 좋다'고 생각하는 지역민이 나타나고 있다.[14] (김정명신)

지역사회의 참여란 주민간 호혜관계를 바탕으로 한 공적 참여를 의미한다. 즉 지역주민이 상호 원조, 협동, 공유, 합의를 통해 공동의 이익을 만들어내는 과정인 것이다. 이런 점에서 특정 집단의 이익을 다수의 이익으로 위장하는 정치적 결정을 막아내는 것 역시 참여를 통해서 가능하다. 따라서 작은학교가 거듭나기 위해서는 지역사회 내부의 참여의지와 함께 공공의 필요와 요구에 대한 사회적 합의가 필요하다.

'공공하는 학교' 만들기의 가능성

철학계에서는 '공공철학'을 '공공하는 철학'으로 해석한다. 즉 '공공'이란 명사가 아니라 동사로, 즉 실천활동의 관점으로 이해한다. 따라서 공공철학은 이원론적 입장에서 공과 사를 서로 대립적으로 보지 않고 상호운동하는 관계로 파악한다. 이런 관점에서는 '사'의 존재를 억압하고 희생시키고 부정하는 것이 아니라, 사를 가치있게 여기며 존엄하게 생각하고 발전시키는 것에 주목한다. 그리고 공과 사 쌍방이 서로 인정하는 방식으로 공평하게 끊임없이 대화하고 이를 통해 새로운 생활세계를 만들어가는 것을 상정하는 것이다. 요컨대, '공공하는 철학'은 시민과 전문가가 공(公)적으로 함께하는 철학이며, 그 목적은 시민들이 함께 노력하여 시민이 주체가 되어 자신의 공공세계를 건립하는 데 있다. 즉 '공공하는' 철학은 모든 사람을 포용하는 공공의 행복을 실현하고자 하는 것이다.[15] 이러한 공공철학의 관점에서 학교를 해석한다면, 학교는 교육주체 상호간에 '공공하는 학교'가 되어야 한다.

연구자 서근원 박사는 학교 혁신을 "교사가 학생들을 이해하고, 학생들이 현재 당면한 문제를 해결할 수 있도록 지원함으로써 서로의 관계를 건강하게 유지하는 가운데, 학생들의 일상적인 학습이 충실하게 이루어지도록 학교가 단계적이고 점진적으로 변화해가는 것"으로 규정한다. 그리고 이러한 학교혁신의 결과로 학교와 학부모, 학교와 지역사회의 건강한 관계를 유지하게 된다는 것이다. 이런 점에서 단위학교의 혁신은 교육의 3주체는 물론 지역사회를 아우르는 4자간 '공공하는 과정'이 되는 셈이다. 즉 학교혁신은 단지 학교의 거듭나기 차원만이 아니라 교육주체간의 교육권 신장은 물론 지역사회의 발전을 지향한다는 점에서 '공공하는 교육'을 실현하는 기회가 되는 것이다. 그렇다면 어떻게 단위학교를 '공공하는 분위기'로 만들 수 있을까? 일차적으로 기존 제도공간을 적극 활용하는 방안을 고민해볼 수 있다.

> 학교혁신 여건을 마련하는 것은 새로운 제도나 법률을 만들지 않더라도 기존의 제도를 활용함으로써 가능하다. 즉 자율학교와 교사·교장 초빙제 등의 제도를 이용할 경우에 뜻있는 교사들이 한 학교에 모이게 하고, 교육과정을 유연하게 운영할 수 있다. 교사와 교장이 한 학교에 모이도록 하는 것은 현재 교육감과 교육장 등에게 주어진 재량권으로도 가능할 것이다. (서근원)

'공공하는 학교'는 특수한 형식을 상정하는 것이 아니다. 기존 학교의 운영을 학교구성원이 상생하는 구조로 만들어가는 학교가 바로 '공공하는 학교'이다. 따라서 새로운 리더십과 실천의지를 지닌 교사들이 결합할 수 있는 제도를 활용하는 방안을 고려해볼 수 있다. '교장공모제학교'나 '자율학교' 등이 좋은 예가 될 수 있다. 문제는 이러한 제도에 참여할 수 있는 주체세력을 어떻게 결집하고 추동할 것인가다. '교장공모제학교'나 '자율학교'의 운영과 관련한 행정 관행이 우선 혁신되어야겠지만, 다른 한편으로는 실천 역량을 갖춘 의식있는 교사의 양성과 발굴이 무엇보다 중요하다. 기존 관행과 전통에 익숙한 교사가 '공공하는 교육'

을 담당하기는 매우 힘들기 때문이다.

> 가장 기본적으로 요구되는 것이 교사 자신의 교육적 마인드예요. 지금까지는 선생님들이 교육문제를 생각할 때 아이들에게 무엇을 가르칠까, 어떻게 하면 잘 가르칠까만 고민했어요. 어디 좋은 프로그램 없나 하고. 여기저기 정보는 많이 알고 있지만 자신의 근본적인 향상은 없는 거예요. 예를 들면 이런 거죠. 조그만 야쿠르트 병에 빨대를 꽂으면 들어가고 쪽 빨아먹으면 필요가 없으니 버리죠. 그동안 정부에서는 교사를 그런 사람으로 써먹어왔죠. 그런데 제가 보면 그동안에 교사들 스스로 자신을 그 야쿠르트 병처럼 취급한 것이 아닌가 생각이 들어요. 교사 자신이 공부하고 그 공부하는 모습이 아이들에게 전해지면서 아이들도 성장하고 교사도 성장할 수 있어야 하는데, 그러려면 공부를 할 줄 알아야 되죠. 그런 삶이 꼭 교실에서뿐 아니라 일상에서 타인과 늘 만나는 속에서도 그런 삶의 자세를 가지고 살아가는 것이 저는 교육이 아닐까 생각해요. (서근원)

'공공할 줄 아는 교사'를 육성하기 위해서는 시민사회 내에서 '공공하는 교육' 과 관련한 새로운 마인드의 교사 교육 프로그램을 기획·운용하는 방안을 검토해볼 필요가 있다. 교사들이 '공공하는 교육 마인드'를 갖추려면 기존의 국가독점 교육체제에서 만들어진 교육 개념과 용어를 탈각해야 한다. 그런데 이러한 일은 교육행정 관청이 기획하는 연수 프로그램으로는 가능하지 않다. 이런 점에서 역량있는 시민사회단체가 기획·운용하는 새로운 감각의 교사 교육 프로그램의 필요성이 제기된다.

우리의 교육현실에서 '공공하는 학교' 실험이 없는 것은 아니다. 문제는 우리사회에서 '공공하는 학교' 실험이 매우 특별하게만 인식된다는 점이다. '공공하는 학교 실험'을 특별하다고 인식하는 것은 대다수 학교가 입시성공의 패러다임에 포섭되어 있는 현실을 방증한다.

한 예로 경기도 성남시에 있는 이우중고등학교는 '공공하는 학교'의 몇가지 사례들을 보여준다. 우선 이 학교는 100여명이 설립 과정에 참여하고, 그들간에 충분한 논의를 통해 학교의 교육이념과 운영원리를 설정했다는 점에서부터 '공공하는' 모습이 엿보인다. 그리고 운영의 모토를 '적극적인 참여를 통한 학교구성원의 교학상장'으로 삼고 있다. 실제로 학생들의 참여와 자치 영역의 범위는 폭넓고 구체적이다. 예컨대 학생들은 교사들의 모든 수업에 대해 평가권을 갖고, 학교행사 기획권을 행사하고, 학교운영에 참여하고(학사일정 사전 협의권, 학교평가 참여권, 교장 선출시 청문회 요구권, 학교운영위원회 참여권, 교사회에 안건제출권 행사), 다양한 자치활동(학생자치규범 제정, 동아리활동의 자유, 학생정당의 결성 등)을 기획한다. 이를 위해 학교와 교사들은 학생들과 협의를 통해 참여와 자치 제도를 씨스템화하게 된다. 이러한 조건에서 학생은 스스로 학교의 주인으로 존중받고 있다는 느낌을 갖게 된다. 이렇듯 학생들의 적극적인 참여와 그들의 자치활동을 보장하는 과정에서 학교, 교사와 학생 간에 '공공하는 교육활동'이 모색 가능하다.

이우학교의 '공공하고자 하는 모습'은 학교, 교사와 학부모의 관계에서도 엿볼 수 있다. 학교는 학부모의 직접적이고 다차원적인 참여를 위한 장치들을 제도화하고 있다. 이는 학부모의 전면적인 참여로써 양자의 필요와 요구가 조정되고 충족되는 '공공의 학교' 운영이 가능하다는 믿음에 근거한다. 이를테면 학부모총회, 학년총회, 반별총회를 한달 걸러 한번씩 학사 운용, 교육 내용, 학생 생활과 관련한 문제들을 학부모와 논의하고 결정한다. 또한 학부모회는 여러 위원회를 통해 학교 전반의 운영에 조직적으로 참여한다. 위원회는 2008년 현재 교과지원위원회, 교육문화위원회, 급식위원회, 도서관위원회, 홍보위원회, 환경위원회 등 6개 조직으로, 각 위원회별로 학교운영 참여는 물론 학부모와 교사 들의 의식 고양을 위한 교육 프로그램을 운용한다. 뿐만 아니라 학부모들은 '교과포럼'을 통해 각 교과 담당교사들과 교과 교육과정 구성·운용에 대한 구체적인 내용들을 토론하고, 학교 자체 평가위원으로 참여하여 학부모의 필요와 요구를 반영한다. 학부모들은 참여과정에서 여타 주체들의 입장을 공감하게 되고, 다른 한편으로는 자신의 의식이 성장하는 경험을 하기도 한다.

> 자신의 이념 때문이건, 아이 교육 때문이건 학부모 모임에 적극적으로 참여한 학부모들은 스스로가 "학교생활을 통해 상당히 성장했다"고 자평한다. 아이가 가지는 문제점을 너무나 잘 알고 있지만 결국은 수용하는 수밖에 없었다던 한 학부모는 그런 어려움을 다른 학부모와 토론하면서 부분적으로나마 해결해가고 있다고 말한다. "아이가 나를 성장시킨다"는 것이다. 다른 학부모와의 만남은 또한 "오래 같이할 친구를 만나는 것 같은" 느낌으로 다가오기도 하며, "전반적으로 열린 마음을 갖도록 하는" 역할도 한다. 학부모들은 다른 학부모와의 만남을 통해 성장하고, "삶의 동력과 생기"를 얻기도 하는 것이다.[16]

이러한 이우학교의 '공공하는 학교 실험'이 성공적이라고 단언하기는 어렵다. 실제로 이우학교 구성원들이 상정하는 공공교육의 실체가 분명하게 확인되는 것도 아니다. 그러나 성공과 실패 여부를 떠나 이러한 실험 자체가 바로 '공공하는 과정'이라는 점에서 교육적 의미가 있다. 높은 수준의 '공공교육' 실현 과정은 지난할 수밖에 없다. 사실 '공공하는 과정'은 다수 구성원의 이해가 충돌하고 이를 승화하는 과정이라는 점에서는 '실패의 연쇄'이다. 연속적인 실패를 통해 '공공교육'에 대한 구체적 상이 그려지고, 구성원 각자가 공동체 원리를 새롭게 정립할 수 있기 때문이다. 이런 점에서 '공공하려는 학교'의 필요조건은 '실패하려는 용기'이다.

다수 학교를 '공공하는 실험'으로 유인하기 위해서는 제도적 조건을 검토해야 한다. 즉 학교자치를 위한 주체의 참여를 제도적으로 보장할 필요가 있다. 따라서 학생과 학부모, 교사의 참여를 제도화하기 위한 교사회, 학생회, 학부모회의 법제화를 고려할 필요가 있다. 학교주체들이 학교운영에 집단적으로 참여함으로써 공동체성이 강화될 것이고, 민주적 소통과 협력이 활발할 뿐 아니라 민주적 통제 씨스템이 가동되는 자치학교가 될 수 있기 때문이다.

새로운 길의 모색

'학교가 거듭나야 한다'는 요구는 당위이자 당대 교육문제 해결의 핵심 과제이다. 그간 학교혁신의 해법은 너무 많이 제시되었고, 실행과정에서 시행착오 또한 많았다. 이제는 '학교 정상화' 같은 구태의연한 대책이 아니라, 학교의 근본 문제가 무엇인지를 들여다보면서 해법을 찾아야 할 때다.

학교는 사실상 이 사회의 계층을 재생산해내는 틀로 기능해왔음을 부인하기 힘들다. 몇몇 예외가 있다고 엄연한 현실을 외면할 수는 없다. 학교가 교육의 장소라기보다 아이들의 등수를 매기고 딱지를 붙여 분류하는 기능을 하는 곳이라는 사실을 일찍이 깨달은 이들은 이미 오래전부터 새로운 길을 모색해왔다.

서구에서는 1968년의 격동기를 거치면서 국가주도의 공교육에 감춰진 이데올로기를 성찰하면서 프리스쿨(free school)운동이 본격화되었다. 1970년을 전후해서 학교교육을 비판하는 『학교는 죽었다』(에버레트라이머) 『교실의 위기』(찰스 실버만) 『탈학교 사회』(이반 일리치) 『아이들은 왜 실패하는가』(존 홀트) 같은 책들이 출간되었다. 프리스쿨뿐만 아니라 홈스쿨링(home schooling) 가정들도 눈에 띄게 늘어나기 시작했다. 한편 공교육 안에서도 열린교육 바람이 불면서 '벽이 없는 학교'[17] 같은 혁신적 시도들이 있었다. 1970년대 미국에서는 실제로 많은 새로운 실험학교들이 공립학교 형태로 문을 열었고 이들은 대안교육운동의 중요한 흐름을 이루었다. 더욱이 1990년대에 미국에서 일기 시작한 차터스쿨(charter school)[18] 바람은 공교육과 대안교육의 경계를 모호하게 만들고 있다. 민간이 교육 내용을 주도하고 국가가 재정을 지원하면서 그 교육 내용을 공공적으로 검토하는 이 모델은 일본을 포함한 다른 나라들에서도 추진되고 있다.

최근 우리사회에서도 새로운 시도는 활발하다. 기존의 교육문법을 재구성하려는 노력들이 나타나고 있다. 한 예로 특성화학교에 이어 대안학교가 공교육체제로 편입될 수 있는 법률적·제도적 조건이 확보되었다. 불완전하지만, 제도교육 내에서 대안교육이 자기완결구조를 갖게 된 것이다. 이러한 제도 변화와 함께 공교육 내에서도 의미있는 대안적 실천 사례들이 등장했다. 학교생활에 곤란을 겪는 학생들을 위해 대안교실을 운영하거나, 마을을 중심으로 지역학교를 공동체적으로 운영하는 모범 사례들이 그러하다. 이러한 새길 찾기의 노력은 교사와 학부모의 자발성과 상상력, 제도의 접목이란 점에서 교육문법의 진화 가능성을 보여준다. 교육 관료의 다음의 말도 새로운 가능성을 시사한다.

> 국가가 주도해서 무엇을 하던 시대는 가는 것 같아요. 이제는 시민사회의 역할이 큰데요. (…) 국가에서 디자인하고 씨스템을 만들고 고민을 했는데도 잘 안되는 이유를 제 나름대로 분석해보면 지역에 있는 사람들이 움직이지

않고, 생각이 바뀌지 않고, 동화되지 않았기 때문입니다. 이제는 시민사회가 토의를 통해 상생하는 분위기로 가는 역할을 해야 한다고 생각해요. (…) 그러다보면 학교를 중심으로 교사를 안고 가는 모델이 가능하죠. 교사 중심으로 학교가 살아나고 지역이 살아나고, 중앙정부는 후견인 노릇을 하면 되는 거죠. (…) '학교가 사라지면 우리 마을이 죽는다'라는 콘셉트가 아직도 남아 있기 때문에 지역사회가 모여서 학교 중심으로 운영되도록 하는 전략이 가능할 수 있어요. (배상훈)

'국가가 주도하던 시대가 지났다'는 말은 '교육주권은 시민에게 있다'는 의미와 통한다. 이는 국가가 일방적으로 지시하고 간섭하고 계몽하는 식의 교육혁신 방식에서 시민이 자기주도적으로 교육을 혁신할 수 있는 방식으로의 전환을 강조하는 것이다. 즉 현장의 교사와 지역사회 주민이 협력하여 학교를 운영할 때, 시민(지역주민·교사·학생)의 교육적 요구와 필요가 충족될 수 있다고 본다.

이렇게 지역사회가 중심이 되는 '자기주도적 혁신 방식'으로의 전환과정에서 국가는 '후견자' '촉진자' 역할을 맡게 된다. 국가가 공공교육의 모델을 일방적으로 제시하는 것이 아니라 지역사회 스스로 공공교육의 모델을 창안하도록 추동한다는 것이다. 교육주권 시대의 공공교육은 시민과 국가의 교육적 필요가 접목되는 방식이어야 한다. 이런 점에서 국가보다 지역사회가 교육혁신의 의지를 지니는 것이 매우 중요하다. 특히 지역민의 창조적 참여는 기존 학교가 지역 실정에 적합한 학교로 재구조화 되게끔 할 것이고, 학교구성원의 역할도 새롭게 규정하는 계기가 될 것이다. 이런 점에서 지역사회(지역주민)의 교육혁신 의지는 바로 공동체적 학교 모델의 창안에 있어 필요충분조건이다.

우리시대 해방 찾기

4장

학교를 넘어서 찾아가는 공부의 길

| 김찬호 |

　교육이라는 질곡을 헤쳐나가는 해법은 여러갈래로 제시될 수 있다. 거기에서 빼놓을 수 없는 것은 배움을 학교와 입시라는 제한된 영역에서 해방시키는 것이 아닐까. 학교교육 자체가 시대의 요구에 적절하게 부응하지도 못하면서 아이와 부모들을 옥죄고 있는 상황은 아이러니가 아닐 수 없다. 이제 학교만이 아니라 사회 자체가 청소년들의 성장공간이 되어야 한다. 그것은 학교의 개념 자체가 달라지는 것을 의미한다. 지금까지 교육의 과업을 학교가 모두 떠맡던 시대에서, 이제는 시민사회의 여러 주체들이 나서서 책임을 나누는 시대로 넘어가고 있는 것이다. 그것은 세대, 삶의 영역, 전문 분야, 공간 등의 경계를 가로질러 배움의 인연을 맺으며 서로 가르치고 배우는 '학습사회'로 나아가는 과정이나 다름없다. 학교교육에 제약받고 입시경쟁에 저당잡힌 청소년들의 성장은 평생학습의 패러다임에서 리모델링되어야 한다. 그래서 청소년기의 학습이 시간적으로는 대학입시라는 목표 이상으로 확대되고, 공간적으로는 학교라는 제도적 울타리를 넘어 시민사회로 나아가는 것이다.

4장에서는 기존 학교교육 바깥의 교육을 살펴본다. 여러 이유로 학교를 그만둔 십대들이 사회의 다양한 어른들을 만나면서 배움의 길을 열어가는 대안교육, 최근 급격하게 늘어나는 이주민들이 한국사회에 원활하게 섞일 수 있도록 문화적 의식과 감수성을 도모하는 다문화교육 그리고 지역사회를 기반으로 시민들의 협동과 연대 속에서 지속적인 배움과 성장을 추구하는 평생학습의 현장을 찾아간다.

1. 학업을 중단한 빈곤 청소년의 길찾기

빈곤과 학업 중단

사회적·경제적 양극화가 뚜렷해지고 이에 대한 우려의 목소리가 높아지고 있다. 가난을 대물림하지 않기 위해 자식교육에 온힘을 기울인 결과 자녀가 일류대학에 입학하고 좋은 직장에 들어가는 일이 예전에는 적지 않았다. 다시 말해 교육을 발판으로 계층 상승이 가능했던 것이다. 그러한 가능성은 한국인에게 뛰어난 성취동기로 작용해왔다. 그러나 이제는 부모의 경제력에 따라 자녀의 학습 기회 자체가 크게 좌우되는 시대가 되었다. 다시 말해 교육이 그나마 불평등을 해소하는 기제이던 단계가 지나고, 이제는 불평등을 재생산하는 고리로 자리 잡아가는 것이다. 경제가 침체에 빠지고 그 여파로 가정이 해체되는 상황에서 많은 청소년들은 가장 기본적인 학습권조차 보장받지 못한 채 방치되고 있는 현실이다.

학업 중단 청소년들은 그 구조의 대표적 피해자들이다. 현재 중고등학교에 다니는 청소년 한명에게 국가가 투자하는 재정은 1년에 500만원

정도다. 그런데 학교를 떠난 청소년은 그러한 공적 지원을 사실상 전혀 받지 못하는 셈이다. 게다가 빈곤가정의 경우 사교육 기회도 주어지지 않아 중요한 시기에 배움의 기회를 놓쳐버리기 일쑤다. 학업 중단 청소년 가운데는 공부를 하고 싶어도 가족의 생계를 위해 일해야 하기 때문에 공부에 집중할 수 없는 이들이 적지 않다. 대안학교에 다니고 싶어도 하루 종일 아르바이트를 하느라 포기해야 하는 청소년도 많다. 삶의 조건이 학습의 걸림돌인 것이다. 소년소녀 가장의 경우 지원을 받을 수 있지만, 주민등록상의 변화 없이 가정이 해체되어 있거나 부모와 함께 살더라도 빚에 시달리는 경우 해당되지 않는다. 따라서 이러한 청소년들이 생계 걱정을 덜고 공부에 집중할 수 있게 하는 지원이 절실하다.

이러한 상황에서 소외계층 청소년들에게 어떤 교육이 필요한가? 이 주제와 관련하여 꿈틀학교 김선옥 대표교사와 이야기를 나누었다. 꿈틀학교는 2002년에 설립된 도시형 대안학교로서, 진로 탐색을 중심으로 교과과정을 특화하여 청소년들과 함께 길찾기를 해왔다. 꿈틀학교가 5년 동안 실행해온 것은 진정한 공부가 무엇인지, 또 적절한 성장의 자양분을 받지 못한 청소년들에게 배움의 기쁨을 어떻게 일깨워줄 수 있는지에 대해 시사하는 바가 크다. 김선옥 교사는 지난 20여년 동안 빈곤계층 청소년들을 만나왔는데, 그 축적된 경험으로 새로운 학교 상(像)을 탐색하고 있다. 그리고 이 글에서는 이 학교의 경험을 토대로 학교 밖 학습의 존재 방식을 생각해본다.

무기력에 빠져드는 빈곤층 청소년들

많은 청소년들이 아무런 준비 없이 학교를 떠난다. 한국청소년상담원의 안현의 박사의 연구[1]에 의하면, 그 이유로는 첫째 학교에 다녀야 할 필요성을 못 느꼈다, 둘째 학교 교칙이나 규정에 적응하기가 어려웠다,

셋째 검정고시나 유학을 선택하려고 했다, 넷째 학교 공부를 따라갈 수 없었다, 다섯째 나의 특기나 소질을 살리고 싶었다, 이런 순서였다. 이같은 사실을 통해 우리는 실제 학교를 그만두는 십대 청소년들 가운데 뚜렷한 목적이나 지향점을 지니고 학교를 떠나는 아이들도 있지만, 상당수는 무기력한 상태에서 막연한 기대를 품고 학교를 떠나고 있음을 알 수 있었다. 학교를 떠난 이후 힘든 것이 무엇이었느냐는 질문에 응답자의 21.3퍼센트가 딱히 할 일이 없다, 18.9퍼센트가 미래가 불확실하다, 11.8퍼센트가 처음 계획대로 잘되지 않는다, 10.1퍼센트가 사람들의 시선이 따갑다,라고 답했다.

 학교를 그만두는 청소년들 가운데 가정형편이 중대한 요인으로 작용하는 경우가 대단히 많다. 여기에서 가정형편이란, 하나는 경제적 어려움이고, 다른 하나는 부모의 이혼이나 별거 등으로 인한 심리적 어려움을 말한다. 더구나 학교공부 이외에 '문화자본'이 점점 부각되는 시대에 부모의 경제력이나 학력 그리고 가정의 화평 등은 절대적 요소로 작용한다. 따라서 예전처럼 가난을 무릅쓰고 아니 가난하기 때문에 이를 악물고 공부하여 명문대에 입학하는 '고학(苦學)'의 신화는 점점 재현되기 어려워지고 있다. 꿈틀학교 김선옥 대표 교사는 다음과 같이 말한다.

IMF 이전부터 이런 빈곤계층 자체는 있어왔죠. 그런데 시간이 지날수록 심리적 박탈감이 아이들에게 점점 커지고 있는 것 같아요. 예전에는 가난하지만 그래도 노력하면 할 수 있다는 그런 씨알 같은 작은 희망과 생동감이 있었어요. 그런데 요즘에는 아이들 자체가 무기력해지는 것 같아요. 단순히 경제적으로만 빈곤해지는 것이 아니라 심리적·정신적으로 너무 가난해진 형태가 가속화되고 있다는 거죠. 그리고 또하나는 상대적인 빈곤이 훨씬 더 심해졌습니다. 사회적인 기대치는 높아져가고 잘사는 사람은 더 잘살게 되는데 자기 현실이 그것보다 훨씬 못 미치게 되는 이런 상황이 가속화되면서 더 심한 빈곤을 느끼게 되는 것 같아요.

여기에서 공간이 매우 중요한데요. 예전에 달동네는 가난하지만 그것을 나눌 수 있는 심리적으로 안정된 공간의 역할을 했다고 봐요. 그런데 지금은 그런 지역사회 자체가 해체되면서 영구 임대아파트나 일반 주택의 반지하로 싹 숨어들어가 버렸어요. 그렇게 음성화로 가난에 대한 스티그마(stigma)가 주어지고 주거공간 자체가 반(半)지하로 들어가면서 생기는 건강과 성격상의 문제도 나타나고 있어요. 뿐만 아니라 달동네에서는 동네 어른들의 시야에 아이들이 들어왔는데 지금은 부분적 소통마저 단절이 되어 더 힘들어지는 것 같아요. 사실 한국에서 학연, 지연, 혈연이 굉장히 중요하잖아요. 그런데 이 아이들한테는 아무런 연줄도 없는 거죠. 아이들이 힘들거나 목표 때문에 고민할 때 조언해줄 수 있는 인적 자원이 절대적으로 부족합니다. (김선옥)

거의 모든 청소년들이 과중한 학습 부담으로 스트레스에 시달리고 무의미한 학교생활에 염증을 느낀다. 그런데 부모가 든든한 경제력을 바탕으로 억척스럽게 뒷바라지하고 닦달하여 학교를 그만두지 않고 버티도록 지원하거나 강요하는 집안의 아이들은 견디지만, 그러한 버팀목이나 회초리가 없는 아이들은 견디지 못하고 떨어져나가는 것이다. 여기에 더욱 악화된 상황은 예전 같으면 부잣집 아이들과 가난한 집 아이들이 한 학급에 공존하여 스스럼없이 친구가 될 수 있었지만, 이제는 경제적 수준에 따라 지리적으로 점점 구획화된다는 점이다. 고급 아파트 옆에 끼인 임대아파트에 거주하는 아이들이 학교에서 철저하게 따돌림당하는 것은 그 단적인 예이다. 그러니까 가난해서 공부 못하는 아이들은 넉넉해서 공부 잘하는 친구들에게 배우거나 간접적인 문화 혜택을 누리기도 점점 어려워지는 셈이다. 이렇듯 고립되고 소외된 상황에서 가난한 아이들 사이에는 집단적인 열패감과 자괴감이 만연하게 된다.

길찾기 지원, 어떻게 하는가

그렇다면 학습 기초가 부실한 청소년들이 어떻게 배움의 동기를 지닐 수 있을까?

김선옥 교사는 아이들이 점점 무기력해지는 것을 피부로 절감한다고 했는데 그렇게 무기력한 아이가 꿈틀학교에 와서는 어떻게 변해가는 것일까.

무기력한 아이들도 그 안에 실은 뭔가 하고 싶은 게 있는데 그것이 덜 개발된 상태거든요. 그래서 항상 마찰이 되는 부분이 이런 거예요. 우리도 이제 가방끈이 있다보니까 기대치가 있는 거죠. 적어도 이 정도는 해야지 하는 욕심을 버리려고 해도 병이에요. (웃음) 사실 무기력한 아이들은 그런 욕심을 내면 낼수록 미궁에 빠지는 거 같아요. 그래서 속이 터질 것 같더라도 아이가 좋아하는 거 하나를 실마리로 해서 일단 하도록 우리가 천천히 오래 기다려줘야 하는 것 같아요. 그것에서 풀리기 시작해서 아이가 성공감이나 성취감을 느끼기 시작하면 그게 조금씩 늘어나서 확대가 되는 것이지요. 예를 들면 어떤 애가 타악은 굉장히 잘해요 그런데 다른 건 일절 안해요. 그럴 때 욕심이 막 생기는 거예요. 근데 사실 그 아이의 눈높이에 맞춰서 해주는 것이 가장 중요하거든요. 지금 무기력을 극복할 수 있는 수단은 아이가 가장 좋아하는 걸 찾아서 조금씩 그것을 확장시킬 수 있도록 기다려주는 일이라고 생각해요. 대부분 아이들이 이런 식의 방법을 통해 무기력에서 탈피를 하는데 무리한 걸 요구하면 아예 시도도 안하고 포기를 하게 되는 거죠. (김선옥)

중요한 것은 아이들마다 성장하는 속도가 다르다는 것을 인정하고 한 아이 한 아이에게 눈높이를 맞추는 것이다. 꿈틀학교의 사례를 보자. 암기와 문제풀이 위주의 학습 풍토 속에서 그런 걸 싫어하면 공부를 못하는 것으로 낙인찍히던 아이들에게 자신감을 심어주는 것이 매우 중요하다. 즉 영어나 수학을 못해도 다양한 방면으로 배워서 다른 걸 잘하면 자신도 똑똑하고 공부 잘하는 아이들이 될 수 있다는 것을 보여주는 것이다. 이 학교에서도 기초 교과의 4분의 1가량은 말과 글, 사회탐구, 수학, 과학, 영어, 외국어를 가르치고 있는데 일반학교와 다른 방식으로 수업한다. 그래서 아이들이 이런 것도 배우고 그러면서 즐거울 수 있구나라는 걸 느낄 수 있게 해준다.

감성교과를 중요하게 다루는 것도 그러한 맥락에서다. 감성교과는 자신의 감정을 풍부하게 하는 과정에서 즐거움을 찾는 데 주안점을 둔다. 예를 들어 애니메이션을 배우는 아이들이 자기 작품을 만들면 교사들이 의견을 제시하고 칭찬을 해준다. 아이들에게 자신이 할 수 없었을 것 같은데 뭔가 해냈구나 하는 것들을 느낄 수 있도록 하기 위해서이다. 또 북치는 수업을 통해 내부에 많이 쌓인 분노 같은 것들을 해소할 수 있다. 학기마다 평가를 하면 소리와 몸짓 수업을 다음 학기에도 꼭 개설해달라는 요청이 열화같다. 또 한가지 중요한 것은 무대 발표이다. 그것을 통해 사회적 자아를 계발하고 사람들의 박수를 받으면서 자신감을 신장시키는 좋은 기회이다. 누구에게서도 제대로 인정받아본 적이 없는 아이들이 칭찬을 받음으로써 뿌듯한 성취감과 학습의 동기를 얻게 되는 것이다.

꿈틀학교 교과과정에서 두드러진 특징은 진로교과이다. 이 학교를 다니는 아이들은 학력이나 경제적 여건상 대학에 가기 어려운 경우가 많다. 그래서 길찾기라는 주제를 잡았다. 직업교과가 아니고 진로교과인데, 2년이라는 짧은 기간에 전문적 직능을 체득하기는 어렵기 때문이다. 직업을 찾아주는 것이 아니라 자신이 무엇에 적성이 있고 그 일을 하면서 어떤 보람을 느낄지 찾아내는 것이 목표다.

이렇게 정보가 넘쳐나는 세상이지만, 아이들은 사실 우리사회에 어떤 직업이 있는지 잘 몰라요. 뭐 되고 싶니 물어보면 '부자, 사장, 연예인, 돈 많이 버는 거요'라고 많이 얘기하는데 사실 이런 게 직업하고 연관이 적잖아요. 그래서 부자는 직업이 아니고 그 사람의 경제적인 상태를 말하는 거야라고 말을 해주죠. 사실 들어본 게 너무 없는 거예요. 나의 이런 적성과 흥미를 가지고 어떤 직업을 선택하는지 모르는 것 같아요.

똑같은 미용실에서 일을 해도 '이가자 헤어스튜디오'에서 일하는 것하고 동네 미용실에서 일하는 것하고 차이가 있잖아요. 똑같은 정비소라 해도 동네 정비소에서 일하는 것과 미캐닉(mechanic)에서 일하는 것은 엄청난 차이가 있고요. 그래서 다양한 직업에 대한 정보를 주고 그런 직업인들의 세계를 보여주려고 노력하죠. 또 애들이 간호사, 의사 같은 직업에 대해서는 공부를 정말 많이 해야 된다고 생각하는데 사실 간호사도 간호조무사부터 시작하면 자기 흥미만 있으면 얼마든지 다음 단계로 갈 수 있는 길이 있거든요. 그런 길을 알려주고 또 신종 직업 중에서 아이들에게 가능한 직업군들 뽑아서 보여주는 작업도 하고 있어요. (김선옥)

진로교과는 구체적으로 4가지 영역으로 구성된다. 첫번째는 직업특강 수업인데 3단계로 구성되어 있다. 첫번째 단계는 자기탐구로서, 주로 내가 뭘 좋아하는지, 뭘 잘하는지, 어떤 가치관을 갖고 있는지를 탐색하도록 한다. 그다음에는 직업탐구를 한다. 세번째 단계는 직업을 갖기 위해서 구체적으로 준비해야 할 것들을 배운다. 이력서 쓰는 법, 면접 보는 법, 자기 이미지 연출법 등이다.

직업특강에 이어서 직업체험이 있다. 일주일에 한번씩 현장에 가서 전문가들을 만나는 형식으로 진행된다. 간단한 체험도 하고 인터뷰도 하는데 이 수업을 아이들이 좋아하는 까닭은 매우 중요하다. 김선옥 교사는 이렇게 설명한다.

일주일에 한번씩 현장에 가서 전문가들을 만나는 건데요. 만나서 간단한 체험과 인터뷰도 하는데 아이들이 굉장히 좋아해요. 왜냐하면 현장에 나가면 우선 유명한 사람들, 멋있는 사람들, 좋은 사람들을 많이 만나거든요. 갔다오면 누구누구가 너무 잘생겼어요,라고 많이 하는데 그럴 수밖에 없죠. 그 사람들은 그 분야의 전문가이기 때문에 얘기를 해도 멋있는 말을 하고 힘이 있잖아요. 아이들이 듣고 나면 멋있다고 느껴지니까 그런 사람이 되고 싶다고 그래요. 이런 과정을 통해서 모델링을 하는 것 같아요. 이 아이들한테는 사회적 모델링 자체가 굉장히 빈약한데 이런 과정을 통해서 건강하고 좋은 사람들을 많이 만나는 거죠. 그리고 그 사람들하고 관계를 갖게 되는 것 자체가 아이들한테 커다란 의미가 있고 새롭게 시작할 수 있는 내적인 동력을 주는 것 같아요. 사실 직업특강이나 체험활동이 처음에는 정보 같은 것에 신경을 많이 쓰지만 그것 이상으로 삶을 살아가는 자세나 태도나 가치관을 배우는 것이 더 큰 것 같아요. 희연이라는 아이는 연극배우가 되고 싶어해요. 그래서 「지하철 1호선」 배우도 만나고 챈스라는 연극단도 가서 만나고 하다가 지금은 극단 '사다리'에서 인턴을 하고 있거든요. 챈스라는 극단에 갔을 때 배우가 6명이 나왔어요. 그런데 그중에 1년차 배우가 있었고 10년차 배우가 있었는데, 무대에 서면 어떤 생각을 하느냐고 질문을 했어요. 그러니까 이 배우가 "나는 항상 관객에게 따뜻한 밥을 대접한다는 생각으로 한다" 이런 말을 했어요. 얘는 그거에 필을 받은 거예요. 선생님들이 그런 이야기를 하면 아이들은 선생님이니까 저렇게 말하지 생각하는데, 새롭고 다양한 사람들이 여러가지 언어와 색깔을 갖고 그런 이야기를 해주니까 아이들이 가랑비에 옷 젖듯이 변

하게 되는 거죠. (김선옥)

직업특강에 이어서 개인 프로젝트가 진행되는데, 인턴십같이 진로를 구체적으로 경험하게 하는 과정 중심으로 수업이 짜여 있다. 학원이라든가 전문기관 등지에서 각자 일하고 싶은 분야의 기능을 구체적으로 습득하도록 돕는다. 그런 과정을 통해서 자신감을 얻는다. 아이들이 워낙 바탕이 없는 상황이지만 이런 과정을 통해 2~3개월이라도 배우고 나면 훨씬 향상된다. 이전에 학교에서는 '국영수' 못하니까 아무것도 할 수 없어라고 생각했을 텐데 지금은 자신이 잘하는 것을 탐색하면서 구체적으로 해보기 때문에 큰 의미가 있는 것이다. 그리고 그것을 통해서 아이들이 자립하거나 새로운 분야를 공부할 수 있는 상황이 마련된다.

학교와 교사에게 요구되는 것

십대를 대상으로 실시하는 인턴십의 목적은 전문적 업무를 배우는 것이 아니다. 이는 짧은 기간에 가능하지도 않을뿐더러, 아이들이 정말로 그 방면으로 진로를 정할지도 확실치 않기 때문에 열성을 기대하기 어렵다. 대신 직업체험을 통해 학교교육이나 정보로는 알 수 없는 현실의 구체적인 면을 이해한다고 할 수 있다. 꿈틀학교 이외에도 많은 대안학교들에서 인턴십을 교과과정의 일부로 안착해놓은 경우가 많은데, 그 아이들이 직장에 1~2개월 다니면서 가장 확실하게 배우는 것은 '세상살이가 만만치 않다'는 것이다. 그리고 어느 분야에서 나름대로 전문적 입지를 굳히기 위해서 사람들이 어떤 자세로 살아가는가를 생생하게 보게 된다. 그리고 어떤 업무를 수행해가는 중에 사람과 사람이 어떻게 소통하며 협동하는가, 한 사람의 책임감이 얼마나 중요한가도 새삼 확인한다. 사실 귀가 닳도록 들어온 평범한 교훈이지만 눈으로 직접 확인하고 몸으로 겪으면서 체득하는 지혜가 되는 것이다.

　진로교육에서 또 한가지 중요한 것은 적응력의 신장이다. 미래학자들에 따르면 지금의 청소년들은 평생 5가지 직업을 거칠 것이라고 한다. 직장이 아니라 직업이다. 그만큼 세상이 빨리 변한다는 말이다. 그렇다면 그러한 숨가쁜 전환에 유연하게 적응하면서 자신의 능력을 신장하는 능력이 매우 절실하다. 평생학습이 강조되는 것도 그러한 맥락이고, 학교교육이 평생교육의 틀 속에서 구조조정되어야 하는 까닭도 거기에 있다. 그 적응력이란 지적인 학습능력과 함께, 주어진 환경과 업무를 정확하게 파악하고 자신의 역할과 강점, 약점 등을 알아내는 것을 포함한다. 그리고 어느 일에서나 부딪힐 수밖에 없는 난관과 실패에 좌절하지 않고 위기를 돌파하는 내공이 점점 강조된다.

　학교교육이 그러한 힘을 키워줄 수 있을까. 교사들에게는 그러한 노하우와 의지가 있는가. 여러모로 여건이 불리하다. 우선 지금처럼 대규모 학교와 학급에서는 어려운 점이 많다. 무엇보다 학교가 사회의 변화에서 한발짝 비켜 서 있다는 점 그리고 교사의 다양한 사회경험이 절대 부족하다는 점을 지적할 수 있다. 진로교육의 구상은 그러한 상황을 정직하게 인정하는 데서 출발해야 한다. 그리고 단순한 직업 소개나 기능 교육이 아니라는 점을 분명하게 인식해야 한다. 자신의 능력과 지식이 장차 직업현장에서 어떻게 활용될 것인가를 예시(豫示)하면서, 공부와 수련의 방향을 잡아가는 기나긴 과정이 진로교육이다. 따라서 기존 교과목에 '직업의 세계'나 '적성검사' 등의 과목을 추가하는 것을 넘어서, 앎의 존재 방식을 근원적으로 바꾸는 작업이 될 수밖에 없다.

　그것을 이끌어갈 교사에게 필요한 자질은 전문지식보다는 '실물감각'이 아닐까 생각한다. 학교에서 배운 지식이 현장에서 어떻게 적용되고, 제도교육으로 충족되지 못하는 능력은 무엇이며, 그것을 어떻게 체득해야 할지 면밀하게 포착해낼 줄 알아야 하는 것이다. 이를 위해서는 직접 부딪쳐보는 경험이 매우 중요하다. 교사들이 몇년에 한번씩 안식년을 얻어서 또는 방학 때마다 실시하는 연수과정에서 특정한 직업 영역에 직접 뛰어들어 낯선 곳에서 자신을 새롭게 만날 수 있다면 어떨까. 그 활동을 자신의 교과와 연결하여 실행한다면 한결 더 생생한 수업을 진행할 수 있을 것이다.

또 한가지 중요한 것은 진로교육은 개별적으로 접근해야 한다는 점이다. 기존의 대량생산 씨스템으로 운용되는 학교교육의 한계를 넘어설 방안에 대한 많은 연구와 실험이 필요하다. 미국의 공립고등학교로서 인턴십을 중심으로 교과과정을 성공적으로 혁신한 메트스쿨(Met School)이 내세우는 '한번에 한 아이씩'(One Kid at a Time)이라는 표어는 의미심장하다. 어차피 아이들의 개성과 능력 그리고 저마다 추구하는 길이 천차만별일진대, 그 가능성을 발굴하고 신장하는 작업은 철저하게 맞춤형이 되어야 한다. 그것은 교사가 한 아이를 집중적이고 지속적으로 지켜보고 가르칠 수 있는 씨스템을 요구한다. 메트스쿨에서는 그것을 탁월하게 실현하고 있다.[2]

현재 중고등학교 수업은 교과목별로 칸막이가 높게 드리워져 있어 교사들이 다른 과목에서 아이들이 무엇을 배우는지 알지 못한다. 이런 체제에서는 21세기 직업세계가 요구하는 유기적인 지적 능력을 키워줄 수 없다. 교사들은 우선 그들 스스로 파편화된 교과목의 경계를 넘나들면서 통합적인 안목을 키워야 한다. 더 나아가 학교 바깥에 존재하는 수많은 활동과 거기에 종사하는 사람들에 대한 이해와 관심을 높이고 인맥을 확장해야 한다. 그들로부터 수시로 정보를 얻을 뿐 아니라, 필요에 따라 아이들과 그들을 연계시켜줌으로써 학교교육의 한계를 극복해야 한다. 앞으로 교사들에게는 그러한 매개 역할 또는 연결 수완이 점점 더 요구될 것이다.

　진로탐색과 이를 위한 준비에서 무엇보다 중요한 것은 동기와 열정이다. 이는 아이들이 어른들의 직업세계를 동경하면서 장차 거기에서 자신도 한몫하고 싶어하는 꿈이다. 그것이 충만하다면 그 아이는 적극적으로 정보를 찾고 공부하며 필요하면 현장에 직접 찾아가 사람들을 만나기도 할 것이다. 교사는 그 매개 역할을 해줄 수 있는가. 이를 위해서는 직업인으로서 교사 스스로 가르치는 일에 뜨거운 열정을 담아야 한다. 자신의 일을 사랑하는 모습을 보여주는 것은 진로교육에서 대단히 소중한 실마리가 된다. 교사를 지망하는 아이들이 직업의 안정성 때문이 아니라 교사의 가르치는 모습이 너무 멋져서라고 대답할 수 있다면 성공적인 직업교육이 이뤄진 것이 아니겠는가. 이를 위해서 교사는 아이의 삶과 미래에 깊은 애정을 가져야 한다. 한 인간의 성장을 돕고 사회의 일원으로 키워내는 일은, '진로'를 중심으로 아이와 관계를 맺으며 소통하는 가운데 한결 뿌듯한 보람으로 체감될 것이다. 김선옥 교사는 아이들과 고단하게 부대끼는 가운데 얻는 보람을 이렇게 이야기한다.

　애들이 예쁘고 잘해야 한다는 생각이 들었다가도 어느날 열 받으면 저같이 욕도 해요. (웃음) 우리 학교에는 가르친다는 의미보다는 저 애들과 같이 소통하면서 즐겁게 살아간다는 마음을 지닌 선생님들이 오시는 것 같아요. 그리고 그런 선생님들이 제일 즐겁게 같이 작업을 하고요. 솔직히 이 아이들이 긍정적인 피드백을 많이 주는 아이들도 아니라서 속을 진짜 많이 썩이는 편인데 그래도 끈질기게 할 수 있는 건 가르친다는 느낌보다는 저 아이가 정말 소중하다, 저 아이하고 내가 같이 살아가며 성장할 수 있다, 그런 것을 중요하게 생각하기 때문이 아닐까 싶어요.
　아이들이 성장하고 살아간다는 게 장기적으로 봐야 드러나잖아요. 그런 과정을 익히는 거죠. 지금 당장 눈에 보이는 게 크지 않다고 해서 아이가 변하지 않는 것은 아니거든요 아이는 나름대로 끊임없이 변화하고 있는 건데 그 순간에 눈으로 확인할 수 있을 정도로 바뀌지는 않죠. 때로는 뒤로 후퇴할 수 있고 때로는 다섯 발 앞으로 나갈 수도 있어요. 이러한 과정을 전반적으로 볼 수 있는 눈을 계속 갖게 하는 거죠. (김선옥)

청소년들은 어차피 울퉁불퉁하고 일관성 없고 한심한 모습을 드러내기 마련이다. 스스로 갈피를 잡지 못한 채 우왕좌왕하고 철부지 같은 행태를 보인다. 그럼에도 불구하고 그 존재 자체를 무조건 인정하고 긍정적인 싹들을 보면서 키워주는 누군가가 절대적으로 필요하다. 자신의 불완전함을 수용해주는 어른이 곁에 있을 때 불확실함에도 앞으로 나아갈 용기를 얻을 수 있다. 좌충우돌 시행착오를 거듭하는 과정을 소중한 학습이라고 의미 부여하면서 생산적인 조언을 아이들에게 해주는 지지자가 있을 때 그들은 강인하게 단련될 수 있다.

도시에 다양한 학습공간을

꿈틀학교같이 학습하기 위한 여러 조건도 필요하지만 학교 규모도 대단히 중요하다. 어느정도가 적당할까? 이에 대해 김선옥 교사는 이렇게 말한다.

교사대비 학생대비 이런 게 있어야 되는데 한 반에 저는 15명을 넘으면 안될 것 같고, 담임은 10명을 넘으면 안될 것 같아요. 저희 학교는 지금 한 선생님이 6~7명을 담임하고 있거든요. 지금 6~7명도 너무 다양해서 비켜가는 애들이 있기 때문에 10명은 넘으면 안될 것 같고, 학교 규모는 저희 학교 같은 경우는 30명 정도로 생각해요. 너무 적어도 안된다고 생각해요. 왜냐하면 배움

의 효과라는 것도 있고 아이들간의 긴장감을 주고받는 과정에서 활동이 있기
       때문에, 그런 역동성을 가지려면 최소한 30명 정도는 되어야 하죠. 그리고 50
       명이 넘어가면 구조화되면서 생길 수 있는 여러 문제점들 때문에 안될 것 같
       아요. (김선옥)

   소외계층 또는 빈곤가정 아이들이 점점 늘어나고 있지만, 그들이 갈
수 있는 학교는 여전히 매우 적다. 앞으로 이런 공간이 많아지고 다양
화·활성화되려면 무엇이 필요할까? 국가청소년위원회가 위기 청소년들
을 위해 쉼터를 만들거나 그런 청소년들을 찾아가서 상담해주는 일 정도
는 수행하고 있다. 그러나 좀더 전면적으로 이 아이들을 만나야 한다. 물
론 쉼터 같은 데서 먹고 자고 하니까 폭넓게 만날 수 있지만 그것을 넘어
서 교육적 활동이 진행되어야만 한다. 꿈틀학교 등의 실험을 정책적으로
지원하고 몇가지 모델들을 쌤플링해서 적절한 교육과정을 만들어내야
한다.
   꿈틀학교만 하다라도 그곳에 오는 애들은 그래도 조금이라도 해보겠
다고 하는 아이들이다. 몸은 안 움직여도 마음은 움직이는 아이들이다.
그런데 그곳도 중도 탈락률이 30퍼센트 정도라고 한다. 학제가 있는 학
교이기 때문에 10시에 와서 5시까지 수업을 하고 과제도 해야 되는데 이
런 과정이 아이들한테는 힘든 것이다. 따라서 운영 형태도 좀더 편안하
게 열어놓고 일주일에 한번이라도 하고 싶은 것만 하고 하교할 수 있는
학교 설립에서 시작해 점점 넓혀가야 한다. 앞으로 그런 학교와 시설을
확보해가야 한다. 김선옥 교사는 향후 정책에 대해 이렇게 이야기한다.

       도시형 대안학교라고 해서 저희 같은 학교가 몇개 있잖아요. 사실 운영하기
       가 너무 힘들어요. 저희는 대안교육법이나 초중등교육법에 관심 없어요. 왜

냐하면 우리 대상은 탈학교, 학업 중단 아이들이에요. 그런 제도권 안에 들어갈 수 있는 시설도 물론 안되지만 들어간다 해도 그건 제도권 아이들을 대상으로 하는 거잖아요. 우리는 학업 중단 아이들, 부모가 교육이나 보살핌을 할 수 없는 아이들을 위한 대안학습공간으로 원하거든요. 그렇기 때문에 그 법이 제정이 된다고 해도 아무런 의미가 없어요. 이런 공간 자체를 모델링해서 그 아이들의 교육적 대안이 만들어져야 한다고 생각해요. 우리나라에서는 사실 학교 아니면 배울 수 있는 공간이 없잖아요. 그렇기 때문에 이런 공간을 아이들한테 마련해줘서 새롭게 만들어내는 것들이 중요하다고 생각해요. 그냥 놔두면 양아치나 노숙자밖에 안되기 때문에 이런 아이들을 위한 다양한 형태의 학습공간이 중요합니다. (김선옥)

지금 한국에서 청소년은 학생으로서만 그 정당한 존재 가치를 인정받는다. 그 결과 학교는 교육이라는 이름하에 인간으로서 당연히 보장받아야 할 인권을 침해하기가 일쑤다. 그것을 견디지 못해 학교를 그만두는 경우 또다른 냉혹한 현실에 직면하게 된다. 학생 신분이 아닌 청소년은 최소한의 보호막도 없이 인권의 사각지대에 놓이기 쉽고, 제도적·문화적 차별에 시달리게 된다. 그리고 가족과 또래와의 인간관계에서도 소외의 그늘에서 외톨이 생활을 해야 한다.

학업 중단은 긴 인생 여정의 어느 단계에서 선택할 수 있는 한가지 경로이다. 문제는 그 선택으로 감당하기 어려운 불안정에 휩싸이고 자칫하면 몇년이나 허송세월할 수 있다는 것이다. 이제 학교 밖에서 청소년들이 삶과 학습을 이어갈 수 있는 여건을 조성해야 한다. 그들은 비정상이 아니다. 학업 중단 청소년의 차별에 문제를 제기하는 것은 청소년의 인권에 대한 주의를 환기하는 작업으로 이어질 수 있다. 학생으로만 규정되어 삶을 저당잡힌 청소년들의 행복권에 대한 요구가 여기에 깔려 있다.

2. 다문화교육의 현주소

왜 다문화교육인가?

지구가 한 마을처럼 촘촘히 엮이는 세계화가 급속히 전개되고 있다. 상품, 자본, 문화, 정보, 인구 이동, 환경문제 등 여러 차원에서 변화가 일어나고 있고, 한국도 그 씨스템에 깊숙이 편입되고 있다. 기업의 경쟁력은 범지구적 지평에서 운위된 지 오래고, IMF 구제금융 사태를 계기로 가정의 살림살이조차 거대한 질서 속에서 좌지우지되고 있음을 새삼 깨달았다. FTA의 확산은 경제의 상호연관성을 증대하면서 구멍가게 하나를 하더라도 폭넓은 시야로 세상을 조망해야 하는 시대가 되었다.

다른 한편 정보와 소비문화 면에서도 세계화의 영향이 점점 커지고 있다. 일찍이 매스미디어를 통해서 외국의 대중문화들이 유입되었지만, 최근에는 인터넷이나 유선방송을 통해 예전과는 비교할 수 없을 만큼 엄청난 양의 문화들이 쏟아져 들어온다. 젊은 여성들 사이에 유행하는 미국 드라마 열풍은 단순한 여가를 넘어 생활양식 자체를 흡수하는 움직임으로 나타나고 있다. 또한 일본과 홍콩 등으로 원정 쇼핑을 나가는 젊은 이들이 늘어나고 있는데, 그들은 한국보다 그 나라들에 훨씬 친근감을 느낀다고 이야기한다.

이러한 상황은 교육에도 중대한 영향을 끼치고 있다. 맨 먼저 체감되는 것은 영어에 대한 강조 또는 강박이다. 곳곳에 '영어마을'이 들어서고 조기유학의 열풍 속에 어린 나이에 외국문화를 경험하여 영어를 유창하게 구사하는 청소년들이 점점 많아진다. 대학에서는 영어 강의를 확대하고 있고, 교환학생이나 어학연수는 취업의 필수코스로 여겨진다. 청년들은 자기 인생을 기획하면서 전지구적 규모에서 형성되고 변형되는 노동시장, 그 불확실한 환경에 맞부딪히게 된다.

세계화시대를 살아갈 젊은 세대에게 필요한 것은 무엇인가. 기존 교육에서 다루지 않던 과제가 중대한 도전으로 다가온다. 지금은 유창한 영어 실력, 더 나아가 이른바 국제적 리더십을 갖춰 뛰어난 경쟁력을 확보하는 것만이 부각되고 있다. 그러나 그에 못지않게, 아니 그보다 더 긴급하게 풀어야 할 교육과제들이 많다. 그 가운데 빼놓을 수 없는 것으로, 빠른 속도로 진행되는 다문화사회에 어떻게 적응하고 그것을 바람직한 방향으로 만들어갈 것인가를 거론하지 않을 수 없다.

현재 국내에는 190개국 90만명의 외국인이 거주하는 것으로 추산되는데, 이는 우리나라 전체 인구의 1.84퍼센트를 차지한다. 한국에 거주하는 외국인이 본격적으로 늘어난 것은 1990년대 이주노동자들이 몰려오면서부터였다. 최근에는 한국인 남성과 결혼하여 정착하는 외국인들이 점점 불어나고 있고, 전체의 15퍼센트 정도가 국제결혼이며 전라도나 충청도 농촌의 경우 30~40퍼센트에 달한다. 그 결과, 핏줄에 집착하는 보수적인 농촌에서 먼저 순혈주의가 깨져나가고 있다.

이러한 상황에서 교육은 심각한 과제를 떠안고 있다. 이주노동자나 국제결혼 부부 자녀들의 교육문제가 그것이다. 이들은 무엇보다 한국어를 제대로 익히지 못해 학교와 지역사회에서 적응하기 어려워하는데 이를 극복하도록 도와주는 것이 긴박한 과제이다. 물론 국제결혼으로 한국에 온 여성들의 한국어와 한국생활 적응 교육이 이루어지고 있다. 그러나 그들이 한국사회에 일방적으로 적응하고 통합되는 것만이 교육의 과제인가? 한국사회와 한국인이 새롭게 학습하고 변화를 꾀해야 할 부분은 없는가?

바로 여기에서 다문화교육의 필요성이 제기된다. 다양한 언어적·인종적 배경과 국적을 가진 사회집단들이 평화롭게 공존할 뿐 아니라 그들 사이에 창조적인 상호작용이 일어나면서 문화적 다양성을 높이는 것이 그 교육의 궁극적 목표다. 이는 비단 외국인뿐 아니라 기존 한국사회에 존재하는 여러 소수자집단, 그리고 앞으로 통일시대에 함께 살아가야 할 이질화된 남북한의 국민들을 위해서도 매우 긴요하다. 이 장에서는 다문화교육의 동향과 국내에서의 실천 사례를 분석하고 향후 과제를 살펴본다.

이주여성을 위한 교육과제

KBS의 장수 프로그램「전국노래자랑」은 각 지방을 순회하면서 지역 주민들의 끼를 드러내는 장으로 자리 잡았다. 방송 내용에는 녹화하는 지방의 분위기가 잘 녹아들어 있다. 그런데 최근 그 무대에는 외국인 며느리들이 등장하기 시작했다. 출신국의 민속의상을 입고 나와서 유창한 한국말로 자기소개를 하고 경쾌한 춤과 함께 트로트 가요를 부른다. 농촌에 국제결혼 부부가 생기기 시작한 지 10년, 한국사회에 잘 적응하면서 문화의 다양성을 높여주는 이주민이 생겨나고 있는 것이다. 그러나 그렇게 성공적으로 정착한 경우보다는 그렇지 못한 경우가 훨씬 많은 것이 현실이다.

한국 남자와 외국 여자의 국제결혼은 대개 어떻게 이뤄지는가? 제주 외국인근로자쎈터 한국문화학교 교장 김정우 선생은 이렇게 설명한다.

> 이주여성의 배우자는 크게 3가지로 나눌 수 있어요. 첫째는 노총각으로 지내다가 신부를 못 구해서 외국에서 데려온 경우, 둘째는 배우자와 이혼 또는 사별해서 재혼하려고 하는데 여기서 힘들어서 외국에서 여성을 데려온 경우, 셋째는 남자 쪽에 신체적인 장애가 있어서 배우자를 외국에서 데려오는 경우입니다. 이렇게 일방적으로 남자의 필요에 의해서 배우자를 데려오는데, 연

애를 하거나 감정을 나누는 등의 의사소통은 완전히 생략되어버립니다. 그냥 일방적인 필요에 의해서 결혼정보회사를 통해 돈을 주고 줄서서 간택하는 식으로 하지요. (김정우)

베트남 신부의 중매를 광고하는 현수막이 한때 많이 나붙었듯이, 국제결혼이라는 이름하에 인신매매에 가까운 거래가 이뤄지는 경우가 많다. 알선하는 회사에서는 한국의 총각들을 그룹으로 묶어서 관광 유람하듯이 현지를 방문한다. 그리고 거기에서 한국인과의 결혼을 희망하는 여성들을 여러명 면접하고 즉석에서 결정한 다음, 바로 다음날 결혼식을 올리고 조촐한 신혼여행까지 떠난다. 그러고 나서 대사관에 가서 결혼신고를 해놓고 신랑이 먼저 들어온다. 신부는 여권과 비자를 받는 등 여러 수속을 밟아야 하므로 2~3개월이 지나야 한국에 들어온다. 그리고 그 짧은 기간에 한국어를 조금 배우는 정도가 대부분이다. 그나마 매우 형식적인 교육이라고 한다. 김정우 선생의 이야기를 더 들어보자.

신부들이 한국에 올 때 가지고 온 책을 보면 정확한 이름이 있는 출판사에서 만든 책도 아니고, 조잡하게 만든 복사본을 갖고 공부한 거예요. 누가 체계적으로 가르쳐주는 게 아니잖아요. 한국의 남편은 여성을 데려왔으니까 가정생활에서 성적인 만족도 취하려고 하고, 아내로서의 역할도 해주길 바라고, 또 시부모와의 인간관계도 원만하길 바라잖아요. 하지만 이주여성은 한국어로 의사소통이 불가능한 상태이고, 한국문화가 전혀 적응이 안된 상태라 갈등이 심각해질 수밖에 없어요. 가사(家事)의 가장 기본인 식사부터 문제입니다. 밥할 줄 모르는 사람도 많거든요. 그런데 남편이 자기 배우자를 돈 주고 데려왔는데 자기만족 수준에 접근하지 못하니까, 폭언으로 배우자를 압박하고 심지어는 술 먹고 행패 부리고 폭행도 많이 일어나요. 우리가 상담한 사건의 통계를 낸 적이 있는데, 언어폭력을 당한 분들이 40퍼센트 정도 돼요. 그리고 신체적인 폭력을 당한 사람도 15퍼센트예요. 이주여성들은 여기에 친정도 없잖아요. 갈 데가 없어서 우리한테 와서 상담을 해요. 이분들에게 교육이 참 필요하겠다 싶어서, '와서 공부해라' 해서 등록시키죠. (김정우)

따라서 이주여성들에게 필요한 교육은 매우 다양하다. 한국어만 하더라도 보통 표준화된 교재에만 의존할 것이 아니라 당장 살림을 하면서 긴요한 표현들을 빨리 익혀야 한다. 가게에서 물건을 사온다든지 할 때 알아야 할 말, 약을 먹을 때 약사가 써주는 '식후 30분' 같은 복용법의 의미, 시어머니와의 대화에서 자주 나오는 표현 등이 그렇다. 그리고 부부 갈등의 요인으로 자주 등장하는 것이 전화요금이다. 친정에 국제전화를 몇차례 하다보면 요금이 많이 나오게 된다. 따라서 국제전화 대신에 인터넷 전화를 쓸 수 있도록 컴퓨터 사용법을 배우는 것도 매우 유용하다. 또한 밥 짓는 방법을 가르치는 것도 필요하다. 전기밥솥 사용법에서 찌개 끓이기에 이르기까지, 기본적인 요리법을 강습하는 기관들이 최근에 생겨나고 있다.

그런데 이주여성을 아무리 잘 교육해도 한계가 있다. 함께 살아가는 가족들이 변화하지 않으면 안되는 면이 많다. 김정우 선생은 그 점을 이렇게 지적한다.

남편 되시는 분들이 직업이 안정된 경우도 있지만 어려운 쪽이 좀더 많아요. 의사소통이 되지 않는데다가 경제적으로 힘들고, 문화적인 의사소통이 제대로 되지 않으니 집에서도 계속 부딪치죠. (김정우)

이주여성들이 일방적으로 한국사회와 문화에 적응해야 한다는 것을 전제로 한 교육은 매우 위험하다. 그들이 한국에 결혼하러 오기 전에 날림으로 한국어 교육을 받고 오는 것이 문제로 지적되지만, 한국의 남편과 시부모 들은 그 정도의 교육도 받지 않는다. 아내와 며느리가 될 여성의 모국이나 그 나라의 문화에 대해 최소한의 소양도 갖추지 않은 채 국제결혼 가정을 꾸리는 것이다. 차이를 인정하고 상대방의 입장에서 생각하고 배려할 줄 아는 태도를 갖기 위해서는 타자의 문화에 대한 깊은 성찰과 학습이 필요하다. 국제결혼에 임하는 한국인을 위한 학습 프로그램의 운용이 절실하다. 언어능력이 부족한 어머니가 아이와 충분하게 상호작용하면서 성장을 도와주지 못하는 상황이니만큼 아버지의 역할이 더욱 중요하기 때문이다. 한국청소년개발원 오성배 박사의 이야기를 들어보자.

> 요즘 맞벌이하는 부부들이 많잖아요. 그런데 국제결혼을 한 가정에서는 부인이 아직 언어 적응을 하지 못하다보니까, 경제활동을 할 수 있는 가능성이 극히 낮아요. 그래서 남편이 더 많이 벌어야 하고 열심히 일해야 하다보니 귀가가 늦어지죠. 그래서 아이들하고 대화하는 시간이 줄어들고, 자녀 양육에 소홀할 수밖에 없죠. 그러다보면 육아의 상당부분을 엄마가 맡아야 하는데 이런 상황에서 아빠들의 문제의식이 다른 가정에 비해서 달라야 되지 않을까요. 좀더 적극적으로 아이들을 생각해야죠. (오성배)

특히 한국에서는 취학아동의 학습에서 어머니의 역할이 중요한데, 그가 사회 문화적으로 단절되어 있다는 것은 아이의 성장에 치명적인 결과를 초래할 수 있다. 아예 언어와 문화가 다른 동남아 이주여성은 물론이고 기본적인 의사소통이나 생활에 거의 지장이 없다고 여겨지는 조선족 여성도 아이의 학교생활을 챙겨주는 데 어려움이 많다고 한다. 오성배 박사가 조사하면서 접했던 사례를 보자.

> 조선족이 우리와 별 차이가 없을 것 같지만 사실은 그렇지 않아요. 그들은 60년 이상 그네들만의 문화를 갖고 살았기 때문에 분명히 다른 문화고, 외래어나 신조어는 모르는 상황이다보니까, 아이들이 학교에서 받아적어 오는 알림장을 못 읽는 경우가 많습니다. 색종이나 가위 정도는 알아듣지만 캐스터네츠, 탬버린, A4 용지 몇장, 이런 것을 못 알아듣는다는 거죠. 그래서 남편이 올 때까지 기다렸다가 알림장을 보여주고 준비하는데, 남편이 너무 늦게 오면 문방구가 문을 닫아 준비물을 사지 못하지요. 이런 것들 때문에 소동이 일어나는 경우도 많다고 합니다. 그래서 남편들의 문제의식이 원만한 부부관계를 위해서도 필요하겠지만 자녀 양육의 측면에서 더욱 필요하다는 생각이 듭니다.(오성배)

이렇게 볼 때 이주여성들의 교육은 아이들의 생활을 기본적으로 뒷바라지하는 데도 절대적이라고 할 수 있다. 그런데 이주여성이 제대로 교육을 받을 수 있기 위해서는 남편의 내조가 필수이다. 그런데 상황은 그다지 녹록지 않은 듯하다. 생활 여건이 뒷받침되지 않을뿐더러 생각도 고루하기 때문이다. 그러한 악조건을 어떻게 극복할 수 있을까. 김정우 선생의 경험담을 들어보자.

> 아이들하고 대화하는 시간을 많이 가져야 할 텐데, 아버지들이 전부 일하느라고 자녀와 접촉할 수 있는 시간이 없어요. 그래서 문화학교 시상식을 할 때 모범남편상이라는 각별한 상을 만들어봤어요. 왜냐하면 제가 문화학교를 3년 동안 하면서 느끼는 게 처음에는 남편 되시는 분들이 거의 나타나지 않아요. 어려운 입장에서 배우자를 선택했는데 자기를 노출 시키고 싶지 않은 거

죠. 그러다보니까 그분들에게 자녀교육에서 남편의 역할을 강조해줄 수 있는 시간이 거의 없었어요. 근데 작년부터는 두 사람이 함께 등록하러 오면 제가 남편분 손을 꼭 붙잡고, '당신 아내가 공부하는 것도 중요하지만 공부할 수 있는 자세를 마련해주는 것도 정말 중요하다. 당신 아내가 한글을 제대로 몰라서 당신 아이가 말을 제대로 할 줄 모르면 지능이 상당히 떨어지고 학교생활을 제대로 못한다. 그래서 애 낳아놓고 나중에 굉장히 후회한다.' 이런 이야기를 자꾸 강조했더니 금년에는 아주 본격적으로 남편이 참여하는 경우도 많고, 부인을 데려다주고 끝날 시간에 와서 데리러 오기도 해요. (김정우)

남편의 조력은 이주여성의 학습과 적응에 결정적인 기여를 할 것이다. 그러나 가정의 범위를 넘어선 차원에서도 이주여성을 지원해주는 씨스템이 필요하다. 그들의 교육을 제도적으로 보장해주어야 한다. 그리고 그들 나름의 하위문화를 이루고 살아가는 것이 정신적으로도 큰 도움이 된다. 이는 국제결혼 가정뿐 아니라 이주노동자에게도 매우 중요한 문제이다. 구체적인 방안 가운데 하나로 도서관을 생각해볼 수 있다. 본국에서는 꽤 높은 학력의 소유자이지만 한국에 와서 정보를 접하지 못해 지적으로 퇴보한다고 느끼는 이들이 많은 상황에서, 출신국가별로 기본 도서와 최신 자료들을 구비하여 작은 도서관을 꾸민다면 지속적으로 학습을 해갈 수 있을 것이다. 도서를 모두 새로 구입하지 않고도 이미 그들이 가지고 있는 것들만 잘 수집해 보관하면서 대여해주더라도 큰 도움이 될 것이다.

그런데 이렇듯 여러 차원에 걸친 교육을 체계적으로 시행할 수 있기 위해서는 그것을 적절하게 떠맡을 기관이 있어야 하고 안정된 기반을 갖춰야 한다. 여기서 수도권과 지방은 큰 격차가 있다. 정작 이주여성이 많이 사는 곳은 지방인데 말이다. 김정우 선생의 견해를 들어보자.

예전에 서울에 있는 성동외국인교육쎈터를 가봤거든요. 거기가 우리나라에서 가장 모범적으로 운영되는 기관으로 선정되어 벤치마킹의 대상이 되고 있다고 하더라고요. 그럴 수 있었던 것이 성동구청에서 성동 외국인 근로자 운영에 관한 조례를 만들었어요. 그것을 만들고 나서 직영하거나 민간단체에 위탁경영해서 지금 이 사업을 초창기부터 계속 해오고 있어요. 계약도 여러 해 동안 계속 갱신되고 있구요. 거기 관장님을 만나봤더니 이 건물은 고건 전 총리가 서울시장을 할 때, 성동에 외국인이 많으니까 좋은 사업이라고 특별 지원을 해줘서 12억을 받아 이 건물을 성동구청에서 건립했다고 하더라고요. 그래서 조례를 만들고 1년에 2억 5000 내지는 2억, 아주 경상비로 지원을 해줘요. 그러니까 거기는 직원이 복지사 수준의 보수도 체계적으로 받고 있죠. 그런데 우리 직원들은 실제로 한 달에 60~70만원밖에 못 받아요. 우리가 돈이 없잖아요. 교회에서 지원해주고 우리 개인적으로 하는 게 다예요. 거기는 그렇다보니까 교육 프로그램도 체계적으로 할 수 있죠. 게다가 서울은 우리보다 인적 자원이 풍부하잖아요. 경기대, 이화여대, 연세대에 외국인 학생이 있으니까 거기에 관련된 공부를 가르치는 강사들이나 대학원생들을 지도교사로 활용할 수 있다고 하더라고요. (김정우)

지난 반세기 동안 수도권으로 사람, 자원, 돈, 정보 등이 집중되는 동안에 지방은 소외되어왔다. 그런데 역설적으로 지방에서 가장 빠르게 인구 혼합이 일어나면서 세계화를 경험하고 있다. 반면 그러한 변화에 적절히 대응하기 위한 자원이나 인식은 매우 뒤떨어져 있는 것이 현실이다. 그렇게 방치할 경우 격차가 계속 벌어질 뿐 아니라 그로 인해 생겨날 사회 갈등으로 치러야 하는 댓가는 한국사회 전체가 감당해야 한다. 청년실업이 점점 심각해져가는 지금, 젊은이들이 지방에서 의미있는 일을 하면서 삶을 꾸려갈 수 있도록 제도적, 재정적 지원을 해준다면 일석이조의 효과를 거둘 수 있을 것이다.

청소년 다문화교육의 시도들

국제결혼 가정이 늘어나면서 부각되는 것으로 자녀들의 적응 문제를 들 수 있다. 우선 엄마부터 '모국어'를 제대로 배울 수 없다는 것, 그리고 그로 인해 지적인 발달 자체에 지장이 생긴다는 것은 심각한 상황이다. 그리고 아이들이 학교에서 또래집단에 섞이는 데 큰 어려움을 겪고 있다. 한국인 아버지를 둔 가정의 자녀는 피부색이 그래도 한국인 얼굴에 가깝지만 어머니가 우성인 경우에는 필리핀이나 베트남 사람의 얼굴을 닮기 쉽다. 그런 아이들이 혼혈아라는 이유로 왕따를 당하는 일이 빈번하다. 이 모든 현실은 학교 차원에서의 교육적인 대응을 요구한다. 청소년을 위한 다문화교육의 한축은 바로 그러한 맥락에서 논의되고 실행된다.

한국에서 청소년을 위한 다문화교육은 유네스코 등 민간기구에서 1990년대에 처음 실시했다. 그러다가 최근 공교육에서도 도입하고 있는데, 주로 외국인 또는 국제결혼 부부 자녀들을 위한 프로그램으로 시행되고 있다. 경기도교육청은 2006년 한국에서 최초로 안산과 시흥 지역에 '외국인근로자 자녀 특별학급'을 설치하여 운영하기 시작했다. 이주노동자 자녀들이 한국에서 살면서 겪는 두려움과 부적응을 줄이고 불법체류 이주노동자 자녀 등 취약계층의 교육권을 보장하려는 취지에서였다. 교과 내용은 언어뿐 아니라 한국문화의 체험까지 아우르는데, 이를 통해 정상적으로 초등교육 과정을 이수하고 한국인에 대한 신뢰감도 형성함으로써 이주노동자 자녀의 교육·복지·삶의 질 향상을 도모하는 것이다.

안산의 원일초등학교에 설치된 특별학급에는 러시아, 몽골, 스리랑카, 우즈베키스탄, 인도, 일본, 중국 등에서 온 12명의 아이들이 공부하고 있다. 수업시간과 일상생활의 공용어는 영어가 아닌 한국어다. 입학 당시 아이들은 한국어 실력이 한참 부족했을 뿐 아니라, 한국에서의 체류 기간도 차이가 많았다. 한국어를 조금 알아들을 수는 있어도 발음이 매우 어눌하고, 그럴수록 놀림을 받을까봐 기존의 학급에서는 거의 말을 하지 않은 아이도 있었다. 그리고 집에서는 부모 형제와 모국어로 대화하기 때문에 한국어가 좀처럼 늘지 않는다. 그리고 설령 친구들과 한국어로 소통이 가능하다 해도 수업에서는 어려움을 겪는 경우도 많다. 오랫동안 현장에서 다문화 교실을 연구해온 오성배 박사의 관찰은 그런 상황을 잘 보여준다.

> 1995년에 막 결혼한 초창기 세대의 아이들, 초등학교 3~5학년 아이들을 참여 관찰해보면 또래하고 어울리는 데 큰 어려움이 없어요. 왜냐하면 의사소통에서 어려운 단어를 많이 쓰진 않잖아요. 그런데 수업시간에 교사와 학생 간의 형식적인 질문이나 답변 과정에서는 거의 특수교육이 필요하다 싶을 정도로 수업을 전혀 이해하지 못하고, 따라가지 못하는 상황을 많이 보게 되더라고요. (오성배)

이러한 상황에서 특별학급을 담당하는 손소연 교사는 어떻게 학급을 운영하고 학습을 이끌고 있는지 보자.

아이들이 한국에 잘 적응하기 위해서는 우선 학교생활에 잘 적응해야 합니다. 학교는 가정이나 사회와는 다른 독특한 문화를 지니고 있고, 한국 학교 또한 모국에서 다니던 학교들과 비슷하면서도 다른 문화를 가지고 있지요. 그래서 저는 아이들에게 한국어를 가르칠 때 학교행사에 참여하면서 배울 수 있는 언어, 친구들과 놀면서 사용할 수 있는 언어, 공부시간에 사용하는 말 등을 우선 가르쳤습니다. 그래서 지난 1년 동안 의사소통능력이 많이 신장되었어요. 학교생활에 관련된 말을 집중적으로 익히고, 일반학급에서 한국 친구들이 말하는 것을 반복해서 들으면서 함께 어울릴 수 있었기 때문이라고 봅니다. 이 아이들이 특별학급에서만 있었다면 그렇게 빠르게 배우지 못했을 거예요. (손소연)

손소연 교사는 중앙도서관을 방문하여 도서관 이용법을 배우고, 호수공원에 가서 식물을 관찰하는 등 학교 밖으로 나가 문화에 익숙해지도록 했는데, 현장에 가기 전에 체험학습에 필요한 낱말과 그림을 먼저 배우고 간다고 한다. 그리고 이 학교에서는 평소에 학교에 방문하기 어려운 이주노동자들을 위해 '근로자의 날'에 체육대회를 열었는데, 특별학급 아이들은 단체생활이나 운동회 준비에서 필요한 말을 미리 배우고 행사에 참여했다.

원일초등학교의 다문화교육에서 또 특기할 만한 것은 일반학급 아이들도 참여하는 문화교실수업(CCAP)이다. 유네스코 한국위원회의 지원으로 매월 한 차례씩 진행하는 수업에는 외국인근로자 자녀와 한국학생이 함께 참여하여 문화의 다양성과 더불어 사는 세상에 대한 생각을 넓혀간다. 해당 국가 출신으로 한국에서 살고 있는 근로자나 NGO 활동가 등이 특별강사로 초빙된다. 한국학생들은 특별학급 친구들이 어느 나라에서 왔고, 그 문화가 한국과 무엇이 다르고 비슷한지를 배우게 된다.

우즈베키스탄 문화교실 수업에서는 연극을 함께 했고 러시아와 어떻게 구별되는지 역사적인 배경에 대해 함께 배울 수 있었습니다. 일본 문화교실수업에서는 전통의상을 입어보고 다양한 풍습에 대해 배우면서 일본인 친구에 대한 이해를 넓힐 수 있었습니다. 특별학급 아이들은 자기나라 사람이 모국의 문화를 한국 아이들에게 한국어로 소개하는 것을 보고 자기 나라 국가를 함께 부르면서 새삼 긍지를 갖게 되는 것 같았어요. (손소연)

외국인 또는 국제결혼 가정의 자녀들이 한국사회에 일방적으로 적응하고 통합되는 것이 아니라, 그들 사이에서도 서로의 문화를 공부하고 한국 학생들도 다른 문화를 경험하면서 세계 이해의 폭을 넓히는 것이 다문화교육의 진정한 취지라고 할 수 있다. 그런 점에서 이 학교의 특별학급은 매우 적절한 방향설정과 운영방침으로 소기의 목적을 달성하고 있다고 평가할 수 있다. 특별학급 아이들은 예전에 한국어도 못하고 불법체류 신분이라서 집에 갇혀 지내거나 피씨방에서 소일하고 밤에는 학교에 다니지 않는 아이들과 어울리곤 했는데, 이제는 학교에서 한국어와 한국문화를 배우고 친구들을 사귈 수 있게 되어 즐겁다고 한다. 그들이 모국어를 말하고 자신의 문화를 소개할 때 한국 친구들이 관심을 갖고 배우려고 애쓰는 분위기도 형성되었다고 한다.

급식문제도 어렵습니다. 문화권에 따라서 식성이 천차만별이기 때문입니다. 예를 들어 몽골 아이들은 생선을 절대 먹지 않습니다. 한국 아이들은 그 아이가 이상하다고 생각했었는데, 다문화교실을 통해 그것이 개인의 문제가 아니라 문화 차이라는 것을 이해하게 되었습니다. 통역사 이외에는 별다른 꿈이 없었던 특별학급 아이들은 이러한 과정을 거치면서 긍정적인 자아관을 갖게 됩니다. 아이들은 교사가 몽골어 사전만 가지고 다녀도 자기편이라고 생각합니다. 한국어를 가르치는 것보다도 마음의 문을 여는 것이 훨씬 어렵다는

것을 실감합니다. (손소연)

지금 학교에서 이뤄지는 다문화교육은 교사 개인의 노력과 헌신에 의존하는 실정이고, 힘든 일이 많아서 교사들이 기피하는 경향이 많다. 10명 남짓의 아이들을 가르치는 일이지만, 국적이 다르고 언어가 제각각이라서 교사와 학생 그리고 아이들 사이에도 소통에 어려움이 크다. 예를 들어 아이들이 자기 나라 말로 욕을 하는 경우가 많은데, 교사가 적어도 그 아이가 욕을 하고 있다는 것은 알아야 상황을 통제할 수 있다. 손 교사는 해당언어에서 자주 쓰이는 욕설들을 익혀두고 대처하고 있다.

그리고 문화적 배경의 차이도 커다란 어려움으로 남아 있다. 예를 들어 성교육을 하는 경우, 몽골 아이들은 거주공간의 특성 때문에 어릴 때부터 어른들의 성생활에 노출되어왔기에 성적인 접촉을 심각하게 생각하지 않는 경향이 있다. 그래서 몽골 출신 자원봉사자가 통역을 하면서도 그 내용과 취지를 제대로 이해하고 전달하지 못하게 된다. 이렇듯 문화적·역사적 배경에 걸맞게 교과과정과 교수법을 개발하는 일이 중요한 과제이다.

이러한 교육적 시도들이 갖는 의미는 매우 중대하다. 이에 대해 청소년개발원 오성배 박사는 다음과 같이 이야기한다.

자기 또래 중에 저런 아이도 있구나 하는 것을 그 나이에 알지 못하면, 나중에 물과 기름이 돼서 외국처럼 인종갈등이 생길 수 있습니다. 이주여성이 현재 700명이고, 그전에 오신 분들이 600명으로 해서 1300명에, 그 자녀들 2세, 3세에다가 앞으로 계속 이주여성은 들어오잖아요. 그렇게 되면 불과 20~40년만 지나면 코시안 아이들을 비롯해서 이주여성이 훨씬 많아지겠죠. 그런데 사회인식이 바뀌지 않으면 프랑스나 호주에서처럼 큰 문제가 생기지 않을

까 걱정스러워요. (오성배)

우선 코시안 아이들에게 교육 기회를 많이 배려해서, 장애우들을 배려하는 것처럼 별도 프로그램을 제공해야 한다. 다른 한편으로 한국의 아이들에게 지금 우리사회가 더이상 단일민족사회가 아니라 다인종·다문화 사회로 변모하고 있음을 잘 이해시키는 것이 필요하다. 사회 전체의 인식이 바뀌기 위해서는 성인교육이 시급하지만 현재로서는 접근 통로가 매우 제한되어 있기에, 우선 제도교육의 울타리 안에 들어와 있는 아동과 청소년들에게 적극적으로 다문화교육을 시행해야 한다.

그런 점에서 보자면 북한을 탈출한 새터민 청소년들도 똑같은 어려움을 겪고 있다고 할 수 있고, 그들을 위한 교육적 배려가 이뤄져야 한다. 무지개청소년쎈터의 부쎈터장을 역임한 이항규 박사는 다음과 같이 의견을 피력한다.

새터민 청소년들이 현실적으로 느끼는 큰 어려움 가운데 하나는 교육방법과 평가방법이 너무나 다르다는 거죠. 사지선다형 시험이라는 걸 처음 보니까요. 2 더하기 3이 5이면, 5를 답으로 쓰는데, 우리는 1번 3, 2번 4, 3번 5, 4번 6에서 골라서 3이라고 써야 하잖아요. 그럼 이 친구들은 왜 2더하기 3은 3일까라고 생각하는 것 같아요. 그렇다고 이 친구들이 더하기를 모르는 것도 아닌데요. 씨스템이 그동안 달랐기 때문에 고생을 많이 하거든요. 그런데 남한의 학교교사들에게 북한교육에 대한 이해가 있으면 좋겠어요. 아이들이 북한에서 어디까지 배웠는지, 무엇을 알고 모르는지를, 정말 몰라서 못 푸는지, 아니면 방법만 모르는지에 대해서요. 저는 앞으로 새터민 학생들이 다니는 일선 학교의 교사연수 같은 것이 필요하다고 생각해요. 지원의 필요성 같은 얘기 말고 정말 어떻게 가르칠지, 구체적으로 이런 교육들이 있었으면 좋겠어

요. (이항규)

다문화 공생사회를 향하여

경기도 파주에는 멋진 '영어마을'이 들어서 있다. 그 풍경은 유럽의 어느 마을을 그대로 옮겨놓은 듯하다. 거기에서 만나는 외국인들도 거의 다 서양 출신이다. 그런데 정작 한국에서 살고 있는 외국인의 대다수를 차지하는 아시아인을 만나고 그들의 문화를 체험할 수 있는 공간은 지극히 빈약하다. '한류'가 아시아 각국에 흘러들어 한국에 대한 관심이 높아지고, 수많은 사람들이 일자리와 결혼을 위해 한국에 들어와 살아가지만 우리는 그들의 사회와 문화(어떤 이는 '사돈의 문화'라고도 한다)에 무지하다. 향후의 문화정책은 그러한 불균형을 시정하는 방향으로 가야 한다. 글로벌 무대에서 아시아는 일차적인 이웃이다. 한국 안에 '베트남류(流)' '버마류' '필리핀류' 등 다양한 아시아 문화의 바람이 일어나도록 촉매 역할을 해주어야 한다.

다른 한편으로 한국에 거주하는 여러 민족 집단들이 자국의 문화정체성을 보존할 수 있도록 지원하는 것도 필요하다. 몽골이나 스리랑카 등에서 이주해온 노동자의 자녀 가운데 한국어는 유창한데 모국어는 전혀 못하는 경우가 많다. 그들은 자신의 정체성을 아예 한국인으로 생각하고 모국으로는 돌아가고 싶지 않다고 말하기도 한다. 때문에 부모는 고민이 많고 때로 갈등을 빚기도 한다. 아이들이 그렇게 생각하는 이유는 경제 수준으로만 사회를 비교하면서 출신지 문화를 평가절하하기 때문이다. 설령 그 아이들이 귀화하여 한국인으로 살아간다고 해도 그러한 태도는 바람직하지 않다. 국적이나 태생이 다양한 외국인들이 자신의 문화를 긍정적으로 생각하고 그것을 더욱 활기차게 가꿔가는 것은 그들 자신뿐 아니라 한국사회에도 도움이 된다.

정부는 주요 언어권별로 2세들이 자국어를 체계적으로 배우고 문화와 역사에 자부심을 가질 수 있는 교육 프로그램과 씨스템을 지원해줄 수 있다. 필요하다면 해당 국가 출신 전담교사를 선발하여 인건비를 지급할 수도 있다. 더 나아가 지자체마다 그러한 문화가 지속적으로 창출될 수 있는 거점공간을 확보해주는 것도 생각해볼 수 있다. 그래서 그 나라 출신 사람들이 수시로 드나들고 언제든지 모여서 교류할 수 있다면 한국사회에서 주눅들지 않고 자신의 문화정체성을 재생산해갈 수 있을 것이다. 서울의 대학로에서 일요일마다 열리는 필리핀시장이나 안산시 원곡동의 테마거리 등은 참고할 만한 사례이다.

한국에서 저마다 다양한 문화를 가지고 살아가는 외국인들은 한국인을 위한 다문화교육에서 중요한 인적 자원이 될 수 있다. 일본에서 만난 어느 유학생이 경험한 일이다.

어느날 인근의 중학교에서 연락이 왔어요. 토요일에 수업 대신 외국인을 초빙하여 1학년 학생들에게 자국의 문화를 소개해주는 프로그램을 갖기로 했으니, 강사로 참여해달라는 요청이었습니다. 저는 어느 학급에 들어가 세시간 동안 한국의 문화에 대해 강의를 하면서 사물놀이 비디오를 보여주고 제기차기 같은 놀이를 가르쳐주었지요. 그 학교는 그날의 특별수업을 위하여 지역에 살고 있는 외국인들을 파악하여 10여개국 출신들을 초빙했더군요. 아이들은 대부분 그런 식으로 외국인을 직접 접하여 이야기를 나눠보는 것이 처음이었다고 합니다. '국제이해 교육' 분야에 한국보다 훨씬 먼저 눈을 뜨고 다양한 시도를 펼쳐온 일본에서 그런 식의 프로그램을 배워볼 만하다고 생각해요.

이를 통해 한국 청소년들이 타문화에 대한 이해를 넓힐 수 있고, 참여하는 외국인 입장에서도 한국사회와 놀라운 접점을 형성하게 된다. 그런 자리에 강사로 참여하기 위해서는 한국어는 물론이고 자기 문화에 대한 소양과 해석·전달 능력을 갖춰야 하기 때문에 적임자가 생각보다 많지는 않을 것이다. 그러나 한국어의 경우 보조교사가 따라붙고, 문화 콘텐츠의 경우 해당 국가의 문화원이나 위에서 언급한 동호회의 도움을 받아 개발할 수도 있다. 경기도는 그것을 실행할 경우 필요한 인적 자원을 파악하여 데이터베이스로 구축하고, 학년별로 다양한 프로그램을 개발하여 공급할 수 있다. 그리고 그렇게 교실에 찾아가 강좌나 워크숍을 하고, 학생들이 외국인을 찾아가 인터뷰하거나 생활 모습을 취재하는 프로그램을 꾸려볼 수도 있다.

더 나아가 어느 한 국가에 고정되지 않고 다중적인 정체성을 형성하거나 제3의 정체성을 수립하면서 그것을 자랑스럽게 생각하는 풍토의 마련도 중요하다. 새터민을 비롯한 다문화 청소년들을 위한 무지개쎈터를 운영했던 이항규 박사는 이렇게 말한다.

저희 집도 다문화가정인데요. 저는 우리아이가 '엄마 나는 영국 사람이야, 한국 사람이야?' 이렇게 물어보면 '너는 영국 사람이기도 하고 한국 사람이기도 해'라고, 지금은 아이가 어리니까 그렇게 얘기를 해요. 그런데 아이가 좀 더 크면 '너는 유라시안이야'라고 말하려고 해요. 그리고 유라시안이라고 했을 때는 사실 유럽과 아시아의 문명을 함께 가지고 있다는 얘기거든요. 그리고 다문화가정의 아이들도 '나는 파키스탄 사람이야, 한국 사람이야?'에 '너는 파키스탄 사람이기도 하고 한국 사람이기도 하고 너는 아시안이야'라고 얘기해준다면 문명의 힘이 있잖아요. 그런 걸 좀 아이들이 느끼게끔 해줬으면 좋겠어요. 엄마가 삶의 여유가 없어서 그런 생각을 못하더라도 아이에게는 그런 힘을 좀 줄 수 있는 '너는 두 문화에 걸쳐서 살고 있고 아주 풍요로운 삶을 누릴 수 있는 토양을 갖고 있어' 이런 식으로 해줬으면 좋겠어요. 북한 사람들도 '나는 북한 사람이기도 하고 한국 사람이기도 하지만 나는 누군지 모르겠다, 한반도인이든 어쨌든 나는 더 큰 공동체에 속한 나야, 나는 내 안에 양쪽의 문명을 다 갖고 있어' 이런 자부심이 있었으면 좋겠어요. 예전에 통일교육원에서 강의할 때 '북한의 좋은 점이 무언가요?' 질문을 했을 때 어떤 아이가 '북한은 어느 강물이든 먹을 수 있었고 헤엄칠 수 있었고 정말 즐겁게 놀 수 있었다' 했을 때 순간적으로 남한 아이들이 느끼는 부러움이 있는 것 같았어요. 그리고 양쪽을 다 경험하고 있는 게 그 아이의 자산이 되었으면 좋겠고요. 그런데 어떤 아이가 '그렇게 북한이 좋으면 북한으로 가지그래' 이런 코멘트를 했어요. 이제 그런 일이 없도록 해야죠. 밖에서 왔다는 게 찌질한 게 아니고 근사한 것이 되는 사회였으면 해요. (이항규)

다문화사회의 전망을 그리면서 새터민을 그 한축으로 세울 수 있다면, 한국사회의 다양성은 한결 풍부해질 것이다. 분단이라는 현실이 굴레가 되지 않고 오히려 미래사회를 풍요롭게 하는 밑거름이 될 수 있다는 인식의 전환이 필요하다. 조정아 간사도 그와 비슷한 생각을 하고 있다.

새터민 청소년들이 벌이는 콘써트 같은 것을 보면서 새삼 느끼는 것이지만, 남한사회에서 새터민들이 자기 정체성을 만들어가잖아요. 굉장히 여러 색깔인 것 같고, 나는 남한 시민이다 혹은 북한 출신이다 혹은 무엇이다, 이렇게 하나로 결정되는 것이 아니라 아주 다양한 것 같아요. 어떤 때는 남한 주민이기도 하고 어떤 때는 북한 출신이기도 하고 어떤 때는 소수자이기도 하고, 어떤 때는 이 모든 것 사이의 경계인이기도 하죠. 그중에서 이 사람들이 살아가는 데 큰 자신감을 주고 열심히 살아가게 하는 것이 있어요. 내가 북한 출신이지만 남한사회에 와서 열심히 잘살아서 나름대로의 성공 (꼭 돈을 버는 것이 아니라도)을 했을 때, 나중에 통일 과정에서 '나는 북에서 왔고 북을 잘 알고 있기 때문에 거기서든 여기서든 남한 사람들이 못하는 무엇인가를 가지고 기여할 수 있다'는 의식, 꼭 그게 무엇을 하겠다는 목적이 아니더라도 일정한 소명의식이 있더라고요. 그게 작용했을 때 어려움을 견디고 나가는 힘이 생기는 것 같아요. 아이들 경우도 마찬가지일 것 같아요. 북한에서 왔기 때문에 숨기고 드러내지 않는 것이 아니라, 어렵겠지만 내가 북한 출신이라는 것을 드러낼 수 있고, 그게 장점으로 작용할 수 있는 사회적 뒷받침이 있다면 친구들이 좀더 자신있게 살아갈 수 있지 않을까요. (조정아)

한국인들은 아직도 단일민족에 대한 집착이 강하고, 한국에는 한민족만이 살고 있다고 생각한다. 그래서 이주노동자들을 잠깐 머물다가 돌아갈 이방인들로 여기며 소홀히하는 경향이 강하다. 그러나 그들의 숫자는 점점 늘어날 뿐 아니라 한국에서 2세, 3세로 이어지면서 뿌리를 내릴 것이다. 마치 한국인들이 세계 각지에 뻗어나가 정착했듯이 말이다. 그렇다면 그러한 미래를 전제로 문화정책을 세워야 한다. 즉 한국 내에 '베트남 커뮤니티' '인도네시아 커뮤니티' 등이 들어서며 다양한 종족들이 한국인과 함께 영구히 살아갈 것이다. 그렇듯 문화가 다양한 집단이 공존하는 사회를 전제로 문화전략을 구상해야 한다.

'코리안'은 한국 부모 밑에서 나고 자란 사람만이 아니다. 필리핀계 한국인, 베트남계 한국인, 중국계 한국인 등 다양한 코리안들이 출현하고 있다. 그러나 우리의 인식은 아직 이것에 적응하지 못하고 있다. 엄연히 주민등록증이 있는데도 한국인으로 받아들이지 않기 일쑤고, 지방선거 때 투표장에서 외국인이 왜 투표를 하러 왔느냐고 의아한 눈길을 보내는 것이 우리의 현실이다. 그들이 한국사회에 더 깊이 섞일 수 있도록,

사람들의 의식과 느낌이 변화할 수 있도록 제도적인 차원에서 촉진할 필요가 있다. 예를 들어 외국계 한국인이 공무원으로 취직하여 외국인 관련 업무를 맡는다거나, 학교에서 문화다양성에 대한 이해를 높일 수 있도록 교사 연수나 교재 개발을 담당할 수 있다. 그리고 관광상품이나 문화 콘텐츠 개발에 외국인의 목소리를 충분히 반영함으로써, 그들이 단순히 잠깐 머물다 갈 손님이나 보호받아야 할 대상이 아니라 한국사회를 함께 만들어가는 동반자임을 깨닫게 할 수 있다.

그런 점에서 볼 때 다문화교육은 한국에서 살아가는 외국인만을 위한 것이 아니다. 우리의 의도와 별 상관없이 이뤄지는 급격한 인구 집단의 구성 변화는 한국사회의 문화적 다양성과 유연성을 제고하는 계기가 될 수 있다. 단일민족이라는 신화가 급속한 산업화와 사회통합에 도움이 되던 단계를 지나 이제는 걸림돌이 되는 현실에서, 이질적인 문화가 바로 옆에 존재한다는 것은 우리의 고정관념을 깨뜨리면서 인식의 확장을 유도할 수 있다. 21세기에 피할 수 없는 세계화의 현실을 구체적으로 체험하고 대안사회 원리를 시험해보는 동료로 한국 거주 외국인들을 재발견해야 한다. 이런 변화는 외국인뿐 아니라 새터민 그리고 한국사회 내의 다양한 소수자 집단의 사회적 입지를 넓히는 데도 긍정적으로 작용할 것이다.

3. 평생학습사회를 향하여

지방자치와 평생학습

평생학습이 강조되고 실제로 중요해지는 것은 세계적 추세다. 지식정보사회로 진입하면서 배움은 학교를 중심으로 한 제도교육에서 끝날 수 없는 상황이 되었다. 숨가쁘게 변모하는 사회의 흐름을 따라잡기 위해서는 평생 끊임없이 배워야 한다. 학습을 게을리하는 직장인들은 도태될 수밖에 없다. 그리고 기업에서도 지속적인 교육의 중요성을 절감하고 있다. 그러나 평생학습은 그러한 직능과 관련된 지식이나 기술과 관련해서만 필요한 것이 아니다. 주5일제 근무, 주5일 수업 시대와 고령화사회를 맞아 점점 늘어나는 여가시간과 비노동시간을 어떻게 풍요롭게 채울 것인가? 실제로 다양한 학습 요구가 드러나고 있으며, 그에 부응하여 다양한 프로그램들이 교육상품 형태로 등장하고 있다.

그러한 흐름과 병행하여 교육인적자원부는 평생학습을 정책의 주요 과제로 설정하고, 지자체가 평생학습도시로 나아가도록 유도하고 지원하는 추세다. 이에 맞물려 평생학습에 대한 논의와 정책이 지자체 차원에서 활발하게 펼쳐지고 있다. 지식정보화 시대에 사회구성원들의 학습 능력은 경쟁력의 요체이다. 그것은 삶의 질을 높이면서 행복감을 증진시키는 문화의 차원에서도 중요한 영역으로 부각되고 있다.

평생학습이라는 이름으로 시행되는 교육의 폭은 대단히 넓다. 특히 성인들이 여가시간에 지적 욕구를 충족시키고 더 나아가 자아실현을 꾀하는 프로그램들이 꽤 높은 비중을 차지한다. 주부가 그 주요 대상이 되는 교양강좌의 형태도 많다. 또하나 큰 비중을 차지하는 것은 직업능력과 연관된 학습이다. 고용이 불안해지고 승진경쟁이 심화되면서 자격증 하나라도 더 따놓는다든지 외국어 실력을 쌓기 위해 공부에 열을 올리는 성인들이 많아진다. 주5일제가 시행되면서 늘어난 여가시간을 이런 자기계발에 투자하는 경향이 높아지고 있다. 그런데 실제로 시민들의 학습은 증진되고 있는가? 그 배움을 통해 삶의 질이 향상되는가?

그런 질문을 안고 현재 진행되는 평생학습의 모습을 돌아볼 때 아직 취약한 영역이 있다. 그것은 바로 '시민'을 육성하는 학습이다. 여기서 시민이란 단순한 거주민과 달리 도시 살림에 관심을 가지고 공적 영역에 참여하는 주체를 말한다. 평생학습의 궁극적인 목표는 그러한 시민을 길러내는 데 있다. 그런데 사회의식을 고취시키는 계몽의 프로젝트만으로는 한계가 있다. 자신이 살아가는 지역의 현실을 다각도로 이해하면서 정체성을 만들어가는 작업, 삶의 현장 속 구체적인 과제들을 고민하고 해결책을 모색하는 과정에서 시민의식은 자연스럽게 성숙하는 것이다.

그런 점에서 볼 때 평생학습이란 매우 포괄적인 과제다. 지역 전체를 시야에 넣으면서 삶의 구조를 바꿔내는 작업과 병행되어야 한다. 따라서 특정 행정부서의 일로 국한될 수 없는 것이다. 그리고 문화와 관련된 다른 많은 일들이 그러하듯이 이것 역시 행정이 주도해야 하는 일이 아님은 두말할 것도 없다. 시민들이 배움의 주체로 성장할 수 있도록 행정부서는 여건을 만들고 필요한 것을 지원해야 한다. 그 임무를 원활하게 수행하기 위해서는 행정조직부터 학습조직으로 전환해야 한다. 그러한 기준으로 볼 때 현재 한국에서 평생학습도시를 천명한 지자체들의 상황은 어떠한가. 겉으로는 거창한 구호를 내세우지만 실제로는 매우 부실하게 추진되는 평생학습정책이 적지 않다. 그런 가운데 꾸준히 성과를 축적하면서 주목을 받아온 지역이 경기도 광명시다.

광명시평생학습원은 2001년 설립되어 광명시가 성공회대학교에 위탁하여 2007년까지 운영해왔다. 광명시평생학습원에서는 동아리 활성화를 통해 효과적으로 네트워킹 하고 있다고 평가된다. 평생학습을 개인 차원에서 실행하기는 쉽지 않다. 비슷한 관심사와 학습 동기를 공유하는 사람들이 만나 함께 활동하는 가운데 역동적인 배움이 일어난다. 그렇다면 광명시에서는 이 프로젝트를 구체적으로 어떻게 추진하고 있는가? 그리고 그 성과는 무엇으로 나타나고 어떻게 해석될 수 있는가? 선진적으로 실험해온 평생학습원에서 무슨 일을 하고 있는지, 그리고 거기에 참여하는 시민들은 어떻게 배움의 즐거움을 누리고 있는지를 알아보자.

지역의 학습 자원을 잇는 동아리활동

광명시는 가장 먼저 평생학습도시를 선포했고, 평생학습원이라는 독자적인 기구와 건물을 갖추고 있는 유일한 지자체이다. 그러나 광명시가 주목받는 것은 그런 외형이 아니라 시민들이 학습을 스스로 해나가고 있다는 점 때문이다. 평생학습원에서 가장 주력하는 일은 무엇인가? 바로 학습동아리의 활성화이다. 시민들이 함께 자기주도적 학습을 수행할 수 있는 바탕이 거기에 있다. 자발적으로 배우고 그것을 다른 이들에게 가르치거나 실천해가면서 진정한 학습이 이뤄지는데, 이를 위해서는 학습동아리가 실질적으로 활성화되어야 한다. 광명시평생학습원에 등록되어 있는 동아리는 2006년말 현재 116개로서, 회원이 1500명 정도이다. 활동하지 않고 이름만 내건 동아리는 거의 없다고 한다. 그리고 학습원은 학습동아리의 활동을 질적으로 고양하기 위해, 리더십 훈련·회원 워크숍 등을 비롯한 각종 교육을 지속적으로 실시하고 있다.

다른 이들을 가르침으로써 얻은 진정한 배움은 구체적으로 어떤 동아리활동들을 통해 실현되는가. 2006년도 활동을 놓고 보면, 가장 두드러졌던 것이 지역 청소년 대상의 다양한 체험 프로그램이다. 광명시 소재 청소년문화의집 '해냄'과 '오름'에서는 학생들이 격주 토요일마다 학교에 가지 않는 소위 '놀토'에 '해냄의 날' '오름의 날'이라는 행사를 열었다. 이때 학습원 소속 학습동아리 중에 체험 프로그램을 할 수 있는 동아리의 협조를 요청해왔다. 학습원에서는 그것을 검토한 후 미술 치료, 비즈공예, 퀼트, 펠트, 선무도, 종이접기 등의 학습동아리들을 청소년문화의집에 소개했다. 처음엔 담당직원이 학습동아리들을 조직하여 연계해 주었지만 지금은 학습원 내 학습동아리연합회에서 자체적으로 하고 있다. 김홍규 전 원장은 이것이야말로 이상적인 '네트워킹'이요, '학습의 순환'이라고 이야기한다. 지역에 있는 다양한 학습 자원과 역량이 서로 연결되어 순환되는 것이다. 지역에 있는 아이들의 학습을 지역 어른들이 책임지는, 그야말로 평생학습도시의 이상이 실천되고 있는 셈이다.

그런 수준으로까지 나아가는 데 꽤 시간이 걸렸을 텐데, 그 성장과정은 어떠했을까? 인형극 동아리의 예를 들어보자. 처음에는 어린 자녀를 둔 주부들이 자기 아이하고 놀아주기 위해 '발도로프 헝겊인형' 교양강좌를 들었다. 이 가운데 관심과 열정이 남다른 몇사람이 동아리를 만들었고 공부를 더 하고 싶어서 '시민제안 프로그램'을 통해서 심화교육을 받았다. 그때 '사다리'라는 인형극단 대표를 초대해 인형극에 관한 상세한 지식을 배워 인형극 공연을 본격적으로 시작한 것이다. 자기 아이들에게 보여준다거나 소방서와 연계해 화재예방에 관한 인형극을 만들어 여러 지역에서 공연하기도 한다.

다른 예로 독후(讀後)활동 동아리를 들 수 있다. 독서지도사 양성과정을 이수한 이들 가운데 일부가 학습원 내 어린이 도서실에서 봉사활동을 하다가 독후활동 프로그램을 따로 만들었다. '독서놀이터'라는, 학습원 내 어린이도서실 프로그램인데, 미취학아동에서 초등학교 3학년까지를 대상으로, 수강인원도 6명으로 제한해서, 10주 프로그램으로 4개 팀이 무료로 운영된다. 이 프로그램은 매우 인기있어서 강남의 유명학원처럼 대기자 목록이 있을 정도라고 한다. 이 팀들은 경험이 쌓여 지역의 작은 도서관들에서 자원봉사도 하고 때로는 강사료를 받고 정식 강사로 활동하기도 한다.

광명시에서 이처럼 신나는 일들이 많이 일어나면 시민들의 정체성에도 변화가 오지 않을까? 이 질문에 김홍규 전 원장은 이렇게 말한다.

평생학습원 생기자마자 제일 먼저 한 프로젝트가 정주민 의식 프로젝트였습니다. 우선 광명시민들 가운데 여기에서 태어난 사람이 적습니다. 그리고 아파트 평수가 작아서 그런지 젊은 분들이 많은데, 그들이 집을 넓혀 갈 때는 서울 쪽으로 많이 옮깁니다. 하지만 앞으로는 교육 때문에 광명으로 오는 일이 생길 것입니다. 실제로 요즘에는 학습원 때문에 광명을 못 떠나겠다고 말씀하는 분들이 제법 있어요. 심지어는 타 도시로 이사한 후에도 그루(지역통화)장터 같은 것에 계속 참여하는 분들도 있고요. (김홍규)

한가지 아쉬운 것은 광명시의 경우 평생학습에 참여하는 이들 가운데 약 80퍼센트가 주부로서, 교육의 사각지대에 놓여 있다고 할 수 있는 성인 남성들이 배제되어 있다는 점이다. 그래서 그들을 위한 주말 프로그램을 구상하고 있다. 예를 들어 10주짜리 체험 프로그램을 하는 데 한 주는 강의를 듣고 한 주는 문화유적 답사나 박물관 방문학습을 하는 식으로 진행한다. 아버지들은 자녀들이랑 놀아주고 싶은데 방법을 모르는 경우가 많다. 그래서 그날은 엄마는 집에서 쉬고, 아빠랑 아이들이 참여하는 프로그램 신설을 검토하고 있다고 한다.

지역의 거점 역할을 하기 위하여

평생학습은 마을 만들기와 밀접하게 연관된다. 마을 만들기란 지자체와 시민들이 파트너십을 맺어 삶터를 디자인하는 활동을 가리킨다. 이는 한국사회에서 지방자치제 실시 이후 주민참여가 활발하게 전개되는 과정에서 생겨나 1990년대 후반에 행정과 시민운동 영역에서 정착되기 시작했다. 그동안 다양한 논의와 실천 사례들이 축적되어왔지만 평생학습과 관련한 것은 매우 빈약한 실정이다. 하지만 마을 만들기가 일시적인 캠페인이나 전시성 사업이 아니라 진정 시민의 삶의 질을 높이기 위한 것이라면, 지역사회 구성원들의 지속적인 학습이 수반되어야 한다.

　시민들이 정책을 더 잘 이해해야 하고, 공무원들 역시 자신의 전문성을 높이면서 시민들과 소통할 수 있는 언어를 개발해야 한다. 그리하여 함께 성장하는 과정에서 지역의 미래상이 내실있게 구상되고, 학습 에너지로 결합된 파트너십이 한결 탄탄한 실행력을 확보할 수 있다. 따라서 평생학습은 담당부서만의 과제가 아니라 모든 부서에서 자신의 업무에 관련된 지식과 정보를 생산하고 유통하는 전략으로 도입해야 할 과제이다. 다른 한편 시민들은 자신의 경험과 생각을 공론화하고 정책에 반영하면서 행정과 생활세계의 거리를 좁혀야 한다.

　광명시평생학습원은 그러한 시민을 키우기 위해 각별히 힘을 기울이는데, 이런 목적으로 '광명시민대학'이 운영되고 있다. 광명시민대학은 삶의 현장에서는 꼭 필요하나 전국단위의 대학 차원에서는 할 수 없는 학과를 만든다. 학점은행제나 독학사제도 등의 중앙주도형 제3의 대학(tertiary college)이 학위취득을 통한 공교육으로의 편입에 주안점을 두고 있다면, 시민대학은 대안적인 제3의 대학이라고 볼 수 있다. 이 시민대학에서 주안점을 두는 것 가운데 하나가 바로 '지역학'이다. 광명시민대학은 학위를 수여하지는 않지만 자기 전공과목과 더불어 필수교양으로 지역학을 이수하게 하면서, 학생들로 하여금 지역에 대한 사명감을 갖도록 만든다. 지역학에 관심을 갖고 참여하는 시민들이 늘어난다면 공무원들도 좀더 신중하게 지역정책을 수립하게 될 것이고, 이런 일련의 과정들이 결국 지역 발전을 앞당길 것이다.

　지역사회 전체를 학습의 대상이자 터전으로 만들어가는 것은 학습원만의 힘으로는 한계가 있다. 그래서 필요한 것이 네트워크이다. 다들 네트워크를 이야기하지만 실제로 실행하는 곳은 매우 드물다. 그만큼 어렵기 때문이다. 광명시학습원은 광명시에 산재한 여러 기관들 중 하나가 아니라 독자적 기관인데, 이와 더불어 광명시를 평생학습도시로 건설하기 위한 거점 역할도 해야 한다. 학습원이 중심축이 되어 광명시 전체를 평생학습도시로, 마치 마을 만들기를 하듯 디자인해가는 역할을 해야 하기에, 상당한 인력과 에너지를 네트워크 쪽에 투여하고 있다.

광명시가 국내 평생학습도시의 모델로 주목받는 이유는 바로 실제적인 민(民)·관(官)·학(學) 네트워크가 이루어지고 있기 때문이다. 지자체가 평생학습에 대한 강력한 의지를 가지고 평생학습도시를 선언하고 평생학습원을 만들었다. 이것을 다시 성공회대학교에 위탁함으로써 지역을 토대로 '시민중심의 평생학습도시 광명'의 정책방향을 연구·개발하고 이를 평생학습원이라는 현장에서 실천함으로써 민·관·학이 서로 조화를 이룰 수 있었다. 그리고 평생학습원은 성공회대학교 내의 평생학습사회연구소와 긴밀한 협조체제를 가동함으로써 대학의 '이론'과 현장의 '실천'이 서로 씨너지 효과를 내게 되었다. 평생학습원이 이런 민·관·학 네트워크의 중심축으로서 지역 평생학습의 거점 역할을 수행하고 있고, 이것이 광명시가 평생학습도시 사업에서 성과를 거둔 중요한 이유라고 볼 수 있다.

학습 동아리의 실제: '숲이랑 물이랑'을 중심으로

광명시에서 활성화되어 있는 평생학습 동아리는 구체적으로 어떻게 운영되고 있는가? 여기에서는 '숲이랑 물이랑'이라는 생태학습 동아리를 중심으로 살펴보고자 한다. 이 동아리는 독자적인 모임으로 출발하여 광명시평생학습원이 생기자 거기에 소속되어 활동해왔다. 회원들은 모두 주부로서, 자기가 살고 있는 도시의 숲을 관찰하고 연구하면서 자연을 새롭게 이해하는 기쁨으로 살아가고 있다. 과거에 학교에서의 학습 경험과 견주어 그러한 공부는 무엇이 다른지, 그들의 삶과 가족관계에 어떤 변화를 일으키는지, 특히 자녀와의 소통에서 동아리활동이 무슨 영향을 미치는지 이야기를 들어본다. 지나친 교육열이 부모와 자녀의 삶을 왜곡하는 현실에서 배움을 통해 마음의 힘을 키워가는 이들의 사례는 많은 것을 시사한다.

이 동아리는 1999년에 광명에 있는 작은 하천을 조사하기 위해 모니터링을 하면서 만들어졌다. 그런데 일이 진행되면서 아이들 교육도 해보면 어떨까 하는 제안이 나와 사람들이 모이게 되었다. 당시에는 다른 단체에 소속되어 있다가 2003년에 독립하고 동아리 이름을 바꾸어, 지금의 동아리 '숲이랑 물이랑'이 되었다고 한다. 처음에 함께 시작한 사람은 3명인데 지금 등록 인원은 18명이다.

이들은 한달에 세번 야외로 나가 자연생태를 공부하면서 기록을 남기고 사진도 찍는다. 기록은 자연의 변화를 계절별로, 연도별로 모니터링하여 그곳이 개발될 때, 그리고 나중에 사람들이 그곳을 찾을 때 자료로 쓸 수 있도록 하려는 목적이다. 아이들 교육에도 중요하다. 가령 겨울에 개나리가 핀다거나 하는 현상을 보여주면서 그 이유를 알아본다. 그 과정에서 감수성교육이라는 자연놀이를 곁들인다. 어떤 애는 다른 거 필요 없고 '오늘은 놀이 뭐해요?' 이렇게 물어오는 애들도 있기 때문이다. 당위로 배우는 지식이 아니라 즐겁게 활동하면서 체득되는 앎을 추구하는 것이다.

회원들이 처음에 이런 분야에 관심을 갖게 된 과정, 그리고 계속 활동을 이어갈 수 있는 동기는 무엇일까? 한마디로 이야기하기는 어렵다. 회원들의 이야기를 들어보자.

아이 교육이 매우 중요했어요. 아이와 길을 걷다가, '엄마 저거 뭐야'라고 질문을 받으면 아는 건 강아지풀, 애기똥풀 정도밖에 없었거든요. 그 이상을 물어오면, '어 비슷한 거 있어' 하면서 얼버무렸지요. 그런데 이 동아리활동을 하게 되면서 설명해줄 수 있는 것이 많아졌어요. 그 재미가 붙으면서 점점 더 배우고 싶어졌고요. (김은아)

저는 아이들 때문에 온 게 아니었어요. 시골에서 어린시절을 보내서인지 풀이 좋고 해서 참여했습니다. 아이들 때문에 결성되는 동아리 같은 경우에는 엄마들이 욕심들이 있다보니까 생각보다 오래 못 가더라고요. 근데 저 같은 경우는 횟수로 3년이 되었는데, 지금까지 순수한 마음에서 다니거든요. 그래서 오래가는 거 같아요. 아이들과 관련해서는 체험학습이 있기는 한데, 그것은 제가 봉사하는 마음으로 하는 거고요. (김순옥)

저는 아이 문제에 매달리다가, 문제는 아이가 아니라 나 자신이라는 생각에 나를 찾기 시작한 거였는데, 그런 목적으로 이루어지는 활동들이 많잖아요. 그중에서 생태에 관련되는 이 모임을 통해서 정말 몰랐던 세계를 만난 것이죠. 우리는 자연 속에서 살면서도 자연을 도외시한 채 이런저런 고민을 안고 지내지요. 그런데 눈을 들어보니까 나는 이 속에서 살았구나, 자연 속에는 만물들이 관계를 이루며 잘 살고 있구나 발견하고 매우 경이로웠습니다. 우리 애 때문에 시작했는데, 이건 내 문제가 아니라 우주가 있었다는 생각까지 드니까 너무 신기했어요. (임정일)

한국 학부모들의 교육열은 세계적인 수준이고, 그것이 아이들에게는 엄청난 압박으로 다가가는데, 이러한 활동을 하는 주부들의 경우 무엇이 다를까? 한 회원은 이렇게 말한다.

매몰되는 게 있잖아요. 그냥 자기 앞의 것만 보고, 나만 보고, 이런 거죠. 내

문제만 큰 거고요. 그런데 밖에 나가서 보면 이 쪼그만 것들도 나름대로 살기 위해서, 생명의 뿌리를 내리고 보존을 시키기 위해서 어떤 노력을 하며 살고 있는가. 이런 것을 보면서 느껴지는 경이로움, 생명, 어떤 그런 것들 속에서 나를 보는 거죠. 나도 이 속에서 살고 노력하는 것이 기특하게 느껴지면서, 내 눈만이 아니라 전체를 보는 시야가 넓어졌다는 생각이 들었어요. (…) 우리는 자연에서 큰 나무들만 보잖아요. 마찬가지로 자기 아이들이 큰 나무가 되어 두각을 나타내주길 바랍니다. 그런데 저는 자연에서 작은 들풀을 보면서 많이 깨달았던 거 같아요. 이 들풀들이 작지만 그 나름의 몫을 하고 있다는 것이지요. 우리 아이들의 몫은 어느정도 큰 것일까요. 커다란 상수리나무도 될 수 있겠고, 아니면 아주 작은 들풀이 될 수도 있습니다. 그런 들풀한테 나무를 바라는 건 무리잖아요. 엄마로서 자식을 바라볼 때 그런 생각을 하면서 욕심을 줄일 수 있습니다. '저마다 자기에게 주어진 몫대로 자라나겠지'라고 생각하면서 조금 여유있게 바라보는 눈이 열리는 것 같아요. (추연숙)

특별히 생태 동아리이기 때문에 마음의 변화가 큰 것으로 보인다. 주말에 한번씩 산에 가니까 여유로움이 생겼고 애들한테 잔소리도 덜 하는 것 같다고 한다. 부부관계에도 영향이 있다. 어떤 회원은 답사를 하고 오면 거기서 이름을 몰랐던 식물을 도감에서 찾게 된다고 한다. 처음에는 남편이 그 모습을 이상하게 여기다가 곧 자연스럽게 받아들이고 도와주기까지 한다. 또 어떤 회원은 이웃 아줌마들하고 이야기하는 것과 모임에 와서 이야기하는 것은 내용이 다르다고 한다. 주부들이 모이면 대개 쇼핑, 드라마, 남편에 대한 불평 등을 늘어놓아 스트레스를 많이 받는데, 여기에 오면 꽃이나 나비, 새 이야기를 하니까 그 차원이 다르다는 것이다.

평생학습이 활성화되면 그동안 자녀의 입시에 집중되었던 뜨거운 교육열이 어른들의 학습 의욕으로 전환되면서 부모 자녀의 관계도 더 자유로워질 수 있다. 사회 전체적으로도 세대간의 공유문화가 넓어지고 삶의 활력을 불러일으킬 수 있는 토대가 평생학습을 통해 형성될 수 있을 것이다. 광명시평생학습원의 사례에서 새로운 변화를 엿볼 수 있고, 그 경험들이 다양하게 확장되면서 살맛나는 마을이 하나둘씩 늘어날 것이다. 학습을 통해 소비에 과도하게 의존하지 않고 더욱 생산적이며 창조적인 문화를 경험할 수 있다. 배움은 그 자체로 기쁨이고 인생의 의미를 제공해준다.

배움의 즐거움으로 세대간 교류를

통계청과 OECD 자료에 따르면 우리나라 성인의 평생학습 참여율이 OECD 회원국 가운데 최하위권이라고 한다. 덴마크나 미국 등은 50퍼센트를 넘어서는 데 비해 한국은 17퍼센트로, 회원국 평균인 35퍼센트의 절반에도 미치지 못한다. 한국보다 낮은 나라는 폴란드와 포르투갈 두 나라뿐이다. 그리고 '생활에 필요한 문서 해독능력'에서도 하위 5등으로 낮은 수준이다. 문맹률은 세계에서 가장 낮지만, 문장 해독력은 상대적으로 떨어지고 특히 대졸자들이 크게 뒤지는 것으로 밝혀졌다. 아이들에게는 공부하라고 닦달하지만 정작 어른들의 지적 수준이나 자기 성장은 형편없는 것이다. 이러한 상황은 지속적인 학습이 점점 중시되는 후기산업사회에서 매우 중대한 위기의 지표다.

공부하는 즐거움은 사라지고 성적 압박만이 만연하는 가운데 가정과 사회는 황폐해진다. 폭발하는 정보는 학습을 촉진하기는커녕 혼란과 불안을 가중시킬 뿐이다. 정보를 선별하고 처리하면서 유의미한 지식으로 조합하는 것은 결국 개인이나 사회의 지적 능력에 달려 있다. 우리 기성세대의 경우 그러한 능력에 심각한 결함이 있다. 그 결과 지적인 대화가 실종되었다. 아이들은 어른들에게 질문을 하지 않으며, 어른들은 아이들에게 지적 자극을 주지 못한다. 기성세대가 학습의 문화유전자를 망각했다는 것은 문명의 위기가 아닐 수 없다.

이런 위기에는 한가지 중요한 고정관념이 자리 잡고 있다. '공부=학교, 교육=청소년기'라는 등식이 그것이다. 즉 공부는 학교에 다니면서 하는 것이고, 학교는 청소년기에만 다니는 것으로 여긴다. 이는 근대사회의 전형적인 삶의 과정과 상응하는 관념이다. 일정한 연령에 이르기까지 표준 지식을 습득하고 그 실력에 따라 사회적 입지가 부여되는 것이 산업사회의 씨스템이다. 한국은 급속히 산업화에 성공하면서, '좋은 대학 졸업장=인생의 행복'이라는 도식을 견고하게 만들었다. 그래서 십대들은 사춘기의 행복을 모두 보류하고 입시에 처절하게 전력투구하는 현실이 되었다.

문제는 상황이 바뀌었는데도 그 관성이 너무 강하게 작용한다는 데 있다. 정보사회에서는 학교에서 배운 것만으로 버틸 수 없다. 지식 혁신이 숨가쁘게 일어나기 때문에 끊임없이 배워야 한다. 그러니까 학교를 졸업하고 나서 어른이 되어서도 계속 공부해야 하는 것이다. 한국 초등학생이 하루에 스스로 공부하는 시간은 6시간, 대학생은 3시간으로 나왔는데, 성인은 훨씬 적다. 성인의 학습이 저조하다는 것은 국가경쟁력 및 기업 생산성에 치명적이다.

따라서 중요한 것은 스스로 공부하는 것이다. '교육'이 아니라 '학습'이다. 그리고 학교라는 제도에 얽매이지 않고 필요와 욕구에 따라 유연하게 배울 수 있는 능력이다. 그러한 공부의 즐거움을 아는 어른들이 많아져야 한다. 대학 진학도 일정한 나이에 꼭 하지 않아도 되는 사회가 바람직하다. 무모하고도 자기파괴적인 입시게임에서 모든 세대가 해방되어 배움 그 자체의 기쁨이 삶의 보람인 세상이 되어야 한다. 인생의 풍요로움과 경제적 생산성을 함께 증진하는 길은 곧 학습사회(learning society)의 확장에 있다.

학습사회로 나아가기 위해서 무엇이 필요한가? 성인들을 위한 교육 프로그램을 대폭 개발하고 그것을 공급할 수 있는 시설과 재원을 마련해야 한다. 그러나 인간의 학습은 그렇듯 한정된 시공간에서만 이뤄지는 것이 아니다. 지금처럼 삶이나 지역과 단절된 학교와 이를 지속시키는 제도는 근대사회의 특수한 산물일 뿐이다. 오랫동안 인간은 다양한 경험을 통해 자연스럽게 배웠고 동네는 그 자체로 거대한 교실이었다. 수많은 사람들이 만나고 다양한 활동이 펼쳐지는 도시는 그 자체로 문화의 용광로가 될 수 있다. 학습도시의 진정한 면모는 도시 전체가 배움의 현장이 되는 것이다.

이러한 변화는 특히 청소년들의 성장과 학습에 중요한 의미가 있다. 딱딱하게 굳어진 지식을 일방적으로 전수하는 교육 패러다임에서, 학생들의 관심사에 따라 다양한 텍스트의 구성과 발전을 북돋우는 학습 지원 패러다임으로 전환해간다면 학교는 새로운 위상을 찾을 수 있을 것이다. 이런 새로운 학교는 기존의 학교공간을 넘어서 지역사회로 확대되어간다. 도시에는 다양한 체험의 기회와 풍부한 학습 텍스트가 있다. 정보사회에서 정보와 지식이 생성되고 유통되는 현장은 어디든 학교가 된다. 대학, 문화쎈터, 주민체육시설, 박물관, 도서관 등은 물론 시민단체, 관청, 교회, 기업, 병원, 보육원, 방송국, 더 나아가 동네의 빵집이나 미용실까지도 배움터가 될 수 있다. 다양한 사람들이 일하고 배우고 살아 숨쉬는 그러한 현장이야말로 체험으로 세상을 배워가는 교실이다.

그렇듯 지역사회가 교육과 문화 공간으로 변모하면서 주민들 사이에 커뮤니케이션의 장(場)을 확대하는 작업이 바로 마을 만들기다. 새로운 마을에서 청소년들은 대중문화의 소비자로만 규정되어온 자아정체성을 지역문화의 생산자로 확장할 수 있을 것이다. 그리고 자신의 존재가 부모가 아닌 다른 어른들, 즉 사회로부터 승인받을 수 있음을 확인하게 된다. 그러한 인간적 관심의 상호 그물망 속에서 청소년과 어른은 타인과 자아를 새로이 발견하게 될 것이다. 배움을 통해 도시공간의 성격을 근원적으로 바꿔가는 사회적 활동이 바로 우리가 지향하는 학교다. 금전적 가치로만 환산되는 토지를 삶이 깃드는 터전으로 되돌리는 작업, 이로써 도시는 사람 내음을 회복할 수 있다. 관계와 소통의 그물망 속에서 학교는 더이상 기계적인 주입과 규율이 아니라 상호작용과 성장의 학습생태계로 거듭날 수 있다.

이런 문화의 토대 위에서 도시계획의 성격도 바뀌어갈 것이다. 위에서 일방적으로 밀어붙이는 정부시책이 아니라 시민들의 역동적인 상호작용이 스며드는 마을 만들기를 하는 것이다. 사물과 사물의 관계, 사물과 생활의 관계, 사람과 사람의 관계를 유기적이고 조화롭게 엮어내는 작업에 다양한 주체들이 참여한다. 그리고 그 목표는 경제성장과 생활공간의 쾌적함이 공존하는 지역의 건설과 시민의 자유로운 교류로 공공문화를 일구는 것이다. 그 속에서 주민들이 주인의식을 지니며 자기 동네에 뿌리를 내리면서 건강하고 아름다운 삶터를 가꿔갈 것이다. 평생학습도시의 건설은 바로 그러한 삶의 질 향상과 맞닿아 있다.

맺음말

배움의 기쁨을 향하여

"꿈이요? 아직은 잘 모르겠는데요. 그냥 저희는요, 고등학교 일단 잘 가서 대학에 잘 가면 그때 뭔가 꿈이 생기겠지, 다 이런 생각 갖고 그 냥……."

2008년 1월 19일 방영된 'MBC 스페셜'에서 교육 특집으로 꾸민 「열다섯살, 꿈의 교실」이라는 다큐멘터리에서 어느 중학생이 한 말이다. 한 사람의 독립된 인격체로 성장을 시작하는 사춘기지만, 한국의 십대들은 꿈을 보류한 상태로 살아가고 있다. 그의 말에서 중요한 단어들이 있다. '그냥'과 '일단'이다. 아무렇지도 않게 한 말이고, 누구나 보통 대화 속에서 별 생각 없이 붙이는 부사(副詞)지만, 거기엔 심오한 의미(?)가 담겨 있다. 자신이 지금 왜 공부를 하는지, 무엇을 향해 인생의 발걸음을 내딛고 있는지에 대해 잘 모르겠으나 무조건 하고 본다는 말이다. 한마디로 '묻지 마' 공부다.

세계 어느 나라에서도 찾아볼 수 없을 만큼 많은 시간을 공부에 매달리는 한국의 청소년들, 그런데 그렇게 전력투구하는 일에 목표가 없다. 그런데도 왜 하는가? 부모들이 자녀의 꿈을 잘 알지 못하고 묻지도 않으면서 가혹한 경쟁으로만 몰아넣는 까닭은 무엇인가? 한마디로 남들이 하기 때문이다. 그것은 2장에서 인용한 이남수씨의 증언에서 잘 드러난다. "엄마들은 학습지를 할 때, 어울려서 하는 습성이 있어요. (서로 정보를 교환하다가) 같이 우르르 시작하고 우르르 그만두는 경향이 있습니다." 교육의 핵심 동력이 아이의 내면에서 우러나오는 동기가 아니라 다른 사람들의 동향에 따라 오락가락하는 부화뇌동인 셈이다.

부모들은 말한다. 고생 끝에 낙이 온다고. 자녀를 닦달하는 것은 그 아이가 잘되도록 하기 위해서라고. 한마디로 자녀가 행복한 인생을 살아갈 수 있도록 공부를 시킨다는 것이다. 그리고 그 행복을 누릴 수 있는 조건을 갖추기 위해서는 지금 열심히 공부해야 한다는 것이다. 물론 인내라는 것은 인간의 성장에서 매우 귀한 덕목이고, 젊었을 때 뭔가를 위해 힘쓰며 실력을 키우지 않으면 행복한 삶을 누릴 수 없다. 그러나 거기에는 조건이 있다. 자신의 인생을 어떻게 꾸려갈지 그려보는 꿈이 있어야 한다. 그리고 그러한 공부의 과정 자체가 즐거워야 한다. 고단함 속에서도 기쁨이 있어야 한다는 말이다.

한국 청소년들은 공부에 엄청난 노력을 기울이지만 거기에는 아무런 열정이 없다. 공부로 늘어나는 실력에도 최소한의 뿌듯함조차 없다. 오로지 타인과의 비교 속에서 상대적인 우열을 평가받기 때문에 공부의 내용 자체에는 별 관심이 없다. 따라서 배움 그 자체의 즐거움도 생겨나기 어렵다. 수단화된 삶은 고달프기 마련이다. '특목고'의 특별한 목적은 일류대 입학이라는 일반화된 목적으로 획일화되어 있다. 일류대학은 좋은 직업이나 직장을 얻기 위해 학벌을 얻는 수단으로 전락한 지 오래다. 그렇다면 그렇게 천신만고 끝에 얻은 직업이나 직장에서 자아를 실현하는가? 그렇지 않다. 일은 그저 돈을 벌기 위한 수단이다.

이렇듯 어떤 조건을 확보하기 위해 삶을 끊임없이 수단화하는 모습은 한국인들이 일반적으로 영위하고 있는 삶의 양태다. 우리에게 인생의 궁극적인 목적은 무엇인가? 그것을 진지하게 생각할 새도 없이 그저 앞만 보고 내달려온 것이 어른들의 삶이다. 그래서 자신이 어떻게 살면 행복할 수 있을지도 모른다. 그러다가 부모가 되면 자녀가 인생의 목적이 되어버린다. 그래서 모든 것을 아낌없이 투자한다. 그러나 정작 어른으로서 아이에게 가르쳐야 할 소양은 전혀 갖추지 못한 상태이다. 즉 행복 자체를 가르치거나 몸소 보여주기 어렵다. 부모의 삶 자체가 수단화되어 있고, 행복은 그 '언젠가'를 위해 보류되어 있기 때문이다. 부모들은 '그냥' '일단' 아이들을 경쟁 대열에 밀어넣는다.

한국에서 영어를 가르치는 어느 캐나다인이 기러기 아빠 현상을 두고 쓴 글에 이런 대목이 있다.

> 나는 기러기 아빠가 사회에서 경쟁력있는 사람이 되기 위해 어느 누구보다 열심히 공부했고, 치열한 경쟁을 뚫고 그 자리에 서 있다는 걸 잘 알고 있다. 그 정도의 위치에 오기까지 미뤄온 행복도 있을 텐데 그는 지금도 '견디고 포기하는 행복'에 익숙해져 있었다. 나는 그 기러기 아빠의 삶을 닮을지 모를 그의 자녀들의 미래가 궁금해졌다. 내가 본 한국의 많은 부모들은 그 자신이 공부라는 유일한 목적에 충분히 시달리고 난 뒤에도 그들 자녀를 오로지 '가르치는 일'에만 몰두하고 있는 것 같다.

여기에서 '가르치는 일'이란 직접 가르치는 것이 아니라 교육을 뒷바라지하는 것을 말한다. 필자는 한국의 부모들을 의아하게 바라보고 있다. 오늘 여기에서 누릴 수 있는 자신의 행복을 저당잡히고 먼 훗날 자녀의 행복을 위해 삶을 희생하는 모습이 측은하다. 자기 자녀 역시 미래에 어른이 되어서 결혼을 하고 난 후에 똑같이 자식의 먼 훗날을 위해 행복을 유보한다면, 이 얼마나 서글픈 불행의 대물림인가. 자녀교육을 위해 헌신한다고 생각하는 어른들은 자문해야 한다. 우리의 이 처절한 노력은 결국 무엇을 위한 것인가. 인간이 인간에게 세대를 넘어 물려줄 수 있는 가장 고귀한 유산은 무엇인가.

21세기는 창의력있는 인재를 요구한다. 이제 학교공부를 잘하는 것만으로는 부족하고, 독창적으로 생각하는 능력이 반드시 필요하다고 한다. 그런데 그 능력을 어디에서 어떻게 키울 것인가. 창의성은 단순히 인지적 기능의 문제가 아니다. 인간의 두뇌는 지성과 감성 그리고 의지가 함께 피드백되면서 원활하게 작동한다. 질투나 분노 등 부정적인 감정에 사로잡혀 있거나 의기소침해 무기력한 상태에서 창의성이 발휘될 수 없다. 유연한 생각은 부드러운 감성이라는 바탕에서 활성화된다. 그리고 그러한 감성은 일상의 다양한 경험들, 즉 사사로운 만남과 소통 속에서 형성된다.

지금 청소년들에게 가장 절실한 것은 삶의 의미를 추구하고 만들어내는 내밀한 공간이다. 사소한 것들에서 생각과 느낌을 이끌어내는 마음, 그리고 그것을 나눌 수 있는 관계가 필요하다. 아이들에게 가정이 그러한 장소인가. 부모는 그런 협력자가 될 수 있는가. 시시콜콜한 일상사를 놓고 대화하면서 공감대를 형성할 수 있는가. 부모와 자녀가 서로의 마음을 섬세하게 살피면서 생각과 느낌의 실타래를 잇기에는 세상이 너무 요란하고 분주하다. 거창하고 허황된 목표들에 휘둘리고 얽매여서 자아와 타인의 심경을 헤아리고 가치있는 것을 빚어내는 삶의 촉수가 무디어진다.

아이들이 불안한 것은 세상을 모르기 때문이 아니라 자기를 모르기 때문이다. 자기를 모르기 때문에 세상과의 접점을 찾지 못하는 반면 부와 위신에 대한 눈은 높아지고 있다. 실패의 두려움은 부모와 자녀의 관계를 통해 증폭된다. 그 악순환이 계속되는 한 교육개혁은 헛돌 뿐이다. 아무리 좋은 제도를 도입하고 교육환경이 개선되어도 마음 깊은 곳에 세상에 대한 공포감은 그대로 남아 있을 것이기 때문이다. 젊은이들은 또래와의 관계에 가냘픈 마음을 의지하려 하지만 상대방 역시 마찬가지로 내면이 허약하고 곤궁하기에 만남은 겉돌 뿐이다. 출구는 없는가?

'존재하려는 용기'(courage to be)를 회복해야 한다. 일상을 기쁨의 에너지로 채우면서 인생의 항로를 담대하게 모색하는 열정이 필요하다. 핵심은 자아의 창조성이다. 삶을 가치있게 만드는 것은 바로 자기 자신이라는 점을 직시할 때, 그리고 내 생애의 멋진 씨나리오를 자유롭게 상상할 때, 부질없는 두려움은 조금씩 사라진다. 부조리하고 비정한 세상이지만, 우리는 의미있고 행복한 삶의 자리를 만들 수 있다. 창의성과 지혜를 발견하고 북돋우는 관계를 세대를 가로질러 일구어낸다면, 거기에서 교육의 새로운 텃밭을 가꿔갈 수 있을 것이다.

따라서 학교 바깥의 학습공간을 풍부하게 활성화하는 것은 매우 긴요한 사회적·정책적 과제다. 그것은 도시문화에 활력을 불어넣는 동시에 제도교육의 과중한 부담을 덜어주는 작업이다. 거기에는 여러 차원의 과제가 내포되어 있다. 점점 심화되는 계층간 격차와 맞물려 학력차가 커지는 현실에서 뒤처진 아이들에게 기초 학력을 다져주는 것, 파괴된 가족관계나 심하게 헝클어진 마음을 바로잡으면서 삶의 질서를 세우고 긍정적인 자아 개념으로 생활을 관리할 수 있도록 돕는 것, 기존 학교체제와 교과목으로는 도저히 담아낼 수 없는 지적 욕구를 충족시키기 위하여 다양한 학습 기회를 열어주고 그 기회를 통해 자기 길을 찾아갈 수 있도록 안내하는 것, 21세기 정보화사회에 필요한 문화적 감수성을 탁월하게 배양하는 환경을 확보하는 것······

그러나 그러한 조건의 변화가 결실을 맺기 위해서는 교육 그 자체를 끊임없이 업그레이드하는 작업이 병행되어야 한다. 그리고 그와 함께 교육의 기틀이 체계화되어 청소년 개개인에게 맞춤형 학습의 경로가 다양하게 제시되어야 한다. 핵심은 사람이다. 열정과 기획력을 가지고 십대들의 삶에 다가가 배움의 동기를 불러일으킬 수 있는 지도력이 필요하다. 지금은 그러한 휴먼웨어(human ware)의 발굴과 신장에 에너지를 집중할 때다. 21세기가 요구하는 배움의 가능성을 탐색하기 위해서는 기존의 구태의연한 경계들을 유연하게 넘나들어야 한다. 공교육과 대안교육, 관과 민, 교육정책과 청소년정책, 일과 놀이와 공부, 국어와 수학과 스포츠, 장르와 장르 등 학교의 안팎을 가로지르면서 자아와 세상을 끊임없이 새롭게 만나는 체험, 도시는 그것을 지금 십대들에게 제공할 수 있는 또다른 학교가 되어야 한다.

배움의 기쁨은 전염되는 바이러스다. 그것은 주고받으면서 더욱 커지는 에너지다. 인류는 왕성한 호기심과 학습력을 가지고 끊임없이 새로운 세계를 개척해왔다. 어른들은 문화를 만들어갈 수 있다. 아이들은 거기에 동참할 수 있다. 또는 어른들이 아이들의 문화에 합류할 수도 있다. 그 부피만큼 우리의 삶은 풍요로워진다. 세계를 놀라게 하는 교육열은 이제 향학열로 변환되어야 한다. 세대의 간극을 넘어서 지성의 연결망으로 뻗어나가야 한다. 사회 곳곳에 그리고 일상의 구석구석에 깊숙하게 스며든 무기력을 극복하고 생명의 힘을 재생하는 길은 거기에 있다. 새로운 의미세계가 우리 앞에 광활하게 펼쳐져 있다. 발견과 성장에 대한 설렘으로 그 문을 두드려보자. 배움은 세상과 나를 새롭게 한다.

| 주 |

1장 우리시대 교육열 읽기

1 이반 일리히 『학교 없는 사회』, 심성보 옮김, 미토 2004.
2 지하철역에서 우연히 보았던 공익광고는 우리네 교육현실의 편린을 보여준다. 소년소녀가장돕기 공익광고로 기억하는데 이들을 도와달라는 유명 연예인의 대사였다. "여러분의 조그마한 도움이 이 아이들을 다른 친구들처럼 학원도 다니게 할 수 있습니다." 광고를 보고 조금 충격을 받았다. 학원을 다니는 것이 아이들의 행복권 중 하나로 간주되는 현실, 공익광고에서 아이들 일상의 필수적 행위로 그려질 만큼 한국사회의 기본 전제로 인식된다는 사실 때문이었다. "비정상적인 것의 정상화"라 일컬을 만한 우리 교육현실의 단면이다.
3 근대교육이 노정하는 공교육 위기는 "선발을 위한 몰아세움"에 있다고 진단한 최근 연구도 있다. 몰아세움이란 "자기를 발견하고 구현하기보다 생존경쟁의 단일한 가치, 즉 획일화된 성공의 한 방향으로만 내몰아가는 방식"이며, 이러한 "선발기능에 매몰된 근대교육은 오로지 선발을 위해 교육의 전과정을 치열하게 경쟁하는 관계"로 몰아가고, "평가를 하기 위해 교육이 존재하는 수단과 목적의 전도현상"을 가져오고 있다고 이 연구는 근대교육의 파행을 비판하고 있다 (김소희 「내러티브 시선에서 바라보는 학부모의 교육열」, 이종각 편 『한국의 교육열, 세계의

교육열』, 하우 2005, 115~16면).
4 인터뷰에서는 자유롭게 면접자가 말하면서 자신의 생각과 감정을 최대한 끌어내는 비구조화 면접법이 활용되었다. 이는 인간의 행위와 사고를 구성하는 가시적·비가시적 의미성을 탐색하기 위한 열린 심층면접법이다. 또한 이 글은 해석의 다양한 가능성을 열어두고, 인간과 인간행위의 복잡성을 이해하기 위해 다양한 관점에서 분석하여 논의를 최대한 풍부하게 하려는 담론분석을 시도했다. 동시에 연구자 삼각측정(investigator triagulation), 즉 연구결과를 다른 연구자가 함께 공유·확인·검증하는 방법을 취하였다. 동료 연구자의 조언과 지적은 연구결과 해석의 오류를 줄이고 판단의 신뢰도를 높였다. 또한 필자가 박사논문 작성시 활용한 선행연구의 경험과 성과들도 직·간접적으로 활용되었다.
5 필자가 참여한 한 연구(조한혜정 외 『위기 청소년을 위한 작은 공간 활성화 방안 연구』, 고른기회재단 연구보고서 2007)결과에 의하면, 제도권 교사들은 달라진 청소년들을 한마디로 '동기 없음'으로 표현한다. 착실하게 입시공부를 하는 상위권 학생들을 제외하고는 아이들은 예전보다 더 학교생활 자체에 관심이 없지만, 그렇다고 별다른 대안도 다른 삶에 대한 희망도 없어 '학교에서 그냥 개기고' 있거나, 가끔 학교에 놀러 오면서 결석일을 세고 있을 뿐이라고 한다. 이처럼 학교 밖으로 나가는 결행도 하기 힘든 무기력의 확산, 혹은 학교를 안전한 베이스캠프 삼아 학교 밖 생활을 중심으로 일상을 구성하는 아이들의 증가, 꿈도 없이 하루를 '때우면서' 살아가는 청소년들의 증가는 우리시대 교육 풍경의 우울한 그림자다.
6 '88만원 세대'는 비정규직 전체의 평균임금 119만원을 20대의 평균소득 수준 비율인 74퍼센트를 곱해서 나온 88만원이라는 수치로 한국 20대의 현실을 정의한 개념이다. 20대의 사회적 공급은 이전 어느 세대보다 높지만 사회진출이나 성공의 기회는 한정된 구조적으로 불리한 위치에 있다고 진단한다. 한국경제가 외환위기를 거치면서 승자독식씨스템이 확산되고 안정적인 경제조직에 먼저 들어간 앞 세대들이 젊은층의 진입장벽을 높인 데에 원인이 있다고 분석한다. 우리의 386세대는 연공서열의 마지막 세대로서, 사회에 진출하여 강력한 정치적 단결력으로 자신들이 지지하는 대통령을 두번이나 당선시키는 등 유리한 위치를 차지했지만 교육개혁을 이룬 프랑스의 68세대와 달리 학벌사회를 강화하고 있다고 비판한다(우석훈·박권일 『88만원 세대』, 레디앙 2007).
7 프랑스 최초고용계약법으로 개정안에는 그동안 프랑스에서 유지해 온 고용안전성을 전면 수정하여, 고용주가 25세 이하의 청년층에 한하여 2년의 최초 고용기간 동안은 자유롭게 해고할 수 있도록 한 제도다. 프랑스의 '집권 대중운동연합'(UMP)

이 이끄는 우파정부는, 엄격한 해고 제한 등을 담은 프랑스의 노동법이 고용을 제한해 청년층의 높은 실업률로 이어지고 있다는 판단하에, 25세 이하의 청년층에 한하여 이 제도를 적용하지 않으려 했다.

8 강준만 『한국인 코드』, 인물과 사상사 2006.

9 한준상 『國家課外──누가 한국교육을 죽이는가』, 학지사 2005, 245면.

10 이민경 「중산층 어머니들의 자녀교육 담론──자녀교육 태도에 대한 의미 분석」, 『교육사학 연구』 17권 3호, 한국 교육사회학회 2007, 159~81면.

11 2007년 EBS 어린이 행복주간 특별기획 프로그램 「공부가 싫어요」.

12 김경근 『한국의 사회변동과 교육』, 문음사 2004, 66~67면.

13 김소희, 앞의 글 105면에서 재인용.

14 김경근, 앞의 책 33면.

15 『88만원 세대』에 의하면 정부는 '선택과 집중'이라는 구조조정을 통해 대기업의 독과점을 초래했다. 이 독과점과 프랜차이징이 새로운 일자리를 치워버리고 창업시장에 장벽을 설치함으로써, 우아한 상위 10퍼센트의 엘리트만을 위해 20대의 과잉 구직경쟁을 유발했고 나머지 90퍼센트는 비정규직을 감수하거나 실업자가 되는 결과를 낳았다고 분석한다.

16 Gaulejac, Vincent de et Taboada-Léonetti, Isabelle, *La Lutte des places*, Paris: Desclée de Brouwer 1994.

17 일본에서 이미 '하류'가 40퍼센트를 차지하며, 20~34세의 프리터(freeter), 쉽게 말해 아르바이트직 근로자들이 400만명을 넘는다고 밝히고 있다(『동아일보』 2007년 1월 24일자).

18 조한혜정 외, 앞의 책 121면.

19 같은 책.

20 김소희, 앞의 글.

21 '헬리콥터 부모'란 학부모가 헬리콥터처럼 학교 주변을 맴돌며 자기 자녀를 위해 사사건건 학교 일에 간섭하는 것을 말한다. 이런 부모는 아이의 숙제와 점심 메뉴까지 참견하며 학교에 수시로 전화하는 것은 물론, 대학입학 전형자료인 에쎄이까지 전문가를 동원해 써주기도 한다. 1990년대부터 미국 미디어에서 자주 사용된 용어다. 일부 부모는 자녀를 매일 출퇴근 시켜주고, 자녀가 사무실에서 일하면 청소까지 도맡아 해주기도 한다. 이로 인해 "치열하게 어려움을 뚫은 외환위기 세대와 달리 포스트 외환위기 세대들은 어려움을 이길 내성이 부족하고 직업의식마저 결여된 경우가 많다." 그리고 "이런 경우 회사를 떠나면 장기 실업자가 될 공산이

크다"(『중앙일보』 2007년 11월 5일자).
22 이종각 편, 앞의 책.
23 파르마콘은 사제, 샤먼, 의사 등 전문 지식을 활용하는 사람들에게만 조제가 일임되었던 약이었다. 이것은 어떠한 상황이나 사례 혹은 사용된 복용량에 따라 아주 이롭거나 동시에 해로운 영향을 미칠 수 있는 양가성을 의미하는 개념이다. (…) 파르마콘 개념은 모든 현상에서 파국적 역전의 가능성, 즉 양가성이 항상 잠재하고 있음을 상정한다(김소희, 앞의 글 106~7면에서 재인용).
24 파우스트 총장은 취임사에서 "대학의 본질은 과거와 미래에 대해 책임을 지는 것"이며 "대학은 주로 현재에만 책임을 지는 곳이 되어서는 안된다"며 대학이 단순히 "인력양성소"로 전락해서는 안된다는 뜻을 강조했다. 또한 "대학이 다음 학기에 나올 결과나 학생들이 졸업한 뒤 갖게 될 직업만 다루는 곳은 아니다"라며 "일생의 틀을 마련하고 수천년의 유산을 후세에 전하는 동시에 미래를 결정하는 배움터"라고 역설한다. 그의 말은 글로벌 경제를 위해 경쟁력있는 인력양성에만 초점을 맞추는 것은 잘못이라는 것을 의미한다(『중앙일보』 2007년10월 16일자).

2장 서열경쟁과 교육게임

1 자궁가족이라는 개념과 가부장적 한국 가정에서의 여성들의 생존전략에 대해서는 조한혜정(1986)이 Wolf(1972)의 연구를 인용하여 자세히 논의하고 있다(조한혜정 『한국의 여성과 남성』, 문학과지성사 1986, 156~61면).
2 '야·자'는 야간 자율학습을 줄여서 부르는 말이다. 구자영 편 『버림받은 성적표』, 보리출판사 2005.
3 국가청소년위원회 2007년 8월 30일 발표문.
4 국가청소년위원회 2007년 8월 30일 발표문.
5 「죽음의 트라이앵글 사실상 무너졌다」(『중앙일보』 2007년 3월 22일자).
6 김재춘(『한국대학신문』 2007년 11월 17일자).
7 한국의 학부모들은 자녀의 영어 발음을 향상시키기 위해 혀의 아랫부분을 절개하는 수술까지 하고 있다고 미국의 AP통신이 보도했다(YTN 2004년 1월 2일).
8 복거일 『국제어 시대의 민족어』, 문학과지성사 1998.
9 1997학년도부터 시행한 초등 3학년부터의 주당 2시간의 영어교육을 1학년부터로 시작 시기 조정(2008년까지 시범교육 후, 그 결과를 토대로 1학년 영어공교육 도

입 결정). 교육인적자원부 고시 '초등 영어공교육 개정 방향'.
10 한국의 토플 응시인원은 세계 최대이고, 지난 3년간 토익과 토플을 보는 데 들어간 돈은 약 1조 2000억원이다.
11 2007년 대선 당시 이명박 한나라당 대통령후보는 "초등학교 때부터 국어나 국사 등 일부 과목을 영어로 강의하면 어학연수를 안 가도 될 것"이라며 "영어는 인생을 사는 데 가장 필요한 수단"이라고 자신의 소신을 밝혔다(『중앙일보』 2007년 10월 17일자).
12 우천식 편 『사교육의 효과, 수요 및 그 영향요인에 관한 연구』, 한국개발연구원 2004.
13 이명박정부 정권인수위원회 영어교육 정책 관련 보도(『중앙일보』 2008년 1월 28일자).
14 정병호 「지식사회의 중앙중심성과 지방화시대의 사회운동」, 『한국문화인류학』 제29집 1호 1996, 48면.
15 Thomas Rohlen (1983) *Japan's High School*, Stanford University Press, 135면(번역은 필자).
16 같은 책 135면.
17 정병호, 앞의 글 49~50면.

3장 제도교육의 그늘과 희망의 조건

1 구승희 「지속 가능한 생태공동체의 이론 모델」, 『비평』 제12호, 생각의나무 2004, 78면.
2 류방란 외 『제7차 교육과정 운영의 실제 분석과 과제』, 한국교육개발원 2003.
3 OECD DeSeCo(Definition and Selection of Competences)프로젝트에서 미래 사회의 핵심역량으로 1) 사회적으로 이질적인 집단간의 상호작용능력(다른 사람들과 좋은 관계를 맺는 능력, 협동하는 능력, 갈등을 관리하는 능력) 2) 자율적 행동능력(생애설계와 프로젝트 수행능력, 한계와 필요를 주장할 수 있는 능력) 3) 여러 도구를 상호작용적으로 활용하는 능력(언어나 상징, 텍스트, 지식과 정보, 기술의 상호작용 활용능력) 세가지를 제시하였다.
4 강진구, 「강한 조직을 만드는 프렌드십 경영」, 『LG주간경제』, LG경제연구원 2007.

5 댄 로티『교직사회—교직과 교사의 삶』, 진동섭 옮김, 원미사 1993.
6 좋은교사운동『좋은 교사』, 좋은교사 2007년 11월호, 50면.
7 도정일「경쟁력, 수월성, 창의성의 비극」,『비평』15호, 생각의나무 2007, 19면.
8 이기정『학교개조론』, 미래M&B 2007, 71~72면.
9 이 글은 현병호의 프로젝트 보고서를 토대로 다시 썼다.
10 안순억『대안교육으로 가는 길』, 한국방송통신대학교 종합교육연수원 2007, 249면.
11 『한겨레』2006년 6월 23일자.
12 서근원『학교혁신 사례 발굴과 확산을 위한 네트워크 구축 방안 연구』, 대통령자문 교육혁신위원회 2005.
13 아산의 송학초등학교 거산분교(현 거산초등학교)는 몇해 전에 이미 그런 작업을 해냈다. 천안지역 학부모들이 뜻 맞는 교사들과 힘을 모으기로 하고 100여명의 아이들을 아산분교 근처 마을로 전입시켜, 분교에 아이들을 보내면서 학교를 새롭게 변모시켰다. 해남의 서정분교, 양평의 정배분교, 여주의 운암분교 등도 비슷한 시도를 하고 있다.
14 김정명신「17년 교육운동의 끝에서 한국의 교육현실을 바라보다」,『비평』15호, 생각의나무 2007, 59면.
15 김태창「공공철학이란 무엇인가?」,『철학과 현실』제74호, 철학문화연구소 2007, 82~98면.
16 이우학교평가위원회『2007 이우학교 평가보고서』, 2007, 117면.
17 미국 필라델피아, 뉴욕을 비롯해 여러 도시의 교육위원회에서 만든 공립학교로, 학교 건물이 없이 시내 모든 시설과 일터를 교육장소로 활용하는 씨스템이다.
18 우리말로 계약학교 또는 협약학교로 번역되는 차터스쿨은 지역의 교육청과 학교가 '협약'(charter)을 맺어 운영하는 공립학교로서, 학생수에 비례해 공적 자금을 지원받으면서도 큰 폭의 자치권을 갖는다. 협약 내용은 학교가 자치권을 갖는 대신 학업성취, 안전, 경영상의 책무를 다해야 하는 것으로, 이를 지키지 못했을 때는 학교를 닫아야 한다. 차터스쿨은 국가가 주도하는 공교육에서 생기는 문제점을 교사, 학생, 학부모라는 교육주체들의 자율성으로 풀어보려는 시도로, 미국의 미네쏘타 주에서 1991년에 처음 시도되어 빠른 속도로 전국으로 확산되었는데 현재 2000여개에 이른다.

4장 학교를 넘어 찾아가는 공부의 길

1 안현의 「학교 중도탈락 청소년의 욕구와 심리적 경험조사」, 『한국청소년상담원』 2002.
2 엘리어트 레빈 『학교를 넘어선 학교』, 서울시대안교육쎈터 옮김, 민들레 2004.

| 구술자 소개 |

■ 학부모(가명)

강신영(39)　대졸, 주부, 자녀(초6, 초 2)
고지혜(45)　대학원졸, 프리랜써, 자녀(중3)
김선영(47)　대학원졸, 한국어 강사, 자녀(중3, 중1, 초 5)
김성희(41)　대졸, 주부, 자녀(고2, 중1)
김준성(43)　대졸, 대기업 과장, 자녀(중3, 중1)
김현숙(46)　전문대졸, 주부, 자녀(고1, 중1)
박　민(40)　대졸, 공사 회사원, 자녀(초 6, 초 3)
박진수(40)　대졸, 금융회사 과장, 자녀(초5, 초 1)
신수정(47)　대졸, 중학교 교사, 자녀(중3, 중1)
양선옥(43)　전문대졸, 자영업, 자녀(중2)
이미정(42)　대졸, 중학교 기간제 교사, 자녀(중1, 초3)
이윤성(43)　대졸, 은행 간부, 자녀(초2)
장미선(48)　박사수료, 대학강사, 자녀(고1, 중3)
정수진(39)　대졸, 주부, 자녀(중1, 초 4)
정재철(44)　대학원졸, 공무원, 자녀(초5, 초 2)
황진숙(43)　대졸, 리써치 전문가, 자녀(중1, 초 5)

■ 대학생(가명)

H대 인문계열　강민준, 김선재, 김현정, 박민정, 서인화, 이설현, 이영아, 하채린
Y대 인문사회계열　김민석, 김선경, 김인선, 이도경

■ **기타**(*표시는 가명)

강소원* 중학교 교사
고영래* 고등학교 교사
권선정 충남대학교 연구원
권영희* 중학교 교사
금강산 하자작업장학교 학생
김석규* 중학교 교사
김선옥 꿈틀학교 대표교사
김소영* 고등학교 교사
김순옥 광명시평생학습원 동아리 숲이랑물이랑 회원
김양주 배재대 일본학 교수
김영일* 대안학교 교사
김영임 방통대 방송정보학 교수
김은아 광명시평생학습원 동아리 숲이랑물이랑 회원
김정우 제주외국인근로자센터 한국문화학교 교장
김홍규 전 광명시평생학습원장
박종호 중학교 교사
박준영* 고등학교 교사
배상훈 교육인적자원부 과장
배승범* 공무원
법　륜 정토회 이사장
서근원 교육학자
손소연 초등학교 교사
송수연* 초등학교 교사
안승문 전 서울시 교육위원
양희창 제천간디학교 교장
오성배 한국청소년개발원 연구원
우남희 동덕여대 유아교육학 교수
이경숙 한국디지털대 영상학 교수
이남수 참교육학부모회
이수경* 유아대상 학원 운영자

이신영　홈스쿨링 6년차 학부모
이종태　교육혁신위원회 상임위원
이항규　전 무지개쎈터 부쎈터장
이현주*　초등학교 교사
이현주　목사
임정일　광명시평생학습원 동아리 숲이랑물이랑 회원
임정호*　교육사업가
전우택　연대 의대 교수
정승진　기업체 대표이사
정영진*　대안학교 학부모
정예진*　초등학교 교사
정은미*　고등학교 교사
정혜숙*　초등학교 교사
조　진　고등학교 교사
진유정*　중학교 교사
채광석　학림학원 이사장
최윤규*　연세대학교 인문사회계열 교수
추연숙　광명시평생학습원 동아리 숲이랑물이랑 회원
황윤옥　공동육아와 공동체교육 사무총장

| 연구 참여자 |

■ 책임 연구원
정병호 한양대 교수

■ 전임 연구원
이수정 연세대 강사

■ 공동 연구원
김경옥 대안교육연대 운영위원
김진호 제3시대그리스도교연구소 연구실장
김찬호 성공회대 초빙교수
남궁은 '5% Club' MD
박소진 연세대 강사
송기찬 리츠메이칸대 코리아연구쎈터 연구원
오성배 한국청소년정책연구원 연구위원
이기범 숙명여대 교수
이민경 고려대 강사
이부미 경기대 교수
이수광 이우학교 교감
이주영 송파초등학교 교사
이찬수 종교문화연구원장
이창현 국민대 교수
정유성 서강대 교수

정진헌 한양대 강사
조경진 한국디지털대 교수
조정아 통일연구원 연구위원
현병호 민들레 발행인

■ 연구 보조원
조현상

■ 인터뷰 녹취
강현진, 김현영, 박재홍, 배수란, 신의주, 이지연

희망제작소 프로젝트
우리시대 희망찾기 **03**

교육개혁은 왜 매번 실패하는가

초판 1쇄 발행 • 2008년 8월 1일
초판 3쇄 발행 • 2010년 8월 5일

지은이 • 정병호 김찬호 이수광 김민경
펴낸이 • 고세현
책임편집 • 강영규 김도민
펴낸곳 • (주)창비
등록 • 1986년 8월 5일 제85호
주소 • 413-756 경기도 파주시 교하읍 문발리 513-11
전화 • 031-955-3333
팩시밀리 • 영업 031-955-3399 편집 031-955-3400
홈페이지 • www.changbi.com
전자우편 • human@changbi.com
인쇄 • 상지사P&B

ⓒ 희망제작소 2008

ISBN 978-89-364-8545-0 03300
ISBN 978-89-364-7984-8 (세트)

* 현장의 목소리를 전하는 '우리시대 희망찾기' 씨리즈는 희망제작소가
  SAMSUNG 에서 연구비를 지원받아 집필하였습니다.
* 이 책 내용의 전부 또는 일부를 재사용하려면
  반드시 저작권자와 창비 양측의 동의를 받아야 합니다.
* 책값은 뒤표지에 표시되어 있습니다.